제5판

PRINCIPLES OF MANAGEMENT

경영학원론

이기호 | 박호인

한빛아카데미
Hanbit Academy, Inc.

제5 판 머리말

과학자들은 지구가 45억 년 전에 생겼다고 추정한다. 인간의 직접 조상인 호모 사피엔스가 나타난 것은 20만여 년 전이다. 동아프리카 지구대에서 호모 사피엔스가 출현할 당시 인간보다 더 크고, 강하고, 빠른 동물들이 초원을 지배하고 있었다. 그 속에서 살아남기 위하여 인간은 개별적 사냥 대신 조직을 통한 생존을 꾀했다. 하지만 조직은 인간만의 전유물이 아니다. 개미나 벌은 본능에 따라 조직을 구성하고, 역할을 분담하게 된다. 인간보다 강한 늑대나 나무 위에서 안전을 확보한 원숭이 역시 조직을 갖는다. 한 때 호모 사피엔스와 공존했던 네안데르탈인 역시 조직을 활용했고, 호모 사피엔스보다 강한 체력을 가지고 있었다. 그런데 어떻게 지금은 호모 사피엔스가 먹이 사슬의 정점에 있는가?

그 답을 이스라엘 대학의 유발 할라리 교수는 인간 조직만이 갖고 있는 허구(fiction) 때문이라고 했다. 그는 그것이 3만여 년 전에 완성된 인지혁명으로 생겨났다고 한다. 보이지 않는 것을 인지할 수 있는 인간의 능력, 즉 영성(spirituality)이 그것이다. 이를테면 주식회사와 국가는 보이지 않는 가상의 실체이지만, 조직을 통해 공동의 목표를 달성하려는 인간의 행동을 통제한다. 행동과학을 경영학에 응용한 조직행동론은 심리학, 사회학, 인류학 등의 인문과학의 조력에 의하여 성립되었다. 그것은 인간의 보이지 않는 영역에 대한 이해를 도와 효과적인 경영활동을 가능하게 해준다. 이번 개정에서는 제1장의 인간의 욕구와 조직을 중심으로, 교재 전반에 인문과학의 성과를 상당 부분 반영하였다.

인간의 욕망은 끝이 없다. 기술을 발전시키고, 기업활동을 촉진한다. 그럴수록 더 많은 자원이 사용되고, 생태계는 더 많이 훼손된다. 미래 세대의 삶의 질은 그만큼 저하될 것이고, 급기야는 인류의 미래도 보장할 수 없게 되었다. 미국 생태학자 Rob Dunn은 그의 저서 Never Out of Season에서 자연을 거스른 기업활동의 문제점을 지적하고 있다. 그는 현대 과학으로 무장한 식품산업은 햇빛, 물, 영양소를 거의 완벽하게 식품에 집약시켰다. 하지만 그들은 자연의 법칙을 거슬려서 자신들이 만든 식품 안에 자연의 분노 역시 담았다고 했다. 그는 말한다. Nature always wins! 이런 위기 상황은 기업 경영에도 영향을 미친다. 이번 개정에서는 제3장에 지속가능경영 부분을 새로이 제시하여 기업의 사회적 책임 부분을 보완하였다.

저자들이 경영학에 입문한지 40여년이 지났다. 그때 많은 대학들은 일본 식민지 시대부터 시작된 상학에서 경영학으로 전환이 거의 끝난 상태였다. 하지만 학습 내용은 일본을 통해 들어온 소위 독일의 강단 경영학과 미국의 현장 경영학이 공존하였다. 당시 기업은 생산만 하면 판매가 보장되는 수요 초과 상황에서 활발한 투자를 전개하였고, 대학 졸업생들 역시 인력시장의 수요 초과를 경험하는 행복한 환경을 누릴 수 있었다. 40여 년이 지난 지금 1인당 국민소득은 3만 불이 넘었고, 글로벌 시장에서 한국 제품의 위상이 더욱 높아지고 있다. 한편 1960년 산아제한 정책으로 시작된 인구증가율 격감은 엄청난 경제적 · 사회적 · 정치적 문제를 안고 있다. 이런 상황을 반영하여 이번 개정에서는 제3장의 경영환경 부분과 제10장의 마케팅 활동 부분을 크게 수정하였다.

저자들이 본 교재로 강의를 시작한 한 것도 20년이 지났고, 이번 개정이 5번째이다. 무엇보다 이 책을 읽고 열심히 공부해준 학생들에게 고마움을 표한다. 노자는 말한다. '다른 사람을 아는 자는 지혜롭고, 자기를 아는 자는 밝히 깨닫는다. 다른 사람을 이기는 자는 힘이 있고, 자기를 이기는 자는 그 뜻이 굳세다. 知人者智, 自知者明. 勝人者有力, 自勝者强.' 모름지기 모든 학문의 본질은 타인을 이해하고, 자신을 깨달아, 행복한 삶을 살아가는 데 있다 하겠다. 경영학을 새로 시작한 학생들이 이 책을 통하여 그 일을 이루어가길 간절히 소망한다. 끝으로 개정에 응해주시고 끝까지 도와주신 貿易經營社 임직원 여러분께 감사를 드린다.

2019년 2월
저자 씀

제4 판 머리말

한 세기의 시작인 2000년 이 책이 세상에 나왔고 벌써 10년의 세월이 흘렀다. 지난 10년 동안 정치, 경제, 문화, 사회 전반에 걸쳐 많은 변화가 일어났다. 하지만 가장 큰 일은 사회 전반에 걸친 글로벌화의 진전이다. 800여 년 전 몽골 평원의 동족상잔을 가까스로 종식시킨 칭기즈칸은 가난과 공포로부터 몽고 사람들을 해방시키는 유일한 방법은 몽고 바깥에 있다고 결론지었다. 그는 단 10만의 군대로 알렉산더, 나폴레옹, 히틀러가 정복한 땅보다 더 넓은 땅을 차지하였다. 지금은 눈을 밖으로 돌리고 자신의 미래를 설계하고, 가능성에 대한 도전을 준비할 때이다. 그런 차원에서 이번 개정판은 글로벌화 하는 기업의 이야기를 가능한 많이 소개하려고 노력하였다.

2000년 이 책이 나올 당시 외환위기의 상처가 아직 아물지 않았고, 제4판이 나오는 때도 미국 발 금융위기의 여파가 그대로 남아있는 상태이다. 세계적인 경제 한파가 몰아닥친 2009년 초 해외 유력지들은 한국은 단기채무가 외환보유고수준에 근접하고, 글로벌 경기침체에 따른 수출 급감으로 경제가 가파른 속도로 하강하고 있으므로 국가 부도의 가능성이 있다고 보도하였다. 그런 비관적인 전망 하에서 한국경제는 약진을 거듭하여, OECD 국가 가운데 가장 빠른 회복세를 보이고 있다. 2009년 한국기업이 생산한 반도체, 휴대폰, TV, 자동차, 선박 등의 세계시장점유율은 사상 최고수준으로 상승하였다. 수출액도 세계적인 수요 감소세에도 불구하고 그 감소액이 완만하였고, 세계 수출에서의 비중도 2008년 2.8%에서 2009년 3.1%로 증가하여 세계 9위로 진입할 전망이다.

이런 위기 극복 과정에 한국기업이 있고, 기업들이 목표를 정하고 그것의 달성을 위하여 노력하게 하는 원동력이 경영활동이다. 이번 개정판은 과거 개정과 마찬가지로 3부 11장의 틀은 그대로 유지하였는데, 특히 개정 과정에서 주안점을 둔 부분은 다음과 같다.

전체적으로는 단원 말미에 '마무리 이야기'를 정비하여 본문의 논리 전개와 연결을 시키려 노력하였다. 이런 시도는 이 책을 통하여 경영학을 배우는 학생들이 실제 비즈니스 세계에서 발생하는 현상과 경영개념을 연결시키는 능력을 갖도록 돕기 위함이다. 그리고 제1장 내용은 체제와 내용을 대폭 교체하였다. 특히, 앞부분에 변화하는 기업환경을 비교적 상세하게 서술하였다. 이것을 통하여 학생들은 오늘날 경영활동의 과제가 무엇인지를 파악하게 될 뿐만 아니라 자신의 진로 설계에도 도움을 받으리라 생각한다. 제6장 중 리더십도 새로운 각도에서 기술하였고, 변혁적 리더십을 추가하였다. 또한 비교적 오래된 사례들 중 현재 시점에서 변화되었거나 큰 의미를 가지지 않는 내용들은 다른 내용으로 대체하였다.

판을 거듭할수록 책을 쓴다는 것이 어렵다는 사실을 깨닫는다. 무엇보다 이 책을 읽고 열심히 공부해준 학생들에게 고마움을 표한다. 더불어 가르치면서 아낌없는 조언을 해주시는 교수님들께 감사한다. 그리고 개정에 응해주시고 끝까지 도와주신 貿易經營社 임직원 여러분께 감사를 드린다. 부디 이 책을 통해 경영의 기본개념을 익힌 학생들이 5대양 6대주를 누비며 전문가로서의 삶을 살아갈 수 있기를 희망한다.

2010년 2월

저자 씀

제3 판 머리말

이책이 세상에 나온 지 벌써 6년이 되었다. 3년 전 개정판을 냈는데 벌써 3년이란 세월이 흘러 또 다시 개정판을 내게 되었다. 그 미치는 영향을 생각할 때 책을 낸다는 것이 여간 조심스런 일이 아니다. 더욱이 기업을 둘러싼 환경이 급격히 변하는 까닭에 책에서 경영활동과 관련된 지식을 모두 다룬다는 것은 불가능한 일이다. 하지만 경영학에 처음 입문하는 학생들에게 기업과 관련된 다양한 현상을 인지할 수 있는 기본적인 사고의 틀을 제공한다는 데 이 책의 존재의미가 있다고 하겠다.

과거에는 대부분의 경영학 교재가 기능적 접근 방법에 의하여 서술되었고, 최근에는 많은 책들이 과정중심의 서술 방법을 택하고 있다. 이 책은 초판부터 계획수립 · 조직화 · 지휘 · 통제 등과 같은 과정별 접근 방법뿐만 아니라, 생산관리 · 인사관리 · 마케팅 · 재무관리 등과 같은 기능중심의 접근 방법을 동시에 취하고 있다. 그 이유는 각론을 배울 기회가 상대적으로 적은 학생들을 염두에 두고 경영학 전반을 살펴볼 수 있는 기회를 제공하기 위함이었다.

이번 개정판은 전과 마찬가지로 3부 11장으로 구성되었고 강의 여건을 감안하여 교재의 면수도 크게 늘리지 않았다. 하지만 2판까지 다루지 못하였으나, 중요성이 더해가는 주제들을 학생들이 접근하기 쉬운 형태로 제시하였다. 제4장의 시간관리, 제6장의 갈등관리, 제7장의 혁신관리가 새롭게 추가되었고, 제5장의 조직문화의 변화는 조직변화라는 관점에서 새롭게 서술하였으며, 특히 제4장과 제6장은 그 틀을 전면 바꾸었다. 또한 개정 과정에서 비교적 오래된 사례들과 최근의 자료이지만 현재 시점에서 큰 의미를 가지지 않는 내용들은 다른 내용으로 대체하였다. 하지만 비교적 오래된 내용이라도 학생들에게 도움을 줄 수 있는 것들은 그대로 살려서 서술하였다. 그리고 각 장의 사례와 읽을거리를 교체하거나 보완하였으며, 다소 산만한 표현들을 수정하였다.

무엇보다 삶에 대한 사명과 열정을 가지고 강의에 임해준 학생들에게 고마움을 표한다. 저자는 그 학생들이 미래에 현장에서 필요한 지식이 무엇인지를 생각하면서 이 책을 집필하였기 때문이다. 그리고 어려운 가운데서도 개정에 응해주시고 끝까지 도와주신 貿易經營社 임직원 여러분께 감사를 드린다.

2006년 1월

저자 씀

제2판 머리말

이책은 2000년 1월에 초판이 나왔고 3년이 지난 시점에서 개정판을 내게 되었다. 2002년 6월 월드컵 4강 신화는 우리 민족의 가능성을 보여준 놀라운 소식이었다. 이러한 성과는 선수와 코치진의 헌신적 노력과 전국민의 성원이 어루어진 결과이지만, 특히 히딩크라는 리더의 탁월한 지도력이 결정적인 역할을 하였다. 히딩크는 축구팀감독으로 장기적 전략과 적절한 의사결정을 기초로 목표를 달성해낸 최고경영자(CEO)이다. 이처럼 경영의 문제는 기업뿐만 아니라 가정생활, 축구팀, 정당이나 사회단체, 정부 등 모든 조직의 활동과 관련을 맺고 있다.

그 중에서 기업의 경영활동은 우리가 과거와는 비교가 되지 않을 만한 경제적 풍요를 누리게 해주었다. 한편 기업의 입장에서는 미래를 예측할 수 없는 높은 불확실성에 직면하고 있고, 경영자는 그러한 불확실성을 극복하려는 다양한 활동을 전개하고 있다. 이와 같은 상황에서 이 책은 경영학을 처음 접하는 학생들의 관점에서 경영활동과 관련된 개념을 요약 · 정리한 것이다. 학생들이 이 책을 통하여 경영활동에 필요한 기초지식과 실무능력 및 자질을 기를 수 있기를 기대한다. 개정판은 2000년 초판과 마찬가지로 3부 11장으로 구성되었는데, 개정판에서 바뀐 내용을 요약하면 다음과 같다.

첫째, 제1부는 초판에서 다소 느슨하게 기술된 영역을 보완하고, 변화된 경영환경을 반영한 새로운 사례로 대체하였다. 특히, 제1장에서는 기업에 대한 법률적인 분류 대신에 기업의 본질에 중점을 두고 서술하였고, 변화하는 상황에 능동적으로 대처할 수 있는 기업가의 중요성에 대하여 기술하였다. 제2장에서는 행동과학과 조직행동론에 대한 내용을 보완하였고, 제3장에서는 환경변화의 구체적 요인인 글로벌 경영과 기술혁신을 추가하였으며, 기업의 사회적 책임을 윤리경영이란 관점에서 새롭게 기술하였다.

둘째, 제2부는 초판과 같이 경영기능에 대한 내용을 기술하였고, 필요한 경우 수정과 보완을 하였다. 제4장에서는 자료 · 정보 · 지식의 관계를 새롭게 서술하였고, 제5장에서는 급변하는 환경에 대처하려는 탄력적 조직구조의 유형에 대한 내용을 보완하였으며, 제7장에서는 통제의 기본개념과 내부통제제도의 내용을 재편하였다.

셋째, 제3부도 전체적인 틀은 2000년 판에서 크게 달라진 것은 없으나, 외환위기 이후 급변하고 있는 인적자원관리 기법을 중점적으로 개정하였고, 마케팅관리도 새로운 내용과 체계로 재편하였다. 변화된 내용을 살펴보면 제8장에서는 모집, 경력개발, 보상 등을 새로운 관점에서 서술하였고, 제9장에서는 6시그마경영을, 제10장에서는 기초적인 소비자행동분석을 보완하였으며, 제11장에서는 우리나라의 변화된 금융환경을 새롭게 기술하였다.

이번 개정작업에 도움을 주신 많은 분들에게 감사를 드린다. 특히, 경영학원론 강의를 열심히 들어준 학생들은 이 책의 내용과 수준 및 구조를 결정하는데 가장 큰 기여를 하였다. 그리고 개정 과정에서 여러 도움을 아끼지 않으신 貿易經營社 임직원 여러분들에게 감사하고, 부족한 시간 때문에 함께 하지 못한 사랑하는 사람들에게 미안한 마음을 표한다.

2003년 1월
지은이 씀

머리말

오늘날 우리는 누구나 기업활동과 관련을 맺고 살아가고 있다. 기업이 생산하여 유통시키는 재화나 서비스를 구입하기도 하고, 경영자나 종업원으로서 기업활동에 참여하기도 하며, 기업이 발행하는 주식이나 채권을 구입하기도 한다. 특히 기업활동의 규모가 커지고 그것이 국민생활 전반에 미치는 영향이 커짐에 따라 기업경영에 대한 지식과 정보의 중요성이 더욱 증대되고 있다. 경영학의 발달이 기업경영을 중심으로 이루어진 까닭에 이 책은 기업경영에 초점을 맞추어 집필하였다.

경영활동은 기업뿐만 아니라 정부 · 학교 · 병원 · 종교단체 · 친목단체 등의 다양한 조직의 운영에 널리 이용되고 있다. 이 책은 독자들로 하여금 기업과 그 밖의 조직의 보편적인 경영활동을 이해하고 그 발전에 기여할 수 있는 능력과 태도를 갖도록 배려하였다. 이런 까닭에 경영학을 학습함으로 얻은 지식과 기능은 전문경영인들 뿐만 아니라 일반 사회인에게도 유용한 도구로 이용될 수 있을 것이다.

이 책은 경영학 입문서라는 점을 감안하여 핵심적인 내용을 평이하게 서술하였다. 교재 내용의 선정 과정에서 생산관리 · 인사관리 · 마케팅 · 재무관리 등과 같은 기능중심의 접근 방법과 계획수립 · 조직화 · 지휘 · 통제 등과 같은 과정별 접근 방법을 동시에 만족시키려 노력하였다. 학생들이 이론에 쉽게 접근하고, 나아가 경영활동에 관한 폭넓은 이해를 가질 수 있도록 일상생활에서 쉽게 경험할 수 있는 다양한 사례를 제시하였다. 또한 학생들이 전체적인 내용을 개념화하기 쉽도록 도표화하거나 내용을 요약하였다. 그것은 강의하시는 교수님들의 강의에도 크게 도움이 될 것이다.

이 책은 크게 경영학의 기초, 경영관리 과정, 경영관리의 활용 등 3부로 구성되어 있다. 교재의 양은 1학기 주 3시간을 기준으로 편성하였고, 1학기 주 2시간 강의에서는 학습내용을 적절히 조절하면 전체적 흐름을 크게 해치지 않을 것으로 생각된다. 각 장 뒤에는 간단한 연습문제를 주어 학습효과를 피드백할 수 있게 하였으며, 최근의 출제경향도 살펴보도록 하였다. 또한 각 장과 관련 있는 참고자료를 장 말미에 실어 이해의 폭을 넓히고자 하였다.

이 책은 오랫동안 경영학 강의를 하면서 준비한 강의안을 기초로 이루어진 것이다. 경영학을 처음 접하는 학생들에게 조금이나마 도움이 되었으면 하는 바램이다. 끝으로 이 책의 출판을 맡아주신 貿易經營社 임직원 여러분께 감사를 드린다.

2000년 새해 아침

저자 씀

차 례

1부 현대 경영의 이해

제1장 경영의 기초개념

2부 경영관리 과정

제4장 계획수립

제5장 조직화

제6장 지휘와 리더십

3부 경영관리의 활용

제8장 인적자원관리

제9장 생산 · 운영관리

현대 경영의 이해

1 부

Principles of Management

01
CHAPTER

경영의 기초개념

Ⅰ. 조직

Ⅱ. 경영

Ⅲ. 경영자

인간은 스스로를 보호하고, 그들의 삶을 풍요롭게 하며, 다양한 여러 욕구들을 만족시키기 위하여 조직을 만들어냈다. 특히 기업활동이 본격적으로 이루어짐에 따라 사람들의 생활이 근본적으로 변화하였고, 오늘날 우리는 과거 우리 조상들이 상상할 수도 없었던 풍요한 삶을 누리고 있다. 기업은 우리에게 일상생활에 필요한 재화와 서비스를 공급하고, 우리는 기업에 자금과 노동력을 제공한다. 기업과 같은 조직의 목표를 효과적으로 달성하기 위한 노력이 경영이고, 경영의 주체는 경영자이다.

자연상태	인간의 욕구 무한대 욕망 충족수단 유한	→ 경제적 · 사회적 욕구 발생

↓

조 직	조직화된 노력을 통하여 가능한 많은 욕구충족

↓

경영활동	조직목표를 성공적으로 달성하려는 인간의 활동(경영) 그 활동의 주체(경영자)

제1장 경영의 기초개념

Ⅰ. 조직

현대 과학은 지구 나이가 약 45억 년이란 사실을 밝혀냈다. 수십억 년이 지나 생명이 탄생했고, 진화를 거듭하여 약 6,500만 년 전 거대 파충류의 자리를 포유류가 대신했다. 인간의 먼 조상이 이 땅에 등장한 것은 수백만 년 전이고, 오늘날 인간인 호모 사피엔스가 나타난 것은 20~30만 년 전이다. 인간이 출현할 당시 지구는 강한 힘과 속도를 갖춘 큰 고양이들과 거대하고 힘 있는 맘모스가 지배하고 있었다. 인간들은 개별적 사냥 대신에 조직을 통하여 자신들의 취약한 몸집과 느린 속도의 문제점을 극복했다.

1. 인간의 욕구

인간의 행동은 본능과 학습으로 설명한다. 갓난아이는 배우지 않고도 엄마의 젖을 찾고, 그것을 빨아 먹는다. 이처럼 모든 인간에게 나타나는 고정 패턴을 본능(instinct)이라 한다. 그 아이가 성장한 후에 달콤한 과자는 즐겨 먹고, 쓴 약을 거부하게 된다. 이것은 즐겁거나 불쾌한 경험이 그 아이의 행동에 영향을 주는데, 경험을 통한 행동의 변화를 학습(learning)이라 한다.

한편, 인간의 욕구란 부족함을 느껴 그 무엇인가를 채우고 싶어 하는 상태, 즉 박탈감(deprivation)을 말한다. 우리는 매 순간 다양한 욕구에 따라 행동한다. 욕구는 생리적 욕구와 심리적 욕구로 구분한다. 생리적 욕구(biogenic)는 갈증이나 배고픔 같은 생리적 긴장감에서 오고, 심리적 욕구(psychogenic)는 다른 사람들에게 인정받고 사랑받고 싶다는 심리적 긴장에서 온다. 그런 긴장 상태가 어느 정도의 강도를 갖게 되는 것을 각성 상태(aroused state)라 하는데, 이런 각성 상태가 물을 마시거나 밥을 먹게 함으로 우리의 욕구를 줄여나간다.

인간의 욕구는 기본적 욕구와 파생적 욕구로 구분하기도 한다. 기본적 욕구(need)는 '배고프다', '사랑하고 싶다' 처럼 인간의 생존과 번식 본능을 직접적으로 표현한 것이다. 따라서 기본적 욕구는 현대를 사는 우리나 7만 년 전 동아프리카 지구대를 떠나던 호모 사이엔스들, 동양 사람이나 서양 사람 모두가 경험하는 공통적인 결핍감이다. 파생적 욕구(wants)는 기본적 욕구를 충족시키기 위한 것으로 학습된 가치인 문화, 개성 등에 의해서 형성된다.

우리나라의 어린아이는 배가 고프다는 기본적 욕구가 생겼을 때, 밥을 먹으므로 그 욕구를 충족하는 경험을 갖고 있다. 이런 경험은 '배고프다' 는 기본적 욕구를 '밥먹고 싶다' 는 파생적 욕구로 표현하게 한다. 마찬가지로 배가 고플 때 미국 사람들은 '햄버거를 원한다' 고 말할 것이고, 이탈리아 사람들은 '스파게티가 먹고 싶

본능적 기본욕구

일본 의사 시게오는 쾌감 신경을 흥분시키는 물질 모두를 '뇌내 모르핀' 이라 부른다, 뇌내 모르핀의 대표적인 것이 엔도르핀, 도파민이다. 그는 인간의 본능적 기본욕구로 5F, 즉 Fucking(성욕), Feeding(식욕), Fighting(공격 본능), Fleeing(도피욕구), Flocking(소속욕구) 등을 들고 있다. 한편 심리학자 Karl H. Pribram은 fornicating(번식욕구), fleeing, feeding, fighting 등 4F를 제시한다. 시게오는 욕구의 수준이 높을수록 쾌감도 크다고 했다. 그에 따르면, 파충류의 뇌는 이런 본능적 욕구에만 반응하고, 포유류는 감정에도 반응하고, 인간은 지적 영역을 가지고 있다. 그렇다고 인간이 정신적인 존재만은 아니다. 사고는 5% 나머지 95%는 본능과 감정에 의해 살아간다.

자료 : 하루야마 시게오, 뇌내혁명

다' 고 말한다. 우리나라 사람들도 어떤 이들은 밥으로, 다른 사람들은 빵으로 배고픔의 욕구를 충족한다. 그 욕구를 채우는 방법은 상황에 따라 수시로 바뀐다.

기업활동이 활발해짐에 따라 수많은 상품이 만들어지고, 새로운 파생적 욕구가 생겨난다. 예를 들면, 애플사의 아이폰은 인간의 다양한 욕구를 충족시키고 새로운 욕구를 생성시킨다. 텔레비전, 여객기, 볼펜 같은 상품 역시 파생적 욕구 충족을 위하여 20세기 이후 기업을 통해 출현한 재화들이다. 글로벌화가 급격히 이뤄지면서 문화 이전이 활발해지고 파생적 욕구 또한 급격히 늘어나고 있다. 우리나라 젊은이들의 패스트푸드에 대한 욕구가 증대되고, 외국인들의 김치에 대한 욕구가 늘어나는 것이 좋은 사례이다.

2. 조직의 특성

인간의 욕구는 끝이 없다. 오래 전부터 사람들은 조직을 통하여 보다 많이 욕구를 충족했다. 이를테면 인간보다 힘이 세고, 빠른 동물들을 사냥하기 위해서 여러 사람들이 역할을 분담하고, 협력함으로 원하는 목적을 달성할 수 있었다. 이렇게 시작된 조직은 환경에 적응하며 발전을 거듭하였다. 오늘날 우리 사회는 기업, 정부, 학교, 병원, 군대 등 수많은 조직으로 구성되어 있고, 모든 사람들은 조직의 영향을 받지 않을 수 없다. 조직(organization)의 특성을 구체적으로 살펴보면 다음과 같다.

공동의 목표

고대 사냥조직은 동물을 포획할 공동의 목표가 있었다. 기업은 고객에게 제품이나 서비스를 제공하여 이익을 창출할 목표가 있고, 학교는 교육 서비스를 제공한다는 목표를 갖고 있다. 조직의 경영자는 구성원들의 다양한 개인적 목표를 아울러 조직 공동의 목표를 달성할 책임이 있다.

분업체계

공동목표를 달성하기 위하여 구성원들은 조직 내의 여러 역할을 분담한다. 농구팀 조직은 구성원들에게 공을 투입하는 가드, 공격을 하는 포워드, 골문 근처를 지키는 센터 등의 역할을 분담시킨다. 감독은 이들의 역할을 조정하고, 그 역할을 잘 수행하도록 하는 역할을 맡는다.

상호 작용을 하는 인간집단

조직은 여러 사람들의 집합체이다. 조직 구성원들은 경쟁을 하면서도 협동하고, 갈등을 느끼면서 만족을 얻기도 한다. 그들은 자신들의 협동적 노력을 통하여 얻는 성과가 개개인이 이룰 수 있는 성과의 합보다 크다는 효과(1+1>2)를 기대한다. 그런 효과를 일컬어 시너지효과(synergy effect)라 한다.

다른 동물과 다른 인간조직의 독특성

호모 사피엔스는 조직을 통하여 상대가 되지 않을 만큼 강한 생명체를 제압했다. 하지만 조직은 호모 사피엔스만의 전유물이 아니다. 개미나 벌, 늑대, 침팬지, 심지어 같은 시대에 공존했던 네안데르탈인도 조직이 있었다. Harari 교수는 호모 사피엔스 조직의 우월성을 3만 년~7만 년 전에 출현한 새로운 사고와 의사소통 방식인 인지혁명에서 찾았다.
조직 목표 달성의 첫 번째 기본 전제는 언어를 통한 정보전달이다. 그런데 인간과 마찬가지로 원숭이도 목소리 언어로 구성원들에게 각자의 역할을 요구한다. 두 번째는 뒷담화와 스킨십이다. 이런 관계 형성 기능을 통해 좀 더 많은 무리 형성이 가능한데, 하라리는 이것으로 150개체 정도의 결집이 가능하다고 했다. 세 번째는 보이지 않는 추상적 세계를 형상화하는 호모 사피엔스만의 능력이다. 하라리는 이것을 허구(fiction)라고 했다. 이 같은 기능을 통해 거창한 공통의 신화 · 전설 · 신 · 종교 등을 형상화하여 전달함으로써, 수십만 이상이 거주하는 도시와 수억 명 이상이 거주하는 제국을 건설했다.

자료 : 유발 하라리, 사피엔스

● 유기체

조직은 다른 유기체처럼 성장 · 발전 과정을 거쳐 인간이 설계하는 이상의 자체적 생명력을 가지고 있다. 생명체처럼 환경변화에 적절히 대응하여 살아남을 수도 있고, 환경변화에 제대로 대응하지 못하고 소멸되기도 한다.

3. 기업

기업은 현대의 가장 대표적인 생산조직이다. 여기서 생산이란 소비자의 욕구의 충족을 위한 재화나 서비스를 만드는 활동을 말한다.

(1) 기업의 존재 목적

기업의 존재 목적(mission)은 재화나 서비스를 고객에게 제공함으로써 그들의 욕구를 충족시키는 데 있다. 기업이 그 존재 목적을 달성할 때만 그것의 생존과 발전을 보장받는다. 생존과 발전을 계속 하려면 기업은 이익의 창출과 재화나 서비스의 가치 향상에 주력 하여야 하고, 그에 대한 보상으로 이익을 얻게 된다.

● 이익의 창출

이익(profit, income)은 기업이 적합한 재화나 서비스를 공급한 것에 대하여 사회가 기업에게 주는 대가이다. 기업이 이익을 남기려면 고객에게 공급하는 재화나 서비스를 생산 · 판매하는데 소요되는 원가(cost) 이상의 가격(price)을 받을 수 있어야 한다. 일시적으로는 밑지면서 팔 수 있지만 그런 일이 계속되면 기업의 생존이 위협받게 된다. 이익을 가지고 기업은 생산활동에 필요한 자원을 구입하여 다시 재화나 서비스를 생산한다. 나아가 이익은 새로운 기술개발을 가능하게도 하고, 기업의 성장을 위한 설비에 투자할 수도 있으며, 국가에 세금을 내는 원천이 된다.

가치의 증대

기업이 이익을 계속 창출하려면 소비자가 느끼는 재화나 서비스의 가치(value)가 그것의 가격(price)보다 커야 한다. 예를 들어, 삼성 갤럭시 스마트폰의 가격이 50만 원이라면 소비자는 그것에 대한 자신의 평가가 50만 원 이상인 경우에만 그 제품을 구입할 것이다. 이처럼 재화나 서비스의 가치는 실제적 용도나 성능뿐만 아니라 심리적 만족도를 포함하는 넓은 뜻을 가지고 있다. 그런데 재화나 서비스의 시장가격은 특수한 경우를 제외하고는 주로 시장의 수급 사정에 의해 결정되므로 기업은 부단히 자신이 생산하는 재화나 서비스의 가치를 향상시키는 노력을 계속하여야 한다.

(2) 기업의 형태

기업이 활동하는 데는 자금이 필요하다. 기업은 필요한 자금을 국가나 지방자치단체로부터 조달하는 공기업과 민간인으로부터 조달하는 사기업 등이 있다. 공기업(public enterprise)은 사업의 성격상 공공성이 높거나 국가 기관이 재정 수입을

기업의 생존 부등식

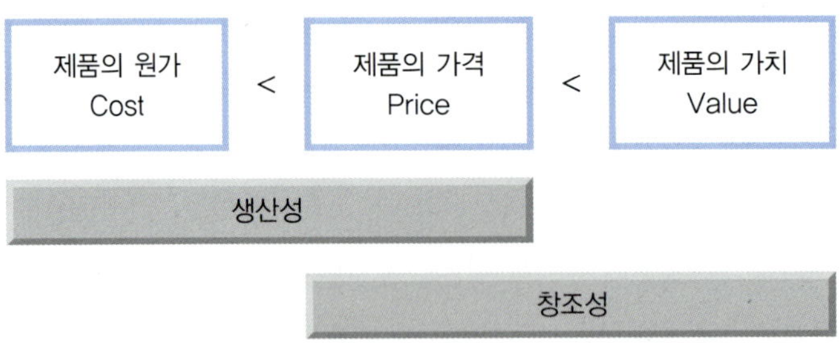

윤석철은 생존부등식의 왼쪽, 즉 제품의 생산에 요하는 원가를 절감하는 능력을 생산성(productivity)이라 하고, 생존부등식의 오른쪽, 즉 소비자를 위해 상품의 가치를 높이는 능력을 창조성(creativity)이라 정의하였다.

자료 : 윤석철, 프린시피아 매네지멘타, 경문사, 1991.

얻기를 원하는 경우 국가 또는 지방자치단체가 출자하여 직접 또는 간접적으로 경영하는 기업 형태이다. 여기서는 사기업을 중심으로 살펴보고자 한다.

개인기업

개인기업(sole proprietorship)이란 개인이 소유 · 운영하는 기업을 말한다. 따라서 개인기업은 경영상 모든 위험과 손실을 개인이 직접 부담하고 이익도 단독으로 향유한다. 개인기업의 장점은 환경변화에 탄력적으로 대처할 수 있다는 점이다. 왜냐하면, 기업활동과 관련되는 여러 가지 결정을 신속하게 처리할 수 있고, 경영상의 문제들을 해결하기 위한 임기응변의 조치가 가능하기 때문이다. 단점으로는, 경영자 개인의 신용에는 한계가 있기 때문에 자금 조달에 상당한 제약이 따르므로, 대규모 경영에 적합한 기업 형태는 아니다.

소수 공동기업

소수 공동기업(partnership)이란 2인 이상 출자자가 공동 소유자로서 운영하는 기업을 말한다. 이것은 합명회사(general partnership)와 합자회사(limited partnership)로 나뉜다. 합명회사는 모든 출자자가 회사의 경영에 참여하며, 기업의 채무에 대해 무한책임(unlimited liability)을 진다. 반면에, 합자회사는 출자자 중의 일부는 경영에는 참여치 않고 채무에 대하여 유한책임을 질 수도 있으나, 적어도 한 명의 출자자는 무한책임을 져야 한다.

주식회사

다수 공동기업 중의 주식회사(corporation)는 가장 대표적인 기업이다. 주식회사의 출자자인 주주는 회사가 채무를 부담할 때, 자신이 출자한 금액만큼만 책임을 진다. 이것을 일컬어 유한책임(limited liability)제도라 하는데, 이는 출자에 대한 책임을 가볍게 해 주므로, 일반 대중으로부터 대규모의 자본을 조달할 수 있게 된다. 또한 주식회사의 출자자는 주식 시장을 통해 주식을 매각할 수 있는데, 이때 기업의 자본에는 아무런 영향을 미치지 않게 되므로, 자본은 영속적으로 유지된다.

출자자는 그 수가 많고, 빈번한 주식의 매매와 양도로 인한 주주 변동도 심하며, 주주 중 이익 배당이나 주가 상승에 따른 시세 차익을 위해 투자하는 경우가 많다. 따라서 모든 주주가 경영자가 되기를 원하지 않고, 기업경영은 전문경영자가 담당하는 경우가 있는데, 이때 소유와 경영기능이 분화되는 현상이 나타난다.

Ⅱ. 경영

경영의 역사는 인간의 역사라 할 만큼 오래된 인간의 활동이다. 경영이라는 용어가 없었다 하더라도 중국의 만리장성 건설이나 칭기즈칸의 군사활동에서도 경영활동이 있었다는 것은 틀림없는 사실이다.

가상의 실제 - 푸조 Peugeot

자동차를 만드는 주식회사 Peugeot는 집단적 상상력이 만들어낸 환상이다. 물리적 실체가 아니기 때문에, 법적으로만 존재하는 '법적 허구'이다. 만일 재앙이 닥쳐서 푸조 임직원 전원이 사망하고 조립 라인과 건물이 모두 파괴되었다고 하자. 그럴 때도 회사는 돈을 빌리고, 새 직원을 고용하고, 공장과 기계를 새로 구입하여 생산에 돌입할 것이다. 푸조에는 경영자와 주주가 있고, 보이는 건물과 토지가 있지만, 그것들이 곧 회사는 아니다. 그렇다고 푸조가 불사신이거나 불멸의 존재는 아니다. 만일 판사가 해산 판결을 내리면, 공장도 그대로 있고, 노동자와 경영자와 주주가 여전히 살아있더라도 푸조는 순식간에 사라질 것이다.

인지혁명 이후 호모 사피엔스는 이중의 실재 속에서 살아간다. 한쪽에는 강이나 나무처럼 보이는 실재가 있고, 다른 한쪽에는 주식회사와 같은 법인이나 국가라는 가상의 실재가 있다. 시간이 흐르면서 가상의 실재는 점점 더 강력해져서 나무와 사자의 생존이 미국이나 구글 같은 가상의 실재들의 자비에 좌우될 지경이다.

자료 : 유발 하라리, 사피엔스

1. 경영의 의미

경영(management, administration)이란 조직의 목표를 효과적으로 달성하기 위하여 인적자원과 물적자원, 기술적자원을 결합 · 조정하는 과정이라고 할 수 있다. 경영활동은 기업뿐만 아니라 정부 · 학교 · 병원 · 종교단체 등의 모든 조직에서 찾아볼 수 있다. 경영활동은 인간이 조직을 만들면서 시작되었지만, 경영활동의 필요성을 절감하기 시작한 것은 18세기에 일어난 산업혁명 이후이다. 처음에는 기술혁신으로 생겨난 방직기와 증기기관을 이용하기 위하여 기술자들은 자신들의 움막에서 나와 한 지붕 아래로 모여들었다. 이것을 일컬어 공장제(manufactory)라고 하는데, 공장제를 보다 생산적으로 계획하고 연구하는 것이 경영이라는 사실이 알려졌다.

경영과 관리는 일반적으로 같은 의미로 사용된다. 하지만 경우에 따라서 경영이란 관리에 비하여 포괄적인 상위의 개념으로 받아들여지기도 한다. 경영은 기업을 둘러싸고 있는 환경변화를 감지하여 조직이 나아갈 비전과 목표를 제시하고 그것을 달성하기 위한 전략이나 운영계획을 제시하는 활동이다. 또한 조직의 목표달성을 위하여 적합한 사람들을 배치하고 그들 각자에게 권한과 책임을 위임하는 활동이다. 한편 관리는 경영활동으로 제시된 목표와 시스템 속에서 이루어지는 일상적인 계획, 실행, 통제 등을 말한다. 다시 말해 관리는 경영보다 하위의 개념으로 기존의 시스템이 지속적으로 유지되도록 하는 활동으로 해석하기도 한다.

경영과 관리는 한 사람의 경영자에 의하여 동시에 수행되기도 하고, 역할이 분담되는 경우도 있다. 역할이 분담되는 경우 경영기능은 최고경영자 계층에서 담당하고, 관리기능은 중간관리자나 현장감독자 계층에서 담당한다. 어느 경우라도 경영만 강조하고 관리가 없는 경우 조직은 안정감을 잃어 혼란에 빠질 수 있다. 또한 관리만 강조되고 경영이 결여된 조직은 오늘날처럼 불확실성이 높은 상황에서 생존과 발전을 보장받기 어렵다.

2. 경영순환 과정

조직이 요구하는 지식과 기술이 다르고, 조직이 처한 환경이 서로 다르기 때문에, 경영자의 직무도 조직에 따라 차이가 있다. 그러나 어느 조직에 속했든 경영자가 수행하는 직무에서는 공통점을 찾을 수 있다. 이러한 공통점을 경영기능이라고 하는데, 이에는 계획 · 조직 · 지휘 · 통제 등이 있다. 경영순환 과정(management cycle)이란 계획, 조직, 지휘, 통제 등의 경영기능을 하나의 순환 과정으로 파악한 것을 말한다. 각 기능에 대하여 간단히 살펴보면 다음과 같다.

계획수립

계획수립(planning)은 조직의 목표를 정하고 그 목표달성을 위한 방법을 결정하는 과정이다. 기업뿐만 아니라, 모든 조직에서 가장 먼저 결정해야 하는 일이 조직의 목표설정이다. 목표가 없이 조직을 운영하는 것은 마치 어디로 가야 할지를 결정하지 않고 배를 항해하는 것과 같다. 최고경영자부터 현장 감독자까지 모든 경영자들은 계획을 수립하는데, 전체적으로 볼 때 계획은 조직이 환경변화에 대응하는 중요한 수단이 된다.

조직화

조직화(organizing)는 계획을 구체적인 행동을 전환하는 과정이다. 목표와 계획

경영순환 과정

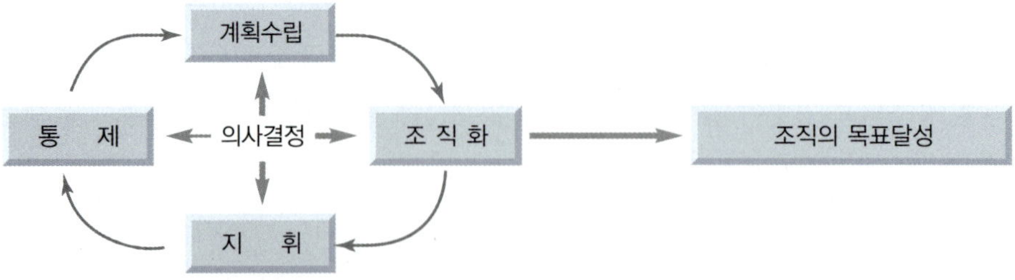

을 달성하기 위하여 경영자들이 조직구성원들이 해야 할 과업(task)과 권한(authority)의 구조를 정하는 과정을 조직화라 한다. 이런 과정을 통하여 경영자는 조직이 수행할 과업을 체계적으로 나누고, 분할된 일을 수행할 구성원들에게 권한을 부여하며, 아울러 각 구성원이나 집단들에 의해 수행된 과업을 조직의 목표달성을 위해 효과적으로 결합시키게 된다.

지휘

지휘(leading)란 목표달성을 위하여 조직 내 구성원들의 행동에 영향을 미치는 과정이다. 계획이 수립되고 조직화가 되었다고 해서 목표가 달성되는 것은 아니다. 모든 조직의 핵심은 사람이고, 경영자는 인적자원을 통합하여 목표를 달성하게 하는 지휘기능을 담당한다. 지휘를 통하여 구성원들이 목표를 달성하기 위하여 열심히 일하도록 영향력을 행사하고, 동기를 유발시키며, 의사소통이 잘 이루어지도록 한다. 또, 구성원 간에 불화나 갈등이 있으면, 그것을 조정해야 한다.

통제

통제(controlling)란 조직 성과를 측정하고, 그것을 목표와 비교하며, 이를 기초로 경영 방식과 진로를 수정하는 과정이다. 이 과정이 필요한 이유는 모든 일이 예상했던 대로 진행되는 것이 아니기 때문이다. 경영자는 바람직한 방향에서 벗어나는 경우 곧바로 시정하게 된다. 여기서 나온 자료는 다음의 계획수립 과정에서 중요한 정보가 된다.

3. 경영 성과의 평가

경영활동의 목표는 조직이 성공적으로 자신이 세운 계획을 달성하도록 하는 것이다. 경영은 기업뿐만 아니라 다양한 조직들의 서로 다른 목표를 성공적으로 달성할 수 있게 해준다. 예컨대 경영은 교육기관이 효과적으로 교육활동을 수행할 수 있도록 해주고, 병원들이 효과적으로 질병을 예방하고 치료할 수 있도록 해주며, 정부기관이 주어진 예산을 가지고 필요한 서비스를 제공하게 해준다. 여기서 우리는 경영활동이 조직의 목표를 달성하는데 어느 정도 기여했는지를 평가하는 개념들에 대하여 살펴보고자 한다.

(1) 효율성

경영목표가 성공적으로 달성되었는지 여부를 판단하는 기준으로 이용되는 개념 중 하나가 효율성이다. 효율성(efficiency)이란 조직이 자원을 얼마나 잘 활용하여 목표에 달성하였는지를 판단하는 개념이다. 효율성을 수식으로 표현하면 다음과 같다.

$$효율성 = \frac{산출물}{투입물}$$

주어진 투입물을 가지고 보다 많은 산출물을 얻게 되면 효율성이 높아지고, 산출물이 일정할 때 투입물이 줄게 되면 효율성이 높아진다. 경영활동에서 투입물은 자금, 인력, 장비 등이다. 대우조선에서 지난 번 유조선을 건조하는데 1억 2천만 달러의 원가가 투입되었는데, 이번에는 동일한 유형의 유조선을 1억 달러에 완성하였다고 가정하자. 그런 경우 대우조선의 경영에 대한 효율성이 높아졌다고 말한다. 이처럼 효율성이 높으면 경영 과정에서 자원을 잘 활용하였다는 것을 의미하고, 낮으면 자원을 낭비하였다는 것을 의미한다.

(2) 효과성

경영활동이 효율성이 있는 것만으로는 충분하지 못하다. 예를 들어, 한 레스토랑에서 질 나쁜 재료를 쓰거나, 기술이 떨어지는 요리사를 채용하여 제품의 제조원가를 하락시켰다고 가정하자. 만일 그 레스토랑의 음식가격(output)이 변하지 않았다면, 원가(input)의 하락은 효율성 향상으로 이어질 것이다. 하지만 그렇게 만들어진 음식은 고객을 만족시키지 못할 것이고, 레스토랑 경영자는 장기적 이익창출이라는 목표를 달성하지 못하게 될 것이다. 이런 이유에서 경영자는 효율성뿐만 아니라 조직의 목표 달성에 주의를 기울여야 한다.

경영자는 조직의 목표가 달성되었는지 주의를 집중하여야 한다. 조직이 목표를 달성했는지 여부를 판단하는 개념을 효과성(effectiveness)이라 한다. 경영자가 목표를 달성했다면, 그의 경영능력은 효과적(effective)이라 할 수 있다. 효율성이 있고 효과성이 있으면 바람직하지만, 효율성은 있으나 효과성이 떨어지는 경우 문제가 있다. 효율성을 위하여 효과성을 저해하지 말아야 한다는 점은 경영자가 잊지 말아야 할 사항이다.

(3) 효과성과 이해관계집단

효과성의 개념은 그리 간단하지 않다. 아름다움이란 개념처럼 효과성이란 개념은 보는 사람마다 차이가 있다. 오늘날 기업활동은 사회와 단절된 상태에서 이루어지지 않는다. 기업 안과 밖에서 기업과 이해관계를 가지는 조직, 집단, 개인 등을

효과성과 효율성

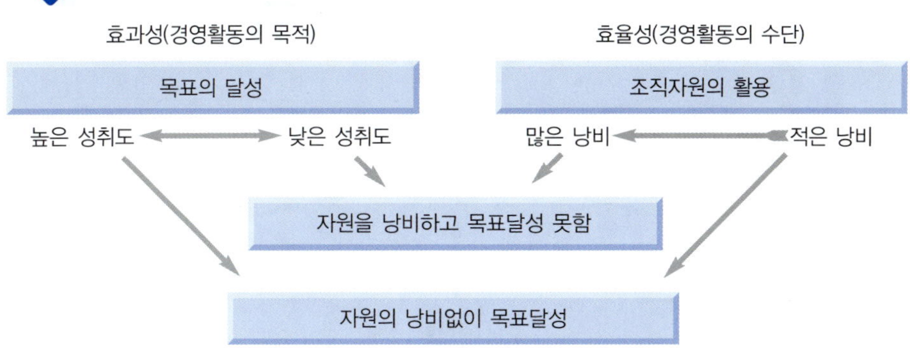

일컬어 이해관계집단(interest group, stakeholders)이라 한다. 이해관계집단에는 주주, 채권자, 정부, 소비자, 종업원, 경영자 등이 있다. 각 이해관계집단은 조직에 대한 기대가 서로 다르고, 서로 다른 기준으로 경영활동의 효과성을 평가한다.

예컨대, 주주들은 기업이 이익을 많이 남겨 자신들이 가지고 있는 주식 가격이 상승하고 배당을 많이 받게 되는 경우 기업이 목표를 달성했다고 생각한다. 반면 노동자들은 적절한 임금과 복리후생을 제공하는지 여부에 따라 기업의 효과성을 판단한다. 이처럼 효과성에 대한 개념을 충분히 이해하려면 조직을 평가하는 다양한 집단이 존재한다는 사실을 인식하여야 한다.

Ⅲ. 경영자

경영자는 조직의 목표를 성공적으로 달성하게 하는 경영활동을 책임지고 있는

이해관계집단과 서로 다른 효과성의 평가기준

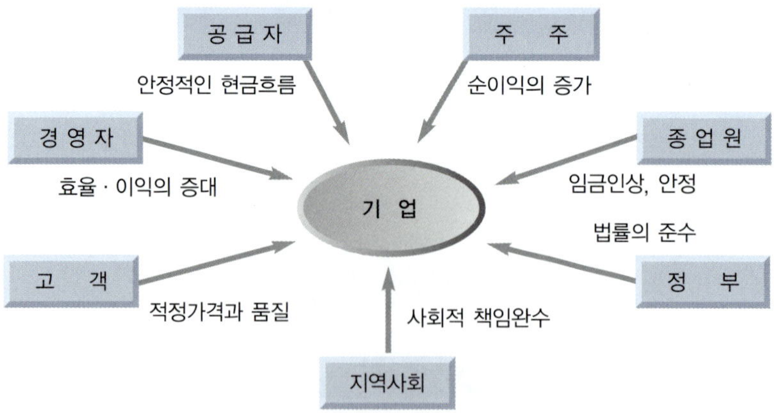

사람이다. 물론 기업의 사장이나 재벌 회장들은 경영자이다. 하지만 조직을 이끌고 그 결과에 책임지는 대학의 총장, 경영학 교수, 노동조합장 등도 경영자이다. 한편 기업에서 일을 한다고 모두 경영자는 아니다. 작업자는 부과된 과업을 직접 수행하는 사람들로서 다른 사람을 감독할 권한은 없다. 예를 들면, 컴퓨터 제조공장에서 컴퓨터를 조립하는 사람, 은행 창구에서 예금을 주고받는 사람 등이 작업자이다.

1. 경영자의 역할

캐나다의 민츠버그(H. Mintzberg)는 경영자들이 하는 일을 의사결정에 필요한 정보의 수집, 기업활동에 필요한 의사결정, 기업의 종업원이나 다양한 이해관계자들과의 원만한 관계유지 등으로 크게 나누었다.

(1) 정보관리자로서의 역할

경영자의 역할은 지속적인 의사결정이다. 올바른 의사결정을 하기 위해서는 정확하고 신속한 정보의 수집과 분석이 필요하다. 우선 경영자는 경영에 필요한 정보를 꾸준히 탐색하고 수집하는 정보수집자(monitor)의 역할을 한다. 예를 들면, 청량음료회사는 소비자가 원하는 마실 것을 공급할 사명이 있다. 이러한 사명을 수행하려면 경영자는 시장조사기관이나 판매상 등을 통하여 소비자가 단맛을 좋아하는지 여부를 파악하여야 한다.

경영자는 수집된 정보를 기업구성원들에게 전달하는 정보전파자(disseminator)의 역할도 한다. 예를 들면, 앞의 청량음료회사 경영자는 소비자의 입맛에 관한 정보를 생산을 담당하는 경영자에게 알려주어 생산에 활용하게 된다. 또 경영자는 조직 내에서 수집 · 분석한 정보를 외부에 전달해 주는 정보대변자(spokesperson)의 역할을 한다. 기업의 영업활동 결과 당기순이익이 얼마인지를 손익계산서를 통하여 기업 외부에 알려주는 것은 그 대표적인 예이다.

(2) 의사결정담당자로서의 역할

경영자가 수집된 정보를 토대로 하여 여러 가지 대안 중 하나 혹은 몇 개를 선택하는 과정을 의사결정(decision-making)이라 한다. 경영자는 한정된 자원을 효과적으로 활용하여 기업의 목표를 달성하여야 한다. 따라서 경영자는 새로운 시장의 선택, 생산 방법의 선택, 인원선발 방법의 선택, 자금조달 방법의 선택 등 다양한 의사결정 상황에 직면하게 된다.

또 경영자는 거래업체의 도산, 노조의 파업, 압력단체 항의 등과 같은 전혀 예기치 못한 일이 발생했을 때에 이를 맡아 처리하는 분쟁조정자(disturbance handler), 한정된 자원을 적절히 배정하는 자원배분자(resource allocator)의 역할을 행한다. 또 노동조합과의 단체교섭, 공급업자의 계약조건 협의 등과 같이 중요문제에서 조직을 대표하는 교섭자(negotiator)의 역할을 행한다.

(3) 대인관계적 역할

모든 경영자는 사람을 만나는 데 많은 시간을 보낸다. 왜냐하면 모든 일이 결국은 사람을 통해서 이루어지기 때문이다. 그러므로 조직을 원만히 운영해 나가기 위해서는 다른 사람들과 원만한 인간관계를 갖는 것이 필요하다. 경영자는 대외적으로 한 조직을 대표하는 자로서 서류에 서명을 하고, 중요한 방문객을 접대하는 일을 하는 상징적 대표자(figurehead)의 역할을 행한다. 또 경영자는 종업원들을 고

상업활동과 경영자

과거 농업이 중심이 되는 시대에는 동양과 서양을 막론하고 상인에 대한 일반적인 태도는 부정적이었다. 고대 공자시대의 상인에 대한 사회적 대우는 죄수보다 조금 나을 정도였다. 우리나라의 경우도 士農工商과 같은 사회계층에서 볼 수 있듯이, 상인에 대해서는 부정적이었다.

일본의 경우도 마찬가지이다. 하지만 근대화를 위해서 상인의 필요성을 느낀 명치유신 당시의 지도자들은 상인이나 제조업자의 사회적 위상을 높여 적극적인 산업활동을 촉진할 필요성을 느끼게 되었다. 그런 이유에서 경영자 · 실업가란 용어를 사용하여, 그들의 활동이 애국적이란 이미지를 갖게 하였다.

용하고, 그들을 교육시키며, 주어진 일을 자발적으로 수행할 수 있도록 동기를 유발시키는 지도자(leader)로서의 역할, 외부 세계와 조직 내부를 연결시키는 연락자(liaison)로서의 역할도 한다. 이를 위하여 경영자는 외부 사람들에게 신뢰를 얻고, 호감을 사는 사람이 되어야 한다.

2. 경영자의 능력과 계층별 유형

경영자의 역할은 다양하고 복잡하다. 경영자가 경영활동을 효과적으로 수행하기 위해서는 여러 가지 능력이나 기법을 갖추어야 한다. 하지만 그 필요로 하는 능력은 사장과 같은 최고경영자와 작업반장과 같은 현장감독층이 서로 같지는 않다.

(1) 경영자의 능력

경영자가 계획수립 · 조직화 · 지휘 · 통제활동을 성공적으로 수행하기 위해서 갖추어야 할 능력을 1970년대 초 카츠(Robert L. Katz)는 기술적 능력, 인간적 능력, 개념적 능력 등으로 대별하였다.

기술적 능력

기술적 능력(technical skill)이란 특정한 과업을 수행하는 데 필요한 지식 · 방법 · 기술 · 장비사용법 등을 의미하는데, 이러한 능력은 경험 · 교육 · 훈련 등을 통하여 습득된다. 예를 들면, 회계과장이 알고 있는 복식부기에 의한 재무제표 작성법은 기술적 능력인데, 그가 가지고 있는 지식은 장부기입을 하는 부하들이 직면한 문제점을 해결해 준다. 카츠에 의하면 경영자계층이 상승할수록 기술적 능력의 중요성은 줄어든다고 하였다.

인간적 능력

인간적 능력(human skill)이란 사람들에게 일을 시키거나 함께 일을 하는데 필요한 기법이나 판단력 등을 의미한다. 인간적 능력을 갖춘 경영자는 부하들과 성공적으로 의사소통을 하고, 동기부여를 하며, 열정과 신뢰감을 갖게 한다. 카츠는 최고경영자뿐만 아니라 현장감독층에서도 인간적 능력은 경영활동에 중요한 요인이라 하였다.

개념적 능력

개념적 능력(conceptual skill)이란 추상적인 상황을 파악하고 개념화 할 수 있는 능력을 의미한다. 경영자는 이런 능력을 가지고 환경이나 조직 전체의 복잡성을 명료하게 파악하고, 조직구성원의 활동이 어떻게 조직목표에 연결되는지를 이해하게 된다. 이러한 능력은 의사결정에 필수적인데, 특히 경영계층이 상승할수록 그 중요성이 커진다.

(2) 경영자의 계층

경영자는 그 계층에 따라 책임을 지는 수준이 다르고, 각 기능을 수행하는 데 투입하는 시간과 노력의 비중이 각각 다르다. 또 조직 내의 위치에 따라 맡아야 할 의사결정 영역도 다르다. 경영계층의 권한과 임무는 상층부로 갈수록 점점 더 복잡해진다. 경영자를 계층별로 나누어 그에 필요한 능력을 살펴보면 다음과 같다.

최고경영자계층

조직관리계층 중 맨 위에 있는 것이 최고경영자(top management)계층이다. 이 계층에는 기업의 회장 · 사장 · 전무 · 상무 · 이사 등이 포함되며, 조직 전체의 목표와 나아갈 방향, 그리고 여러 부서들 간의 전체적인 조화를 꾀하기 위하여 경영정책이나 경영전략 등의 의사결정문제를 다루게 된다. 따라서 최고경영자는 개념적 능력을 갖추어 조직의 모든 기능들이 전체 조직목표 달성을 위하여 움직이도록 하는 것이 주된 임무이다.

중간관리자계층

조직관리계층의 중간에 해당되는 것이 중간관리자(middle managers)계층이다. 이 계층에는 기업의 경우 부장 · 차장 · 과장 등이 포함된다. 중간관리자계층은 최고경영자계층이 정한 조직 전체의 목표와 방향을 성공적으로 수행하기 위하여 각 부서의 책임을 맡고 있다.

현장감독자계층

조직관리계층의 맨 아래에 해당되는 현장감독자(first-line managers)계층은 기업의 경우 대리 · 직장 · 조장 · 반장 등으로 구성되고, 프로축구팀의 코치에 해당한다. 현장감독자계층은 작업을 지시하고, 현장에서 작업을 하거나 업무를 수행하는 데에서 생기는 여러 가지 문제점들을 해결하는 것과 관련된 의사결정을 한다. 현장감독자계층의 경영자들은 부하들에게 일을 시키고, 그를 위한 훈련과 개발을 담당하여야 하므로 기술적 능력이 중요시된다.

경영계층과 경영능력

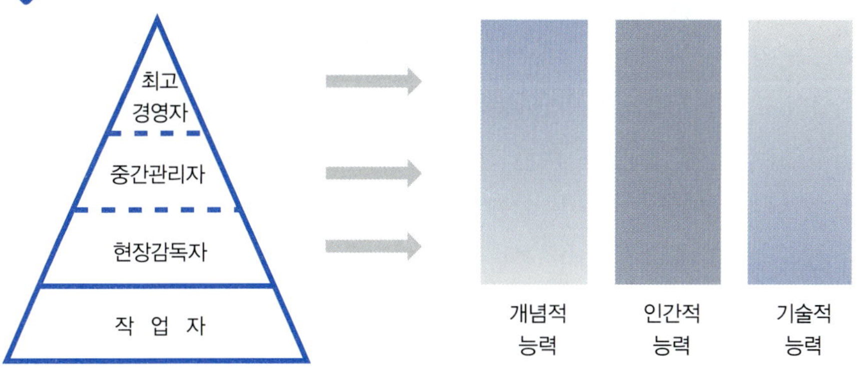

3. 경영자와 소유주

기업이 시작될 무렵 회사를 설립한 소유주는 혼자서 경영활동을 독점하였다. 그러나 기업조직의 발전과 더불어 경영자가 갖추어야 할 능력이 점차 전문화 · 고도화되었고, 소유자가 아닌 전문경영자가 등장하였다.

(1) 지배구조에 따른 경영자의 분류

기업의 최고 의사결정을 내리는데 누가 보다 많은 영향을 미치는가에 따라 기업의 지배구조(governance)가 결정되는데, 지배구조에 따라 경영자를 다음과 같이 분류할 수 있다.

소유경영자

기업에 자본을 출자한 사람이 동시에 경영활동을 담당하는 경우가 소유경영자(owner manager)에 해당되며, 흔히 기업가라고도 불린다(마무리 이야기 참조). 소유경영자는 자본을 출자하고, 기업을 직접 경영하며, 기업성장에 필수적인 혁신활동을 행한다. 소유경영자는 경영규모가 작은 벤처기업에서 많이 볼 수 있고, 규모가 크더라도 소유주가 전문적인 경영능력을 갖추고 있는 경우에 존재한다.

고용경영자

기업의 규모가 확대되고 기업활동이 복잡하게 되면 소유경영자 혼자서는 기업을 합리적으로 운영할 수 없다. 이런 경우 급여를 지급하고 다른 경영자를 고용하게 되는데, 이처럼 경영의 일부를 위임받아 경영활동을 담당하는 경영자를 고용경영자(salaried manager)라 한다. 이는 의사결정 권한이 일정 부분 경영자에게 위임되어 있으나, 최종적인 결정은 소유경영자나 출자자가 담당한다.

전문경영자

기업이 대규모화되고 기업활동이 고도로 복잡하게 되면, 기업을 합리적으로 경영할 수 있는 경영자가 필요하게 된다. 이런 요청에 따라 전문적 경영지식과 능력을 갖추고 출자자로부터 경영전권을 위임받아 경영활동을 담당하는 경영자를 전문경영자(expert manager)라 한다. 전문경영자는 기업의 경영을 전담한다는 의미에서 소유경영자나 고용경영자와 구별된다. 특히 규모가 커지면서 기업의 사회성, 공공성이 강하게 되므로 전문경영자는 그 사회적 책임을 성실히 수행하여야 한다.

(2) 우리나라의 기업지배구조

소유경영자냐 전문경영자냐 하는 기업지배구조의 결정은 기업이 처한 외부환경 변화와 기업 내부 상황에 따라 다르다. 우리나라 대부분의 기업은 소유경영자 중심의 기업지배구조를 가지고 있다. 우리나라 기업은 중소기업뿐만 아니라 대기업도 가족들을 중심으로 창업하였다는 특성을 가지고 있다. 소유경영자인 대주주는 다른 주주들이 의사결정에 크게 관여하지 않는 까닭에 기업의 중요한 결정 권한을 독점하게 된다. 이러한 의사결정구조는 모험적 투자에 필요한 신속한 의사결정, 장기적 관점의 투자결정, 내부거래에 의한 사업 간 시너지 확대 등을 가능하게 하였다. 1970년대 중반 제1차 오일 쇼크 이후 현대건설이 중동에 진출한 것이나 삼성전자가 반도체분야에 진출한 것이 그 대표적 성공사례이다. 결과적으로 소유경영자중심의 지배구조는 성장기에 있던 우리 경제발전에 결정적인 역할을 하였다.

그러나 이러한 지배구조는 중소기업의 경우와는 달리, 국민경제에 중대한 영향을 미치는 대기업의 경영에는 적지 않은 문제를 일으키고 있다. 과거와 같이 성장에 있어서 정부의 역할이 절대적인 경우와는 달리, 오늘날처럼 시장이 완전히 개방되고 환경이 급변하는 시대에는 한 사람에 의존하는 조직은 환경변화에 빨리 적응하지 못하고 탄력성을 잃어 경쟁력을 상실할 수밖에 없는 실정이다. 또한 대기업의 소유경영자인 대주주가 개인의 이익에 집착하는 경우 기업경영의 투명성이 문제가 되고, 기업지배권의 세습으로 인한 경영실패의 가능성이 높아져 국민경제에 큰 부담을 안겨줄 수도 있다.

연습문제

01. 욕구에 대한 다음 설명 중 적합한 것은?
① 기본적 욕구(needs)는 생리적 욕구의 다른 말이다.
② '밥 먹고 싶다' 라고 표현하는 것은 기본적 욕구의 표현이다.
③ 소비자가 처한 상황에 따라 파생적 욕구(wants)는 계속 변한다.
④ 파생적 욕구는 사랑과 인정을 받고 싶다는 사회적 욕구를 의미한다.

02. 조직에 대한 설명 중 바르지 못한 것은?
① 조직은 자체적 생명력을 갖고 환경에 적응한다.
② 조직구성원 모두가 개인적으로 같은 목표가 있어야 한다.
③ 조직의 목표달성을 위하여 구성원들의 분업체계가 있어야 한다.
④ 경쟁과 협력을 통해 조직목표에 도달하는 인간의 상호작용이 있어야 한다.

03. 기업의 생존방정식에 말하는 상품의 가치(value), 가격(price), 원가(cost) 등에 대한 설명으로 적합하지 않은 것은?
① 일반적으로 상품의 가격은 기업의 의도대로 정할 수 있다.
② 상품의 원가는 효율적인 기업활동을 통하여 낮출 수 있다.
③ 상품의 가치는 소비자가 느끼는 심리적 만족도 등을 의미한다.
④ 소비자를 위해 상품의 가치를 높이는 능력을 창조성(creativity)이라 정의하기도 한다.

04. 기업에 대한 다음 설명으로 올바른 것은?
① 주식회사는 소수공동기업에 속한다.
② 개인기업은 주로 주식회사를 의미한다.
③ 주식회사의 주주는 쉽게 자신의 출자분을 회수할 수 있다.
④ 합자회사의 출자자는 채무를 부담할 때 모두 무한책임을 진다.

05. 경영활동에 대한 설명으로 적당하지 못한 것은?
① 모든 조직이 경영활동의 대상이 된다.
② 경영활동은 20세기 이후에 생겨난 새로운 개념이다.
③ 조직의 목표를 효율적으로 달성하기 위한 활동이 경영활동이다.
④ 경영활동은 인간의 경제적 욕구, 사회적 욕구 등 다양한 욕구를 충족시킨다.

06. 경영기능에 대한 설명으로 바른 것은?
① 지휘는 경영활동의 결과를 측정하여 보고하는 과정이다.
② 조직화는 목표를 정하고 그 목표달성을 위한 방법을 결정하는 과정이다.
③ 통제는 목표의 달성 여부를 측정하여 경영 방식 수정을 수정하는 과정이다.
④ 계획수립은 조직구성원들이 해야 할 과업과 권한의 구조를 정하는 과정이다.

07. 효과성(effectiveness)과 효율성(efficiency)에 대한 설명으로 적합한 것은?
① 효율성은 투입된 생산요소에 대한 산출물의 비율이다.
② 효과성이 크다는 것은 자원의 낭비가 없다는 것을 의미한다.
③ 효율성은 조직이 목표에 달성했는지 여부를 나타내는 개념이다.
④ 효율성이 달성되면 효과성의 달성 여부는 조직 전체로 볼 때 큰 문제가 되지 않는다.

08. 효과성과 이해관계집단에 대한 설명으로 적합한 것은?
① 효과성은 모든 이해관계자들에게 동일하게 측정된다.
② 효과성은 그 개념이 명확하여 숫자로 표시하기 용이하다.
③ 주주나 채권자는 이익이나 현금흐름과 같은 재무 지표로 효과성을 평가한다.
④ 종업원, 경영자와 같이 기업 내부에 있는 사람들은 이해관계자로 보지 않는다.

09. 다음 경영자에 대한 설명으로 올바르지 않은 것은?
① 기업 이외의 조직에도 경영자는 존재한다.
② 소유경영자는 경영상 모든 위험을 부담한다.
③ 고용경영자는 경영상 필요한 최종적 의사결정을 한다.
④ 전문경영자는 소유와 경영이 분리된 상태에서 경영활동을 한다.

마무리 이야기

경영자와 기업가

J. Schumpeter(1883~1951)

오늘날 적은 수의 인원을 가지고 기업활동을 하는 소기업이 전체 기업의 절대 다수를 차지하고 있다. 이러한 소기업은 한 국가 전체의 고용증대와 기술혁신에 미치는 영향이 점차 커지고 있다. 기업가(entrepreneur)란 이익을 목적으로 위험을 무릅쓰면서 사업을 일으키고 조직을 관리하는 사람을 말한다. 기업가는 경영자이지만 대기업에서 성장한 관료적 경영자와 다른 특성을 갖는다. 하지만 모든 소규모기업의 경영자가 기업가는 아니고, 대기업 경영자는 기업가 기질을 갖지 못하는 것은 아니다. 오늘날 대기업에서도 점차 단순업무를 수행하는 경영자보다는 기업가형 관리자를 요구하고, 그것을 유도하기 위한 다양한 유인책과 조직변화를 시도하고 있다.

이러한 기업가가 갖는 모험적이고 창의적인 속성을 기업가정신(entrepreneurship)이라고 한다. 16세기 초까지 Entrepreneur란 돈을 받고 싸움터로 나가는 사람이라는 뜻으로 사용된 점을 보면, 그 단어의 의미를 미루어 짐작할 수 있다. 오스트리아 출신의 경제학자 슘페터(J. Schumpeter)는 일상적으로 계속되는 경제의 순환 과정을 창조적으로 파괴함으로 경제가 발전한다고 하였다. 그가 말하는 창조적 파괴(creative destruction) 과정은 기술혁신을 의미한다.

슘페터가 말하는 기술혁신이란 새로운 상품, 새로운 원료, 새로운 시장, 새로운 경영조직 등이 등장하는 과정이다. 이러한 기술혁신을 주도하는 것은 기업가의 영웅적 노력의 결과다. 그러한 노력의 이면에는 기업가가 손해를 보거나 극단적으로는 망할지도 모르는 위험이 뒤따른다. 그런 위험을 무릅쓰고 새로운 분야에 진출하여 성공하면, 기업은 기술적 우위를 바탕으로 시장에서 독점적 이익을 확보하게 되고, 그것이 기업 이익의 바탕이 된다.

02

CHAPTER

경영이론의 변천 과정

경영이란 인간의 역사와 궤를 같이해 왔다. 고대 이집트에서는 피라밋을 건축하기 위하여 수많은 사람들의 노력을 계획 · 조직 · 통제하는 경영활동이 요구되었다. 이집트를 탈출하던 모세는 외부로부터의 위협에 대처하기 위하여 집단을 조직하고, 천명의 리더, 백명의 리더, 십명의 리더 등을 세워 권한을 계층화하였다. 2300년 전 중국에서 쓰여진 손자병법은 현대 경영활동에 주는 시사점이 많다. 하지만 경영이란 독자적 영역을 다루는 학문이 시작된 것은 20세기 전후이다.

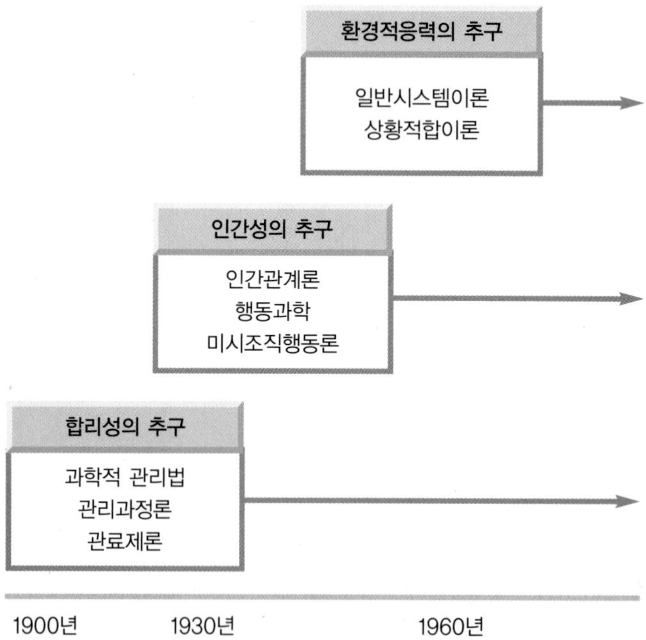

환경적응력의 추구
일반시스템이론
상황적합이론
인간성의 추구
인간관계론
행동과학
미시조직행동론
합리성의 추구
과학적 관리법
관리과정론
관료제론
1900년
1930년
1960년

제2장 경영이론의 변천 과정

Ⅰ. 합리성의 추구

경영학은 생산성 향상이라는 문제를 합리적(효율적)으로 해결하려는 과정에서 탄생하였다. 초기의 경영학은 조직의 목표를 우선시하는 인간 없는 조직(organization without people)의 논리가 지배적이었다. 합리성을 추구하는 이론의 주창자들은 과학적 관리법의 Taylor, 그것을 실무에 적용한 Ford, 관료제의 개념을 제시한 Weber, 관리과정론을 주장한 Fayol 등이다. 이 같은 합리성 추구에 관한 이론은 효율적 경영관리이론의 구축에 큰 공헌을 한 반면, 상대적으로 경영의 인간적인 측면에 관심을 소홀히 했었다는 이유로 비판을 받고 있다. 하지만 오늘날에도 산업공학과 인간공학을 중심으로 한 경영과학분야에 독자적인 학문영역을 구축하고 있다.

1. 20세기 이전의 경영관리

서구에서 산업혁명이 일어난 18세기 이전에는 기술자가 원재료 투입에서 완성품까지의 모든 공정을 담당하였다. 스미스(A. Smith)가 제시한 예에 따르면 핀을 만드는 사람은 철사를 자르고, 구부리고, 끝을 갈고, 핀의 머리를 붙이는 등의 모든 공정을 혼자서 담당하였다. 그러나 산업혁명이 시작되면서 작업은 여러 세부공정으로 분할되었다. 예를 들어, 한 사람은 철사를 자르기만 하고, 다른 사람은 구부리기만 하고, 또 다른 사람은 끝을 갈기만 한다. 그 결과 노동자들의 작업성과는 극적으로 증가한 반면에, 작업 자체는 반복적이고 지루하게 바뀌어갔다.

이런 작업환경의 변화는 노동자들의 성과를 향상시켰지만, 나름대로 다음과 같은 문제점도 가지고 있었다. 첫째, 전체 작업은 여러 개의 개별작업으로 나뉘어졌으나, 각 개별작업의 진행은 모두 노동자들에 맡겨졌다. 노동자들은 자신들이 주먹구구식(rule of thumb)으로 개발한 작업 방법으로 과업의 질을 결정하였다. 다시 말해 작업절차와 질에 대한 표준이 존재하지 않았다.

두 번째, 20세기 이전까지 노동자들의 작업수행에 대한 경영자들의 영향력은 보잘 것 없는 것이었다. 직장(foreman)이라고 불리우는 현장경영자들의 임무는 지루하고 힘든 작업현장에서 노동자들이 쉬지 않고 일하도록 감독하는 것이었다. 그들은 주로 위협과 공갈을 통하여 노동자들을 통제하였다. 이같은 특별한 계획 없이 이루어지는 관리형태를 "될 대로 되라"는 식의 표류관리(drifting management)라고 하였다.

당시의 시간급제도 하에서 임금은 작업성과를 기준으로 산정된 것이 아니라, 출석이나 직책에 바탕을 두고 있었으므로 열심히 일을 해도 다른 노동자와 차별되는 보상이 없었다. 또한 지나치게 일을 빨리 하면 기업 내의 한정된 일거리로 인하여 노동자 자신이나 동료 노동자들이 해고될 가능성도 있었다. 이런 이유로 20세기로 접어들 무렵의 기업들은 노동자들의 조직적 태업(systematic soldiering)을 경험하게 되었다. 이러한 관리상의 문제를 해결하기 위하여 경영학의 초기 형태인 과학적 관리법이 탄생하였다.

2. 과학적 관리법

테일러는 그가 미드베일 제철회사 기술자로 있을 때 과학적 관리법의 골격을 형성하였다. 따라서 그가 이룩한 과학적 관리법은 현장에서의 문제해결(problem-solving)이 중심적 과제가 되었다. 그는 제철회사에서 이루어지는 과업수행 과정을 관찰하고 관련된 실험을 함으로써 노동자들이 효과적으로 작업을 수행하는 원칙(principle)을 발견하려 하였다.

(1) 계획과 집행의 분리

테일러의 과학적 관리법(scientific management)의 핵심은 계획의 수립과 그것의 집행 간의 명백한 구분이다. 그는 작업에 대한 계획을 노동자에게 일임하는 경우 조직적 태업의 여지를 갖고 있으므로, 계획 과정을 통하여 명확한 표준작업량을 설정하여야 한다고 주장하였다. 경영자는 직무를 설계 · 계획하고, 종업원을 선발 · 훈련시키며, 종업원들이 기업의 목표를 위하여 일할 수 있도록 유인하는 방법

테일러

테일러(Frederick W. Taylor; 1856~1915)는 펜실베니아에서 태어났다. 부유한 법률가인 아버지는 테일러를 하버드대학에 입학시켰으나, 나쁜 건강과 시력을 이유로 법과대학을 포기하고 귀향하였다. 22세의 테일러는 필라델피아의 펌프공장에 무보수 견습공으로 입사했다. 그곳에서 일하는 동안 그는 노동자들의 생각에 공감했으나, 그가 '나쁜 산업환경'이라고 불렀던 태업 · 낮은 관리수준 · 노사갈등 등을 목격했다. 26세에 도제수업을 마친 테일러는 미드베일(Midvale) 제철회사에 입사하여, 6년 만에 기사장까지 승진을 거듭한다.

당시 테일러는 스티븐스 기술연구소의 통신교육 과정에 등록했다. 회사 근무는 정상적으로 하면서 기계공학학위를 취득했다. 미드베일에서 테일러는 과학적 관리법을 완성하였으며, 그것을 베들레헴 제철회사에서 간트(H.L. Gantt) · 바스(C.G. Barth) · 화이트(M.L. White) 등의 도움에 힘입어 더욱 발전시켜 갔다. 이러한 그의 공로가 인정되어 보통 그를 과학적 관리법의 아버지(father of scientific management)라고 부른다.

(예 : 차별성과급제)을 결정할 책임이 있다. 반면 노동자들은 경영자들이 세운 계획을 실행할 책임이 있는 것이다.

결과적으로 과학적 관리법은 노동자들이 경험적으로 체득한 작업에 관한 지식을 전문관리자의 손에 집중시켰다. 따라서 노동자들은 관리자들에게 독점된 작업지식에 의하여 작성된 지시서에 따라서 일하는 존재가 되었다. 물론 과학적 관리법은 당시 유행하던 공갈과 위협에 의한 감독 방법과는 큰 차이가 있었다. 테일러에 있어서 관리란 노동자가 일을 하는지 놀고 있는지를 단순히 감시하는 차원과는 전혀 다른 전문적인 과업이다.

(2) 과업관리

경영자는 우선 노동자가 하루에 일할 수 있는 적당한 작업량을 과학적으로 결정하는 과업관리(task management)를 수행한다. 그를 위하여 경영자는 시간연구(time study)와 동작연구(motion study)를 통해 작업자의 표준과업(task)을 설정한다. 예를 들면, 하나의 작업에 필요한 동작을 여러 부분동작으로 나누어 각각의 부분동작이 소비하는 시간을 측정한다. 이러한 연구는 각 부분동작이 소비하는 시간이 최대한 줄었다고 생각될 때까지 계속된다.

이렇게 얻어진 자료로 표준과업이 결정된다. 할당된 과업을 초과달성한 노동자에게는 높은 임금(상)을 지급하고, 과업을 달성하지 못한 자에게는 낮은 임금(벌)을 지급함으로써 능률의 증진을 꾀하고자 하였다. 이것을 차별성과급제도(differential piece-work system)라고 한다.

(3) 기능식조직

테일러는 과업관리에 적합한 노동자의 선발 · 교육 · 훈련 방법 등을 고안하였다. 실제로 테일러에 의하여 훈련받은 노동자들은 다른 노동자들에 비하여 매우 효율적으로 작업을 할 수 있었다. 그 결과 그들의 일당도 $1.15에서 $1.85로 50% 이상

상승하였다.

나아가 공장조직을 종래의 군대식조직에서 철저한 기능식조직으로 전환하였다. 군대식조직은 경영자의 지시가 계통을 따라 하향식으로 전해지는 형식이었으나, 테일러는 노동자와 경영자가 각각의 직분에 따라서 일하며 협동하도록 하였다. 생산 과정이 단순한 사업에서는 군대식조직으로 기업을 이끌어 갈 수 있으나, 새로 출현한 기계산업과 같이 복잡한 생산 과정을 거치는 사업에서는 기능별로 전문화된 조직형태가 요구되었기 때문이다. 테일러는 기능식직장(functional foreman)이라는 독특한 감독형태를 개발하여 그들의 업무를 세분화하였다.

테일러의 과학적 관리법은 사회 각층에 큰 영향을 미쳤는데, 헨리 포드는 디트로이트 공장에 그의 개념을 적용하였다. 한편 테일러의 이론은 기업뿐만 아니라 정부에도 그 개념이 뿌리 내리게 되어, 관료적 특성을 지닌 행정부에서도 효율성을 중시하게 되었다.

3. 관료제

M. Weber(1864~1920)

독일의 베버(M. Weber)가 주장한 관료제(bureaucracy)는 조직목표를 달성하기 위하여 조직구성원을 명령-복종 계열에 따라 질서화하기 위한 관리시스템이다.

(1) 등장 배경

베버는 독일 정부조직이 효율성이나 합리성보다는 관리들의 사욕이나 정실주의에 의하여 운영되는 사실을 목격하였다. 예를 들면, 당시 정부는 관리들을 채용하거나 승진시킬 때 그들의 능력이나 자질보다는 혈연이나 지연 등에 따라 결정하고 있었다. 베버는 이러한 연고주의가 당시 급격히 팽창하는 정부나 기업조직의 합리성을 저해하는 요인이라고 지적하였다. 그는 정실주의가 아닌 효율성이나 합리성의 원칙에 따라 조직이 움직일 때 더 생산적인 결과를 가져올 것이라고 확신하였다.

(2) 합리적-합법적 모델

베버는 당시 가장 효율적인 조직이라고 생각되었던 프러시아 군대조직을 연구하였다. 그가 관료제라 불렀던 효율적 조직의 모형은 프러시아 군대를 지배하는 원칙들을 반영한 것이다. 엄격한 규정과 통제, 위계질서를 특징으로 하는 관료제를 베버는 합리적 · 합법적 모델이라고 하였다. 그는 합리적 · 합법적 권한에 기초를 둔 관료제 모형이 근대사회의 대규모조직을 설명하는 데 가장 적합한 것이라고 하였다.

이와 대조를 보이는 것이 카리스마적 모델과 전통적 모델이다. 본래 카리스마(charisma)란 신으로부터 특별히 부여받은 재능이란 뜻이지만, 여기서는 대중 스스로가 자발적으로 순종하며 따르게 하는 뛰어난 지도력을 말한다. 카리스마적 지배체제는 예언자와 신자, 독재자와 추종자 같은 관계로 지도자가 죽거나 지도자가 벌인 일이 실패로 끝나면 조직은 무너지는 것이 보통이다. 전통적 모델은 경영권이 세습되는 가족 기업과 같은 형태로 모든 업무가 종래에 처리되는 방식으로 이루어지기 때문에 과거의 방식을 벗어나지 못한 상태로 조직은 운영된다.

(3) 관료제의 특징

관료제는 합법적인 지배 하에서 결정 과정과 집행 과정을 명확히 구별하고, 그 중에서 주로 집행 과정에 초점을 맞추었다. 그것의 내용과 특징을 살펴보면 다음과 같다.

조직안정성의 극대화

관료제는 관리자가 정해진 규칙이나 절차에 따라 의사결정을 하도록 하고 있다.

그런 경우 주관적 판단에 맡김으로써 발생할 수 있는 조직의 불안정을 최소화할 수 있고, 조직 내에서 발생하는 행동의 예측가능성이 높게 나타난다.

능률의 극대화

관료제는 과업분업화, 개인의 능력에 근거한 객관적인 방법을 통한 공식적 선발(formal selection), 전문인 양성을 통한 직무분담 등을 통하여 업무의 능률을 극대화하려는 데 그 목표가 있다.

조직관리의 비인격화

조직계층에 따른 책임과 권한의 부여를 구체화함으로써 권한의 남용이나 임의성을 최소화하고, 관리자의 개인능력에 상관없이 조직의 지속적 안정을 유지하려는 특성을 가지고 있다.

관료제는 조직의 업무가 변하지 않는다는 가정과 조직 내의 구성원들이 합리적으로 행동한다는 가정 하에서 정립된 이론이다. 조직의 환경이 비교적 안정적인 정부기관이나 조직이 방대하고 구성원의 인간적 요소가 중요하지 않은 군대조직의 제도로는 적절하다. 그러나 시장과 기술환경이 급변하는 기업의 제도로는 적합하지 않다. 그 구체적 내용은 제5장에서 자세히 살펴보자.

4. 포디즘

과학적 관리법은 포드(H. Ford)의 컨베이어시스템과 결합하면서 빛을 발하게 된다. 극단적인 분업과 기계속도에 의해 통제되는 단순·반복적인 노동으로 표준화된 제품을 만들고, 이에 따라 싼 가격으로 자동차를 대량생산할 수 있게 되었다. 포드는 그동안 산업계에서 쌓아온 여러 가지 기술적·관리적 예지를 집결시켜 포디즘(Fordism)이라는 종합적 관리시스템을 만들었다.

(1) 포드의 기업관

포드사의 T형 자동차

포드의 경영이념인 포디즘의 핵심은 기업을 봉사기관(instrument of service)으로 보는 데 있다. 高임금 · 低가격(high wage, low price)이라는 기치 아래 일반 노동자의 일당이 $2~3이고 10시간 노동제이던 1914년 포드는 8시간 노동에 일당 $5로 임금을 인상하였다. 포드는 1907년 어지간한 봉급을 받는 사람이면 모두 자동차를 살 수 있도록 가격을 내리겠다고 공언하였다. 실제 1908년 당시 다른 회사들의 자동차 가격이 평균 2,000달러 정도였으나, 포드는 825달러에 팔았고, 그 가격이 1925년 250달러까지 낮아졌다(마무리이야기 참조).

기업의 성립은 일반 대중의 존재 덕분이므로, 기업의 제1의무는 일반 대중에 대한 의무이다. 기업을 위하여 기업에서 일하는 사람들도 일반 대중의 일원이다. 따라서 개선의 혜택이 누구에게 귀속되어야 하는가에 대한 회사의 기본정책은 이에 따라 자연히 결정될 것이다.

(2) 포드시스템

포디즘을 구체적으로 실현하기 위한 관리시스템이 포드시스템이다. 이것은 이동조립법에 의한 동시관리와 최저생산비 실현을 그 목표로 하고 있다. 동시관리는 컨베이어시스템(conveyor system)에 의한 이동조립법이 주요 골자이다. 종전에는 공작물을 고정시키고 작업자들이 이동하였지만, 포드자동차는 1910년부터 생산라인의 개념을 도입해 공작물이 컨베이어벨트를 따라 움직이고 작업자는 한 자리에서 계속 같은 일을 반복하여 능률을 높이는 새로운 생산시스템을 채용하였다.

포드사는 생산합리화의 원칙인 3S, 즉 부품의 표준화(standardization), 기계와 공구의 전문화(specialization), 작업의 단순화(simplification)로 높은 생산성을 구현하였다. 그는 이 개념을 가지고 1908년부터 검정색의 T형 자동차를 만들기 시작하였다. T형 자동차는 단일 품종으로 1908년부터 1927년까지 무려 1,500만여 대가 생산 · 판매되었다. 당시에는 도로사정이 좋지 않았고 숙련된 정비사들도 많지 않았기 때문에 험한 길도 잘 달리고 아무 연장으로나 쉽게 수리할 수 있었던 T형 모델은 소비자의 눈길을 끌기에 충분하였다. T형 모델이 성공을 거둔 결정적인 이유는 제작 공정의 혁신과 그에 따른 획기적으로 저렴한 가격 때문이었다. T형 자동차로 인하여 보통 서민들도 차를 소유할 수 있게 됨에 따라 당시 미국 사회에서는 자동차가 더 이상 부의 상징이 아니라 단순한 이동 수단으로서의 의미를 갖게 되었다.

포드의 인간관

포드는 기계적 인간관으로 인하여 인간성을 무시했다는 비판을 받았다. 기계적 인간관이란 에너지가 제공되면 기계가 움직이고 부품들은 설계된 대로 작동하듯이, 임금과 같은 경제적 자극이 주어지면 조직 내의 사람들은 지시대로 움직인다고 생각하는 것이다. 포드는 나의 삶과 일(My Life and Work)이라는 저서에서 "필요한 것은 두 손인데 어째서 사람 전체를 써야 하나?"라고 불평하였다고 한다. 기계적 인간관에 대한 비판을 바탕으로 만들어진 영화가 채플린의 Modern Times이다.

(3) 위기

포드는 제작비용 절감을 위해 1914년부터 1925년까지 오직 검정색 자동차 생산만을 고집하였다. 비록 T형 모델이 시동 걸기가 힘들고 승차감이 딱딱하여 불편하다 할지라도 저렴한 가격 때문에 수요는 늘면 늘었지 줄지 않을 것이라고 포드는 예상하였다. 그는 T형 자동차를 약간 변형시킨 모델을 보고 격분한 나머지 그 승용차를 발길로 차서 부숴버린 일화는 유명한 것이다. 생산량이 증가하면 단위당 원가는 하락하게 되고, 그것은 低가격으로 이어져 높은 판매량을 구현할 수 있으리라는 대량생산의 논리는 포드를 포함한 많은 경영자들은 갖게 되는 생각이었다.

포드사가 T형 자동차에 집착하는 동안 다른 자동차회사들은 다품종 생산전략을 구사하기 시작하였고, 소비자들도 소득이 상승함에 따라 그들의 욕구도 변화하기 시작하였다. 이에 따라 판매량이 급격히 하락하게 된 포드사는 거의 파멸적 위기를 맞게 되었다. 포드사의 경우처럼 생산에 모든 노력을 집중한 나머지 환경변화를 제대로 감지하지 못하고 새로운 마케팅기회와 위협을 신속하게 포착하지 못하는 사고 방식을 마케팅 근시안(marketing myopia)이라고 한다.

Ⅱ. 인간성의 추구

과학적 관리법이 인간의 합리성을 강조한 반면, 인간관계론과 행동과학은 경영의 인간적 · 사회적 측면을 강조하였다. 인간성을 추구하던 학파들은 오늘날에 이르러 인간에 대한 이해를 종합학문의 성격으로 끌어 올렸고, 행동과학분야와 인적자원관리의 발전을 위한 틀을 제공하였다.

1. 인간관계론

과학적 관리법과 대량생산이 일반화됨에 따라 작업장에서의 비인간화를 우려하는 소리가 높아졌다. 이때 제기된 기업의 인간적 측면에 대하여 많은 사람들이 높은 관심을 표시하였다. 하지만 인간관계론(human relations theory)의 직접적 계기가 된 것은 1927년과 1932년 사이에 실시된 미국 웨스턴 일렉트릭社의 호손연구(Hawthorne experiment)이다.

(1) 이론의 개발 계기

제1차세계대전 이후 경기가 호황기로 접어들자 자동차, 가정용품, 라디오, 전화, 기계 등에 대한 수요는 폭발적으로 증가하였다. 이러한 상황에 대처하기 위하여 기업은 생산성 향상에 관심을 가지게 되었다. 1920년대 제너널 일렉트릭(GE)社는 작업장의 조명이 밝을수록 노동자들의 생산성이 높아진다고 선전하였다. 그들은 자신의 주장을 증명해 보이기 위하여 웨스턴 일렉트릭(Western Electric)社의 호손공장에서 실험을 실시하였다.

실험의 요지는 과학적 관리법의 방법론을 이용하여, 조명이 밝을수록 생산성이 증대되는지 여부를 밝히는 것이었다. 그 결과는 연구진의 기대와는 다른 것이었다. 조명이 밝아짐에 따라 생산량이 증대하는 것은 기대한 것과 같은 것이나, 조명을 어둡게 한 경우에도 생산성은 증대하였다. 사실 조명이 달빛 수준이 될 정도로 어둡게 되어서야 생산성이 감소한 것이다. 조명도와 생산성 간의 관계를 밝히려는 연구는 종료되었으나, 그 결과를 해석하는 과정에서 인간관계론은 탄생하였다.

(2) 인간관계론의 의미

호손공장에서 행해진 실험결과가 원래 예상과 다른 이유를 밝히기 위하여 2만명 이상의 노동자들에 대한 면접이 이루어졌다. 그 면접결과 메이요(E. Mayo)와 그의 동료들은 경영자들의 작업환경에 대한 관심 자체가 노동자들의 생산성을 증가시켰다는 결론을 내렸다. 실험 도중 작업환경이 어떻게 변하든 노동자들은 최소한 작업환경에 대하여 무엇인가 변할 것이라 느꼈을 것이다. 경영자들이 자신들의 복지에 관심을 갖는데 대한 반응으로 노동자들은 그들의 생산량을 증가시켰다는 것이다.

계속된 연구결과 메이요와 그의 동료들은 경영자는 계획수립과 직무설계와 같은 기술적 측면에만 영향력을 행사하는 것이 아니라 노동자들의 인간적 측면에도 영향을 미친다는 사실을 발견하였다. 그들이 제시한 인간관계론의 의미를 요약하면 다음과 같다.

기계적 인간관에서 사회적 인간관으로

인간은 금전적 자극에 의하여 합리적으로 움직이는 경제인만이 아니라, 감정이 있고 남과 어울리려고 노력하는 존재라는 사실을 인식하게 되었다. 즉, 인간의 심리적 · 사회적 욕구가 중요하며 이의 충족을 통해서 동기부여가 되고 성과가 높아진다는 것을 발견하게 되었다. 따라서 노동자의 작업량은 그의 육체적 능력만이 아니라 사회적 능력에 의해서도 결정된다고 하였다.

비공식집단

같은 직장에서 근무하는 동료들은 같이 식사를 한다든지, 출퇴근을 같이 하는 경우가 많다. 이처럼 직무상 인간관계의 연장선상에서 자연발생적으로 생긴 개인들

Roethlisberger의 사회시스템

메이요의 협력자인 하버드대학의 뢰슬리스버거는 기업(경영조직)을 다음과 같이 체계화하였다. 여기서 감정의 논리란 노동자들이 논리적으로만 행동할 수 없고, 사회적 감정에 따라서도 행동한다는 것을 의미한다. 그는 노동자의 감정은 위장되기 쉬우나, 노동자 전체적 정황을 살펴 파악할 수 있다고 하였다.

- 기업(경영조직)
  - 기술적 조직(物的 조직)
  - 인간적 조직
    - 개인
    - 사회적 조직
      - 공식조직 ← 비용의 논리, 효율의 논리
      - 비공식조직 ← 감정의 논리

의 모임을 비공식집단(informal group)이라 한다. 비공식집단은 자신들만의 역할과 규범을 공유하므로, 그들의 행동이나 직무수행에 영향을 준다는 것을 인식하게 되었다. 예를 들면, 비공식집단의 구성원들이 '열심히 일해 봐야 큰 유익이 없다'라는 생각을 공유한다면 조직의 성과는 그게 좋아질 수 없다.

(3) 비판

인간관계론은 여러 비판에 직면하게 되었는데, 그 중 하나가 경영에 있어서 인간의 중요성을 지나치게 강조하였다는 점이다. 따라서 상대적으로 조직의 논리가 무시되어 공식집단보다는 비공식집단이 강조되는 경향이 짙다. 그리하여 테일러의 과학적 관리법이 인간 없는 조직이라고 비판을 받았다면 이 인간관계론의 조직관은 조직 없는 인간이라는 비판을 받기도 하였다.

다른 하나는 인간관계론이 인간의 심리적 · 사회적 측면을 밝힘으로써 인간이해에 있어서 진일보한 것은 사실이나, 전체적으로는 불충분했다는 것이다. 즉, 인간관계론의 인간관은 사회적 인간으로 요약되는데, 이는 아직도 인간의 복잡한 모습에 대한 전체적 파악으로는 미진한 점이 있었다.

끝으로 인간관계론은 경영활동에 있어 인간의 중요성에 대한 기본시각을 가질 수 있게 해주었으나, 인간에 대한 체계적 지식의 바탕이 없었으므로 이를 경영성과에 연결시키지 못했다는 점이다. 따라서 만족이 생산성향상을 가져온다는 인간관계론의 소박한 가정은 많은 비판을 받았다. 한 학자는 만족을 많이 느끼는 암소가 젖을 많이 만들어낸다는 시각에서 노동자들을 보는 것은 잘못된 일이라고 지적한다.

2. 행동과학

인간관계론의 전개 과정에서 발생된 문제점들은 인간에 대한 보다 정교한 지식

체계의 필요성을 절감하게 하였다. 행동과학(behavioral science)은 심리학, 사회학, 인류학 등의 성과를 기초로 인간행동에 대한 일반이론을 수립하고자 하였다. 행동과학에 의한 연구성과는 경영학 연구에 결정적 영향을 미쳤는데, 그 중에서 맥그리거(D. McGregor)의 이론을 살펴보자. 그는 인간에 대한 기본적 가정을 타율적 인간관(X이론)과 자율적 인간관(Y이론) 두 가지로 나눴다. X이론이란 전통적 관리체제를 정당화시켜 주는 인간관이고, Y이론이란 인간의 성장적 측면에 착안한 새로운 관리체제를 뒷받침해주는 인간관이다.

(1) X이론

X이론은 인간은 원래 게으르기 때문에 감독과 자극이 필요하고, 노동 또한 생계를 유지하기 위한 필요악 정도로 생각한다는 것이다. 맥그리거는 X이론의 전제로서 다음과 같은 세 가지를 들고 있다.

- 대부분의 사람들은 일하기를 싫어하고 가능하면 일하지 않으려 한다.
- 앞의 이유 때문에 조직목표를 달성하기 위해서는 대개의 사람들이 엄격히 통제되어야 하고 강제되어야 한다.
- 대부분의 사람들은 야망이 없고 책임감도 거의 없으며 지시받기를 좋아한다.

행동과학

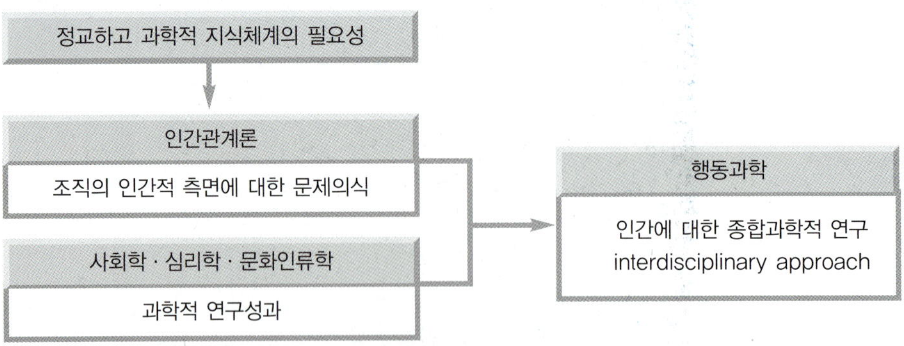

이러한 X이론에 입각한 관리전략은 인간의 하위욕구(생리적 욕구, 안전의 욕구 등)에 자극을 주거나 그것을 만족시켜주는 데 주력하게 되며, 외적 통제를 강화하는 방향으로 나가게 된다. 맥그리거는 인간본질에 관한 X이론은 그릇된 것이라고 비판하였다. 그리고 X이론에 입각하여 지시, 통제를 주무기로 삼는 관리전략을 펴는 경우 상위욕구의 충족을 원하는 현대인에게 동기유인을 제공하지 못할 것이라고 말했다.

(2) Y이론

Y이론의 기본적 원리는 사람은 일을 하고자 하고, 일을 해야 한다는 것이다. Y이론에 따르면 조직은 개인의 능력을 마음껏 발휘할 수 있도록 하면 조직의 목표를 달성할 수 있다. 맥그리거는 Y이론의 전제로서 다음과 같은 것들을 들고 있다.

- 정신적 · 육체적 노력을 들여 일하는 것은 휴식이나 놀이처럼 자연스런 것이다.
- 외적 통제나 징벌 위협은 조직의 목표를 달성하기 위해 사용하는 유일한 수단

Y이론과 벌

경영활동을 하는 과정에서 현실적으로는 X이론에 입각한 해고, 감봉 등의 벌(罰)이 발생한다. 이때도 Y이론에 입각한 벌의 관리를 하면 보다 효과적으로 인력을 관리할 수 있다. 이를 맥그리거는 뜨거운 난로의 규칙(hot stove rule)이라는 은유적인 표현을 사용하였는데, 그 원칙들을 간단히 소개하면 다음과 같다.

■ 즉각성(immediateness)의 원칙

난로에 손을 대는 즉시 손을 데게 된다. 바람직하지 못한 행동이 발생하면 즉시 징계 과정을 거쳐야 벌의 의미가 있다.

■ 사전경고(advance warning)의 원칙

난로는 벌겋게 달아 손을 대면 데게 된다고 경고한다. 벌을 주기 전 특정 행동을 하면 벌을 받는다는 것을 사전에 경고한다.

■ 비인격성(impersonal)의 원칙

난로에 손을 대면 누구나 손을 데게 된다. 경영자 개인의 감정이 개입되지 않고 누구에게든 무차별적으로 적용될 때 벌은 의미있는 결과를 가져온다.

은 아니다.

- 조직의 문제를 해결하는 데 필요한 창조적 능력은 소수에게만 있는 것이 아니라 다수에게서 찾아볼 수 있다.
- 조직의 목표를 달성한 후 얻는 보상 중 가장 두드러진 것은 자아의 욕구충족으로, 조직을 위하여 사람들로 하여금 노력하게 하는 직접적인 원인이다.
- 적합한 여건 아래서 사람들은 자기에게 주어지는 책임을 받아들이고, 책임을 기꺼이 지고자 한다.

Y이론에서 유도되는 관리전략은 인간의 잠재력이 능동적으로 발휘될 수 있는 여건을 조성하는 것이다. 이러한 전략 하에서 관리의 주된 임무는 조직구성원을 면밀히 감시하고 통제하는 것이 아니라, 조직구성원 스스로의 노력을 조직의 성공에 통합시킴으로써 그들 자신의 목적을 가장 잘 달성할 수 있는 조건을 마련하는 것이다. 이런 조건 아래서는 조직의 목표도 달성되고 구성원 개개인의 목표도 달성할 수 있다. 이것을 그는 개인과 조직목표의 통합(integration)이라 불렀다.

3. 미시조직행동론

전문경영자로 초빙된 사장은 개인적인 시간을 희생하면서 회사일에 몰두할 수도 있고, 자신의 지위를 이용하여 필요 이상의 경비를 지출하거나 호화스런 자동차를 구입할 수도 있다. 이처럼 조직 안에서 개인과 집단이 보이는 태도와 행동을 조직행동이라 하고, 조직 내에서 인간의 행동에 대하여 연구하는 학문을 조직행동론(organizational behavior)이라 한다. 조직행동론은 조직에서의 개인과 집단에 대한 통찰력을 경영자에게 제공하여 효과적인 경영활동이 가능하게 한다.

조직행동론은 조직에서 어느 수준의 활동을 분석하는가에 따라 거시조직행동론과 미시조직행동론으로 구분한다. 거시조직행동론은 전체 조직에 나타나는 인간의 행동에 초점을 두는 분야로서 사회학과 인류학의 성과를 기초로 하고 있고, 후술하는 시스템이론의 등장으로 그 기반을 구축하게 되었다.

미시조직행동론은 행동과학의 성과를 기초로 조직에서의 개인행동과 집단행동에 초점을 두고 있다. 조직행동론에서 개인행동이란 조직 내에서 개인이 조직목표를 달성하는 과정에서 나타나는 것으로, 이에는 퍼스낼리티, 태도, 학습, 지각, 모티베이션 등이 있다. 집단행동은 조직 내 특정 집단 속의 상사나 부하, 동료 상호 간의 행동을 의미하는데, 이에는 의사소통, 리더십, 갈등 등이 있다.

Ⅲ. 환경적응력의 추구

1960년대 경영이론은 과학적 관리법 · 인간관계론과 같은 폐쇄적 관점에서 개방적 관점으로 전환되는 분기점이다. 환경적응력을 추구하는 이론 주창자들은 정치, 경제, 문화, 사회, 기술 등이 조직에 미치는 영향을 연구하기 시작하였다. 여기서 우리는 시스템이론과 상황적합이론에 대하여 설명하고자 한다.

1. 시스템이론

1928년 생물학자 버틀란피(L.W. Bertalanffy)는 모든 생명체는 생명체(시스템) 내부와 외부에서 일어나는 일에 영향을 받고, 생명을 유지하기 위하여 환경에 적응한다는 시스템이론을 전개하였다. 1950년대와 1960년대 시스템이론은 물리학과 생물학을 통일시켰고, 그 여세를 몰아 사회과학까지도 통일해 보자는 희망이 나타났다. 시스템이론(System Theory)은 사람의 마음, 신체, 특정 부서, 기업, 국민경제 등 시스템의 공통적 특성을 파악하려는 시도이다.

(1) 이론적 배경

고대 그리스의 Aristoteles는 전체는 부분합보다 크다(the whole is greater than any of its parts)라는 명제로 총체주의(wholism)를 주장하였다. 이것을 일컬어 형이상학적 총체주의라 하는데, 이것은 중세까지 서양철학의 기초가 되었다.

르네상스기를 거치면서 분석적인 사고가 중시되면서 원자주의(atomism)로 전환하였다. 가장 완전한 형태는 기계이며 사회과학도 그 과학화가 기계론적으로 가능하다는 논리이다. 이 방법은 정확한 지식의 발전을 가져왔으나 복잡한 현상(예 : 인간의 행동)을 설명하는 데 한계를 가져왔다.

이에 따라 사물이나 현상을 구성요소별로 떼어 보기보다는 전체를 종합적으로 볼 때 정확하게 이해하고 설명할 수 있다는 생각이 나타났다. 이것은 중세까지의 총체주의에 기초한 사상이지만, 그것과 구별된다는 의미에서 경험적 총체주의라 할 수 있는데, 시스템이론의 이론적 근거가 되었다.

(2) 시스템적 접근 방법

시스템 모델에는 여러 가지가 있으나, 여기서는 수학자 위너(Wiener)의 모델을 사용하고자 한다. 그는 시스템의 요소로 투입(input), 과정(process), 산출(output), 피드백(feedback), 환경(environment) 등 5가지를 들고 있다. 시스템이론은 원래 자연과학에서 출발한 것인데, 경영현상뿐만 아니라 교육, 행정, 정치, 경제 등 모든 현상을 설명할 수 있다.

경영학원론 강의를 하나의 시스템으로 보자. 만일 경영학원론에서 수강생들의 욕구와 나아가 그 수강생을 고용할 산업사회의 욕구를 충족시켜 주지 못하면, 수강생이 줄어들고 급기야는 경영학원론 강의는 폐강될 것이다. 경영학원론시스템은 수강생과 산업사회라는 환경에 적합할 때만 계속적인 존속이 가능하다.

경영학원론 강의시스템에서 투입은 학생, 교수, 교재(input) 등인데, 그것들은 강의 과정을 통하여(process), 교육의 궁극적 목표인 바람직한 행동의 변화

(output)를 가져온다. 여기서 행동(behavior)이란 움직임만을 의미하는 것이 아니라, 인지나 태도 등을 포함하는 포괄적 의미를 가지고 있다. 교수는 강의시스템이 효율적으로 목표에 달성하도록 하는 경영자이다. 그는 산출의 결과를 측정하고, 교육전문가로서 환경의 요구를 파악한다. 그리고 학생들이 습득한 행동이 환경의 요구(예 : 기업의 요구)와 일치하는 것이라면 현재의 교육내용과 방법을 그대로 유지하고(+feedback), 문제가 있다고 판단되면 투입요소나 교육 과정을 수정하게 된다(−feedback). 예를 들어, 교수가 교수 방법을 바꾸든지, 교재를 다른 것으로 채택하든지, 아니면 학생들의 태도를 바꾸게 될 것이다.

피드백의 예를 자연현상에서 하나만 더 들도록 하자. 주변의 온도가 상승하면 피부는 그 정보를 뇌에 전달하고, 내부의 장기를 보호할 목적으로 땀구멍을 열어 수분을 증발시켜 체온을 떨어뜨린다. 이처럼 피드백 과정은 시스템을 유지하기 위한 필수적 요소이다.

(3) 경영활동에의 활용

시스템적 접근 방법으로 인하여 우리는 환경의 중요성을 인식하게 해준다. 1970년대 전세계적인 석유위기, 1997년 말 우리나라의 외환위기 등의 사건은 조직이 환경으로부터 영향을 받는 개방시스템(open system)이라는 것을 확실히 보여주는 것이었다. 이처럼 조직활동은 사회적 · 경제적 · 정치적 · 기술적 환경변화에 영향을 받는다.

총체주의와 원자주의

사물이나 현상을 설명하는 데는 총체적인 방법과 분석적인 방법(원자주의)이 있다. 총체적인 방법은 전체적으로 사물이나 현상을 설명하는 것으로, 의학의 예를 들면 한방적인 접근이 이에 속한다. 질병의 원인을 신체 전체를 통하여 설명한다.

반면 서양의학은 분석적 방법에 의한다. 피를 뽑아 질병의 원인을 밝히는 것이 그 좋은 예이다. 이 두 가지 방법은 어느 것이 좋다고 말할 수는 없고, 다양한 사안에 따라 개별적으로 적용될 것이다.

오늘날 기업의 경영자들은 환경이 조직에 영향을 미친다는 사실을 잘 알고 있다. 그들은 생산하는 제품이나 서비스가 시장에서 성공을 할 수 있는 것은 기업 내부요인보다 고객의 욕구나 취향과 같은 외부요인에 달려있다는 사실을 경험적으로 알고 있다. 기업이 고객의 욕구를 만족시키려면 과업을 수행할 수 있는 인적자원을 확보하고, 좋은 품질의 원재료를 공급받아야 한다. 또 판매활동은 경쟁자, 대체재, 경기(景氣) 등의 영향을 받는다. 경영자들은 이러한 환경변화를 올바로 인식하고 적절하게 대응해 나가는 것이 필요하다.

조직은 사면의 벽으로 둘러싸인 폐쇄공간이 아니고 전체시스템의 한 부분시스템이므로, 조직 내부에서 뿐만 아니라 외부에서 일어나는 사건은 조직에 영향을 미친다. 과학적 관리법이나 인간관계론은 경영자들의 관심을 조직 내부에만 기울이게 하였다. 시스템이론은 경영자의 관심영역을 내부적 요인뿐만 아니라 외부환경적 요인까지 넓혀 놓았다는 데 큰 의의를 갖는다.

2. 상황적합이론

과학적 관리법 이후 많은 학자들은 경영활동에 적용할 수 있는 일반적이고 보편적인 원칙(general and universal principles)을 발견하려고 애썼다. 그러나 시스템이론이 등장하자 경영활동에 영향을 미치는 많은 변수(variables)들이 존재한다

시스템 - 위너 모델

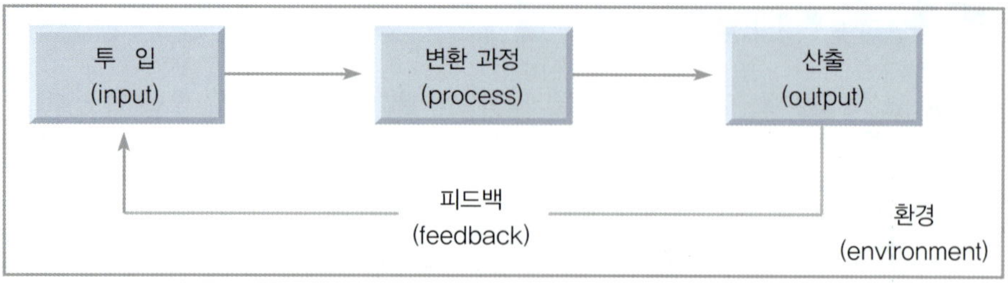

는 사실을 인식하게 되었다. 또한 그런 변수들을 고려하여 모든 상황에 보편적으로 적용할 수 있는 원칙을 도출해 내는 것이 가능한 일인가에 대한 의문도 생기게 되었다.

(1) 상황의 법칙

1928년 폴레트(M. Follett)는 상황의 법칙(law of situation)이란 개념을 제안하였다. 폴레트는 성공적인 리더가 되려면 부하들의 욕구와 상황에 자신의 리더십 스타일을 맞춰야 한다고 주장하였다. 이런 주장은 당시 크게 주목을 받지 못하였다. 그러나 1960년대 이후 상황적합이론(contingency theory)이란 개념으로 새롭게 나타났는데, 그것은 시스템이론의 추상적인 내용을 구체화시켜 주는 접근 방법이다.

컨틴전시(contingency)란 국제정치학에서 우발적 사태라는 말로 번역 사용된다. 상황적합적 접근 방법은 조직이론에서 모든 상황에 적합한 최상의 원칙은 없다는 것을 의미한다. '교육자가 가져야 할 리더십이 민주적인 것이 좋은가 아니면 독재적인 것이 좋은가?'에 대한 답은 상황적합이론에 따르면 '상황에 따라 다르다'는 것이다. 상황적합이론은 원래 조직의 효율성을 높이는 데 있어 조직과 환경의 적합한 관계가 어떻게 유지되는가에 관심을 두고 발전한 것이지만, 실제 연구에서 사용되는 변수는 일정치 않다.

조직구조를 예로 들어보자. 전쟁을 거치면서 발달한 조직론에 따르면 조직구조

상황적합이론 - 모델(예)

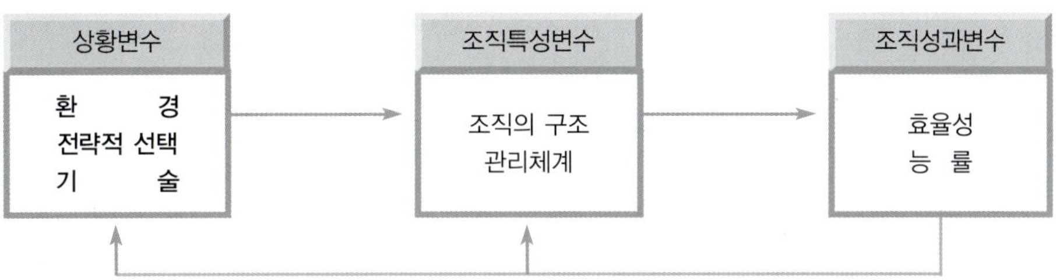

는 중앙집권(centralized)체제가 유리한 것으로 받아들여졌다. 대규모 군사를 이끌고 전쟁을 치러야 했던 데서 나타난 방식이다. 그러나 경영중심이 기업으로 옮겨지면서 권력분산(decentralized)식 경영이 이를 대체했다. 대부분의 기업들은 시장환경에 능동적으로 대처하기 위해 의사결정권을 하부로 이양했다. 최근 수년간은 각 팀이 관련 업무를 처리하는 "팀제"가 유행하고 있다. 그러나 이 중 어느 것도 최고의 방식이라고 말할 수 없다. 팀조직은 생산성 향상에 효율적이지만 위기에 직면했을 때는 중앙집권이 더 효율적일 수 있다.

(2) 이론의 특색

상황적합이론의 특색을 설명하기 위하여 판매량은 증가하지만 이익이 늘어나지 않는 학교 앞 김밥집의 예를 들어보자. 그 가게의 목표는 이익을 증가시키는 것이다.

테일러의 과학적 관리법에 의한 문제해결 방법은 우선 김밥 만드는 과정을 분석한다. 김밥을 만드는 여러 가지 동작을 분석하고 걸리는 시간을 측정한 후, 그 동작 중 불필요한 것을 줄여 효율성을 증대시킨다. 페이욜(H. Fayol)의 관리과정론에 따르면 김밥집 주인(경영자)을 훈련시켜 효과적으로 계획 · 조직 · 통제할 수 있게 한다. 메이요의 인간관계론에 따르면 종업원과 주인(경영자), 종업원과 종업원 간의 인간관계를 개선하는 데 초점을 맞출 것이다.

상황적합이론에 따르면 문제해결은 상황에 따라 다르다는 해법을 제시할 것이다. 이익을 증가시키는 방법에 대한 유일한 답은 존재하지 않는다. 문제가 김밥을 싸는 생산 과정에 있다면 과학적 관리법이 해법이 될 것이고, 경영자의 관리가 문제라면 관리과정론이 해결 방법이며, 종업원의 태도에 문제가 있다면 인간관계론이 해법이 될 것이다.

상황적합이론은 매우 중요한 개념이지만, 경영자들이 상황이 요구하는 것이 무엇인지를 발견하는 것은 매우 어려운 일이다. 그리고 그런 상황적 요구에 적절히 대처하는 것은 더욱 어려운 일이다. 그러나 한 가지 확실한 것은 상황을 파악하여 적응해 나가는 것이 현대 경영자에게 주어진 중요한 사명이란 점이다.

연습문제

01. 다음 중 테일러시스템의 특성이 아닌 것은?(CPA)

① 최고의 과업결정 ② 차별적 성과급제
③ 기초적 시간연구 ④ 저가격 · 고임금의 원리
⑤ 성공 시 우대, 실패 시 상대적 손실 부담

02. 과학적 관리법에 대한 설명으로 틀린 것은?

① 감정의 논리가 중심이 된다.
② 금전을 투입하면 인간의 행동이 변한다는 기계적 인간관을 갖고 있다.
③ 테일러는 과업관리에 중점을 두었다.
④ 조직적 태업을 방지하기 위하여 고안한 방법이다.

03. 관료제에 대한 설명으로 적합치 못한 것은?

① 능률적이다.
② 환경의 변화에 대처하기에 적합하다.
③ M. Weber가 체계화한 이론이다.
④ 권한이 지위에 부여된다.

04. 동시관리에 대한 설명으로 적합하지 않은 것은?

① conveyor system에 의한 방법 ② Fordism의 골자
③ 인간관계가 원만하게 되는 관리 ④ 최저생산비의 원리(3S)

05. 비공식조직에 대한 설명 중 적절하지 못한 것은?

① 업무의 연장으로 나타나는 자연발생적 집단이다.
② 공식적 변화에 저항하는 힘을 갖는다.
③ 감정보다는 합리성에 근거하여 운영된다.
④ 종업원의 만족도에는 영향을 미친다.

06. X이론과 Y이론에 관한 설명으로 적절하지 못한 것은?(CPA)
① X는 자기통제를, Y는 자기지시 받기를 좋아한다.
② Y이론은 자기개발이 가능한 측면을 강조한다.
③ 매슬로우의 욕구 5단계설에 입각하여 맥그리거가 제시한 이론이다.
④ X이론은 전통적인 관리체계 및 관리전략을 정당화시켜 준다.
⑤ Y이론은 개인욕구와 조직욕구에 대하여 통합의 원리를 강조한다.

07. 경영사상의 발전 과정을 잘못 연결한 것은?
① 합리성의 중시—Taylor system
② 인간관계의 중시—상황적합이론
③ 환경의 중시—시스템이론
④ 과학적 관리법의 적용—Ford system

08. 다음 설명 중 적합하지 않은 것은?
① D. McGregor의 X이론, Y이론은 인간관에 관한 이론이다.
② 행동과학은 인간관계론에 과학적 사고를 결합시킨 것이다.
③ 인간관계론은 능률의 원리를 중시하였다.
④ 조직행동론은 행동과학을 조직론의 관점에서 전개하는 것이다.

09. 시스템이론(system theory)의 구성요소 중 시스템의 산출물을 측정하고 그 결과에 대한 정보를 시스템에 다시 투입하여 환경과의 균형을 이루는 과정을 무엇이라 하는가?
① process ② feedback
③ environment ④ input

10. 상황적합이론(contingency theory)과 관련이 없는 설명을 골라라.
① 시스템이론의 난해한 내용을 실무에 적용시키려는 시도이다.
② 환경을 중요하게 여기는 개방체계이다.
③ 상황에 따라 적합한 구조나 방법이 다르다는 이론이다.
④ 궁극적으로는 효율보다는 인간성이 중요하다는 이론이다.

마무리 이야기

생산성을 이해한 경영자 헨리 포드

20세기 초 자동차는 신기하기는 하였지만, 고장이 잦고 비실용적인 부자들의 사치품에 불과하였다. 헨리 포드는 부자들만의 전유물이었던 자동차를 값싸고 실용적으로 만들면 서민들도 살 수 있다는 생각으로 1903년 포드사를 설립하였다. 그는 1903년 7월 2기통 엔진의 자동차를 시작으로, 1908년 그를 세계적인 인물로 만들어준 T형 자동차를 개발하였으며, 1913년 컨베이어시스템의 도입으로 대량생산의 기틀을 마련하였다.

Henry Ford
(1863~1947)

포드의 성공은 컨베이어벨트에 의한 혁신적인 생산시스템의 개발뿐만 아니라, 생산성에 대한 그의 탁월한 이해에서 기인한다. 포드는 비숙련노동자들에게 고도로 표준화되고 반복적인 작업을 시키는 시스템을 만들어낸 선구자다. 경험이 거의 없는 농부라도 그의 공장에 들어가면 하루 이틀 만에 뛰어난 생산성을 갖추게 된다.

포드가 당시 공장 노동자 임금의 두 배가 넘는 8시간 노동에 일당 5달러를 주겠다고 발표하자, 바로 다음날 만 명도 넘는 사람들이 포드사에서 일하겠다고 지원했다. 그는 최소한의 비용으로 현장에 필요한 능력을 갖춘 사람을 찾는 대신, 높은 임금을 주어 노동자의 사기와 헌신도를 높여 더 높은 생산성을 유도한 것이다. 이것은 이 회사의 시스템이 노동자들을 그만큼 생산적인 인력으로 탈바꿈 시킬 것이라는 자신이 있었기 때문이다. 포드의 그런 예상은 적중하여, 고임금에도 불구하고 생산되는 자동차 한 대당 노무원가도 줄어들었다.

실제 강화되고 단조로운 노동으로 인해 육체적 · 정신적 피로도가 높은 데도 불구하고 결근율은 75%나 감소했고 이직이 줄었다. 자기 자리에 눈독을 들이는 지원자들이 문 밖에 길게 줄을 서 있으면, 사람은 초인적인 힘을 발휘하는 법이다. 반복적 작업, 거기에 표준화된 업무에 따른 높은 임금이 결합되자 노동자들은 매우 순종적이 되었다. 지시받은 대로 움직이는 분위기가 정착되었고, 노동자들은 자율성과 장인정신을 고임금이나 안정성과 맞바꾸었다.

자료 : 20세기를 나른 컨베이어벨트, 한겨레21 2003년 6월 25일 ; Godin, S.(안진환 역), 보랏빛 소가온다2, 재인, 2005.

03

CHAPTER

경영환경과 기업의 사회적 책임

기업과 환경은 배와 바다의 관계로 비유된다. 바다가 없는 배를 생각할 수 없듯이, 환경과 기업은 서로 뗄 수 없는 관계에 있다. 또한 바다는 배를 운항하게 하는 기반이 되지만, 배를 침몰시키는 위험이 되기도 한다. 마찬가지로 경영환경은 한 면에서는 기업의 성장의 기회(opportunity)이지만, 다른 한 면에서는 기업활동에 대하여 위협(threat)을 주거나 이를 제약하는 요인이 된다. 과학적 관리법이나 인간관계론은 외부환경을 고려하지 않은 닫힌 체계(closed system)의 관점에서 이론을 전개하였으나, 1960년대부터 시스템이론이 경영학에 도입되면서 조직을 환경과 상호작용하는 열린 체계(open system)로 바라보게 되었다.

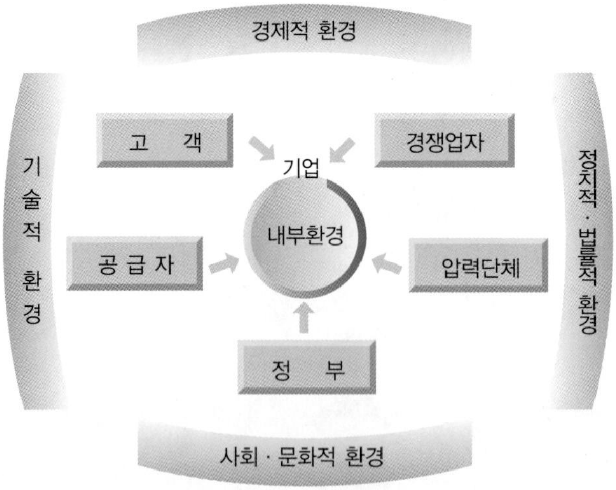
경제적 환경
기술적 환경
고 객
경쟁업자
기업
내부환경
공 급 자
압력단체
정 부
정치적 · 법률적 환경
사회 · 문화적 환경

제3장 경영환경과 기업의 사회적 책임

Ⅰ. 기업과 경영환경

1. 기업과 환경의 관계

마무리 이야기에서 볼 수 있듯이 삼성과 LG 같은 기업은 글로벌 기업으로 성장을 거듭하고 있다. 하지만 많은 기업들의 환경변화의 소용돌이 속에서 사라졌다. 1995년 매출액으로 세계 상위 50대 기업 중에서 2002년에도 남아있는 기업이 35개이고, 이익 상위 50대 기업 중 2002년에 남아 있는 기업은 23개에 불과하다. 오늘날 기업은 현재의 성공이 10년 후를 보장할 수 없는 불안의 시대를 경험하고 있다.

기업은 다른 유기체와 마찬가지로 그의 성장과 존속을 그를 둘러싼 환경에 의존한다. 기업은 환경으로부터 그들의 성장과 존속에 필요한 것을 얻는 대신 그것과 교환할 산출물을 가지게 된다. 기업이 환경과 관계를 원활히 유지하는 경우 성장은 지속될 것이고, 그렇지 못한 경우 소멸의 길을 갈 수밖에 없게 된다.

이런 환경의 힘은 역동적이며 매우 불확실하다. 소비자의 선호는 수시로 변하며, 새로운 법은 자꾸 만들어진다. 경쟁업체들은 신기술과 신제품을 계속하여 개발해낸다. 인적자원과 자금을 조달하는 환경은 점점 더 복잡해지고 있다. 그러므로 환경의 불확실성이 높아질수록 경영자의 선택 대안의 폭은 줄어들고, 스스로 선택할 수 있는 자유도 줄어든다.

기업이 지속적인 성장과 발전을 하기 위해서는 기업이 처해 있는 환경의 분석을 통해 도약의 기회를 만들어야 한다. 기업의 활동 및 성과에 직 · 간접적으로 영향을 끼치는 경영환경요인들을 고려하여 장기적인 계획수립이나 조직구조의 변경과 같은 혁신적인 활동을 수행하여야 한다.

2. 내부환경요인

경영환경은 조직 밖에 존재하면서 기업활동에 영향을 끼치는 외부환경요인과 조직 내부에 존재하는 내부환경요인으로 크게 나눌 수 있다. 조직은 인적 요소와 물적 요소로 구성되는데, 내부환경(internal environment)은 조직이 그 구성요인과의 사이에서 가지는 내부적 상호관계를 말한다. 일반적으로 기업은 외부환경을 중심으로 경영전략을 수립하지만, 기업 내부환경은 그 전략을 완성시키는 중요한 요인이다.

경영환경의 구성

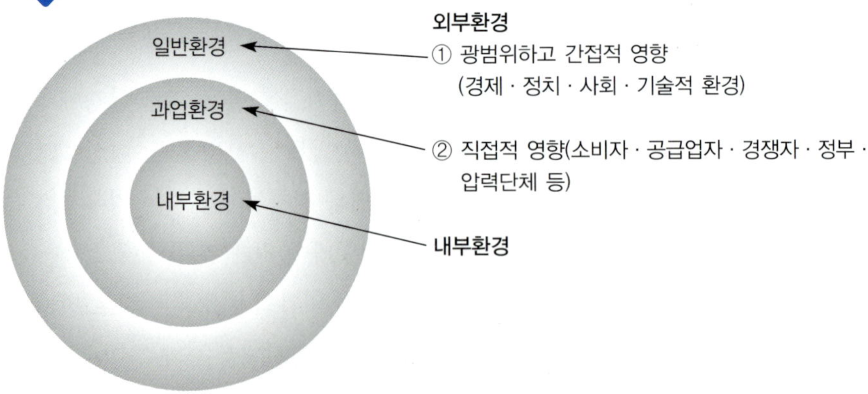

(1) 핵심역량

핵심역량(core competency)이란 한 기업이 가지는 우월한 여러 자원과 기술의 조합을 말한다. 이것은 기업의 경쟁력의 토대가 되고, 고객에게 만족을 제공하는 기업 성장의 중요한 요인이다. 급변하는 외부환경 속에서 기업이 지속적으로 경쟁적 우위를 확보할 수 있는 핵심역량을 찾아내고, 이것을 통합 · 관리하는 것은 매우 중요한 일이다. 삼성전자는 인재와 기술을 자신들의 핵심역량으로 삼는다. 그것을 기반으로 삼성은 소비자의 요구를 빠르게 파악하고, 제품을 개발 · 출시하여 시장을 선도하고 있다.

(2) 조직구조와 조직문화

조직구조는 조직의 뼈대로, 조직문화는 그 뼈대를 채우는 조직의 살로 비유된다. 조직구조(organizational structure)는 역할배분, 조정, 지휘 등에서 나타나는 구성원 간의 상호작용 틀을 의미한다. 한편 조직문화(organizational culture)란 특정 조직구성원들이 공유하는 가치관, 기풍, 풍토 등을 말한다. 이러한 조직구조와 문화는 구성원의 행동양식에 영향을 미침으로써 기업활동에 영향을 미친다. 이것은 제6장에서 자세히 설명하고자 한다.

(3) 조직 내부

조직 내부는 구성원들, 부서들, 각 부서의 경영자들, 그들 간의 상호작용 등으로 구성된다. 이것을 적절히 통제하지 못해 망한 회사가 카메라와 필름 제조업체인 코닥(Kodak)이다. 원래 코닥은 디지털 카메라를 개발했으나, 회사 내 주력 사업부였던 필름 사업부가 그것의 성장을 방해했다. 신제품으로 인한 필름 매출 저하를 우려했기 때문이다. 그 결과 코닥은 새로운 시장에 적응을 못해 몰락했다.

Ⅱ. 외부환경

보통 경영환경이라 하면 외부환경을 의미하는 경우가 많다. 외부환경(external environment)은 경영활동에 영향을 주는 정도에 따라 일반환경과 과업환경으로 구분할 수 있다. 일반환경은 영향을 주는 범위가 넓고 조직에 미치는 영향이 간접적인 환경이다. 반면, 과업환경은 조직이 활동을 할 때 직접적으로 영향을 받는 환경으로 조직에 따라 다르게 나타난다. 그런데 일반환경과 과업환경의 차이는 엄격히 구별되어지는 것은 아니고 조직의 성격이나 활동영역에 따라 변하게 된다. 일반환경이었던 것이 과업환경으로 전환하기도 하며, 반대로 과업환경에 속하였던 요소가 일반환경으로 바뀌기도 한다.

1. 일반환경

일반환경(general environment)은 모든 조직에 일반적으로 끼치는 것으로, 개별 기업이 자신의 노력으로 해당 기업에 유리하도록 변화시킬 수 없는 것이다. 그러므로 일반환경에 대해서는 그 변화를 적절히 예측하여 대응해야 한다. 일반환경에는 다음과 같은 것들이 포함되는데 각각의 환경요인들은 상호 유기적으로 관련을 갖는다.

(1) 경제적 환경

경제적 환경(economic environment)은 기업의 활동에 영향을 주는 경제 상황과 그 변화를 의미한다. 경제적 환경은 물가수준, 이자율, 국민소득, 성장률, 산업구조의 변화 등과 같은 국민경제적 요소와 환율변동, 무역구조, 관세장벽과 같은 국제경제적 요소로 구성된다. 중요한 사례 몇 가지를 살펴보자.

국민소득의 변화

국민소득은 구매력과 소비 패턴에 영향을 주는 요소이다. 1950년 80달러수준이었던 우리나라 1인당 국민소득은 2018년 3만 달러를 넘어 세계 31위 정도이고, 인구가 2천만 명이 넘는 국가만 따져보면 9위이다. 소득수준의 상승은 소비자의 구매력을 높인다. 자동차를 예로 들면 1950년대 서울의 자동차는 200명 당 1대를 넘기지 못했고, 총 만대가 되지 않았다. 2018년 12월 말 현재 우리나라의 자동차 등록대수가 2,320만 대로, 인구 2.23명당 1대를 보유하고 있다.

환율의 변화

최근 미국과 중국의 무역분쟁 원인이 환율에 있다. $1:₩1,000이던 환율이 $1:₩1,200으로 인상되었다고 가정하자. $1를 수출하면 ₩1,000을 받던 수출업자가 같은 상품을 팔아 ₩1,200을 받게 된다. 반면 $1를 수입하는데 ₩1,000을 지급하던 수입업자는 ₩1,200을 지급해야 한다. 그 결과 수출은 상승하고 수입은 하락한다. 반대로 환율이 인하하는 경우 수출은 감소하고, 수입은 증가한다. 같은 이유로 환율이 인상되면 해외여행은 감소하고, 인하되면 증가한다.

(2) 정치적 · 법률적 환경

정치적 환경(political environment)은 기업이 활동하고 있는 나라의 정치적 안

미-중 무역충돌과 경제환경

불과 몇 년 전만 해도 '무역 개방'과 '세계화'가 대세였다. 하지만 2017년 1월 트럼프 행정부 출범 이후 자동차 전쟁, 보호무역을 위한 무역전쟁, 반세계화가 세계경제의 새로운 규범으로 제시 · 관철되고 있다. 지난 여름부터 미-중 분쟁이 본격화하면서 세계교역 전망치도 일제히 수정되고 있다. SK그룹은 최근 SK해운을 매각하는 협상을 진행 중이다. 장기 부진을 겪고 있는 해운업이 보호무역이 확산되면서, 앞으로 더욱 악화할 전망 때문이다. 그룹 관계자는 SK해운이 전 세계 선박 연료를 공급하는 벙커링 사업을 많이 해왔으나, 세계 교역의 지속적 하락으로 적자를 많이 냈고, 물동량이 더욱 위축될 것으로 예상돼, 이번에 완전히 손을 떼려는 것이라고 말했다. 출처 : 한겨레신문 2018년 10월 8일 기사 중에서

정성수준과 정부 관료들이 기업에 대해 가지고 있는 일반적 태도나 시각을 의미한다. 각종 법률이나 규제는 정치적 과정을 거쳐 제정되므로, 정치적 환경과 법률적 환경(legal environment)은 서로 밀접한 관계를 가지고 있다. 예를 들면, 장애인 보호에 대한 정치적 요구가 커짐에 따라 '장애인 고용촉진 및 직업개발법'이 제정되었다. 이 법에 따르면, 일정 규모 이상의 국가와 자치단체, 공공기관, 민간 기업은 근로자의 일정 비율 이상을 장애인으로 의무 고용해야 한다. 의무 고용률을 지키지 못한 기관은 매년 한국장애인고용공단에 장애인 고용부담금을 납부해야 한다.

(3) 인구통계적 환경

인구통계적 환경(demographic environment)은 인구의 규모, 연령, 소득, 성별, 직업, 교육, 가족 규모 등으로 구성된다. 우리나라 인구통계적 환경은 급변하고 있는데, 이러한 변화는 기업활동에 위협이 되기도 하고 기회가 되기도 하는데, 여기서는 인구 분포와 세대별 구성원의 변화에 대해 살펴보자. 한국의 총인구는 꾸준히 증가하고 있으나, 최근 그 증가율이 계속 감소하고 있다.

	1960년	1970년	1995년	2017년
총인구(만 명)	2,499	3,088	4,461	5,142
인구증가율	2.9%	2.2%	1.0%	0.4%

신생아 수의 격감

우리나라 인구증가율이 감소하는 이유는 1960년대 중반부터 시작된 산아제한정책의 영향 등으로 신생아 수가 격감했기 때문이다. 신생아 수는 1971년 102만 명을 정점으로 계속 하락하고, 여자 1명이 평생 낳을 것으로 예상되는 평균 출생아 수인 합계출산율도 계속 하락하고 있다.

	1960년	1970년	1983년	2000년	2017년
신생아 수	79만 명	102만 명	77만 명	64만 명	36만 명
합계출산율	6.0명	4.5명	2.1명	1.46명	1.05명

이런 신생아 수의 감소는 한국경제에 미치는 영향이 매우 심각하다. 산부인과의 폐업률이 늘어나고 있고, 유아와 관련된 산업은 큰 타격을 받을 것이다. 또, 인구 증가를 전제로 구축된 기존의 연금과 보험, 교육, 의료시스템의 급격한 변화가 예상된다. 이것이 인구의 감소로 이어지게 되면, 수요 축소와 투자 위축으로 기업과 국민경제활동이 무기력하게 될 것이다.

고령화와 베이비부머

우리나라는 신생아 수가 감소하는데, 평균 수명이 증가함에 따라 전체 인구에서 노인(65세 이상) 인구가 차지하는 비중이 높아지는 고령사회로 진입하고 있다. 이런 변화는 생산연령인구(15~64살)의 감소로 이어진다. 총인구 중 노인 인구 비중이 2000년 7.2%로 고령화사회(ageing society; 노인 비중 7% 이상)로 진입했다. 또, 2017년에는 14.2%로 고령사회(aged society; 14% 이상)로 들어섰다.

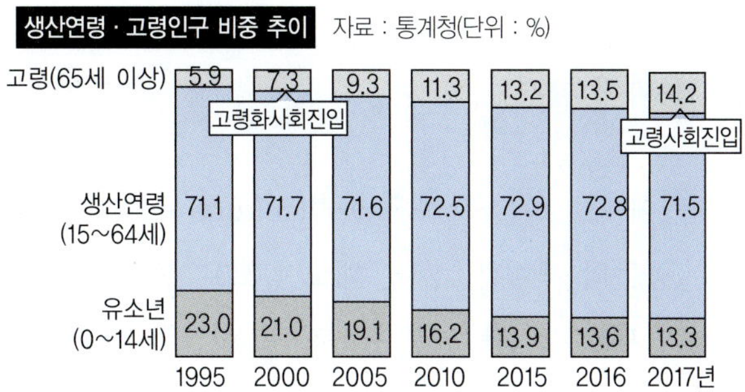

출처: 한겨레신문 2018년 8월 27일 기사

우리 사회가 노령화 되는 또 다른 이유는 베이비부머들이 노인층으로 진입하기 때문이다. 베이비부머(baby boomer)란 전쟁 이후 출산이 많을 때 태어난 사람들을 말하는데, 우리나라의 경우 한국전쟁 이후에 태어난 1955~1963년생을 의미하고, 미국과 일본의 경우 제2차세계대전 이후에 태어난 세대들을 지칭한다. 베이비부머는 전후 경제개발에 풍부한 노동력을 제공했고, 그들의 구매력은 빠른 경제성장에 기여했다. 이들 베이비부머들의 소비, 고용, 소유 형태 등은 기업활동에 주는 영향이 매우 크다.

세대당 인구수의 감소

우리나라 세대당 인구가 1975년 5.0명에서 계속 줄어, 2018년에는 2.35명이 되었다. 1970년 1인 세대(비혈연 가구 포함) 비율이 4.8%에서 그 수가 급증하여, 2018년 1인 세대가 36.7%(808만 세대)에 이르렀다. 이렇게 1인 세대가 늘어나는 이유는 결혼 시기가 늦어지고, 이혼율이 증가하며, 사회가 고령화되는 것으로 풀이된다. 이런 세대당 인구 수의 감소는 식품, 주택 등 산업 전반에 걸쳐 큰 영향을 미치고 있다.

(4) 문화적 환경

기업이 당면하는 문화적 환경(cultural environment)은 사회구성원들이 가지고 있는 공동의 가치관, 신념, 태도 등으로 구성된다. 문화(culture)는 사람들의 행동양식과 사고 방식을 결정하는 집단적 가치이다. 어려서부터 이런 가치는 가정이나 학교, 정부 등에 의하여 학습된다. 이렇게 학습된 가치는 지속성을 갖게 되는데, 이를 일컬어 핵심가치(core values)라고 한다. 보편적인 진리나 내적으로 형성된 신념 등이 이에 해당되고 우리나라에서는 교육, 일, 결혼, 자녀 등을 들 수 있다.

반면에 시간이 흐름에 따라 변화하기 쉬운 가치를 이차적 가치(secondary values)라고 한다. 결혼이나 자녀에 대한 가치를 핵심가치라고 한다면, '결혼은 일

1인 세대의 급증과 소비변화

'혼밥' '혼술'에 이어 '혼명족'(혼자 명절을 지내는 사람들)을 위한 맞춤형 설 선물세트가 늘고 있다. CJ제일제당은 젊은 1인 가구를 타깃으로 '햇반컵반 티빙세트'를 출시했다. 영상 스트리밍 서비스 tving 이용권과 '햇반컵반'을 묶은 것이다. 세븐일레븐은 정육 선물세트를 1인 가구에 맞는 소용량 · 소포장 제품으로 선보였다. 양주, 와인 등도 미니어처, 반병들이 양주 세트 등을 부담 없는 가격으로 내놓았다. 이마트도 설 명절 와인 선물 세트의 종류와 물량을 크게 늘렸다. '소확행'(소소하지만 확실한 행복)을 추구하는 젊은 층을 대상으로 하는 설 선물세트도 나왔다. 신세계백화점은 김장 김치, 식혜 등의 선물세트를 선보였다. 김장을 따로 하지 않는 1인 가구를 겨냥한 것이다.

출처 : 경향신문 2019년 1월 20일 기사 중에서.

찍 해야 한다.' 혹은 '자녀는 많을수록 좋다.' 라는 가치와 믿음은 이차적 가치라 할 수 있다. 기업은 특별히 이차적 가치 변화에 주의를 기울여야 한다. 예를 들면, 자녀 교육에 부모들이 가치를 두는 것은 변함이 없지만, 교육의 지향점은 과거에 비해 달라지고 있다. 이전에는 전통과 안정에 중심을 두었으나, 최근에는 창의와 탄력성에도 많은 가치를 부여하고 있다.

(5) 기술적 환경

기술적 환경(technological environment)이란 기업의 신제품 개발, 기존 제품의 개선, 제조공정의 개선, 유통과 정보통신의 혁신 등을 가능하게 하는 기술과 관련된 환경요인을 말한다. 삼성과 애플의 신제품 경쟁에서 볼 수 있듯이, 오늘날 기술적 환경은 기업의 사활이 걸린 중요한 환경요인이다. 인터넷, 로봇, 인공지능, 첨단 전자공학, 유전공학 등은 기업에게 새로운 기회를 제공한다. 반면에 기술적 환경변화를 무시하는 경우 기존의 제품과 생산 공정은 구식화 되고 기업 전체가 큰 위기에 빠지게 된다.

스마트폰의 출현을 예로 들어보자. 이것들은 택시를 한 대도 소유하지 않는 택시 회사 우버(Uber)를 출현하게 했고, 위치 기반 마케팅과 같은 새로운 마케팅 환경을 제공하였다. 새로운 기술적 환경에 적응하지 못하여 망하는 기업도 많다. 유통업계의 새로운 공룡 Amazon은 그 환경을 기회로 삼은 것이고, 이 환경에 적응하지 못한 미국의 백화점 체인과 오프라인 유통 채널은 심각한 경영 위기에 놓이게 되었다.

스마트폰 환경을 기반으로 생겨난 Uber

우버는 택시를 소유하지 않은 세계 최대 택시 회사가 됐다. 승객과 기사를 스마트폰으로 연결해 거리와 가격을 결정한다. 승객에게는 편리함을, 기사에게는 수익성을 가져다준다. 우버의 창업자 Travis Kalanick와 Garrett Camp는 오바마 취임식에 참석했다. 식장까지 갈 교통 수단이 없어 뛰어서 가는데, '오바마' 를 외치는 군중 속에서 '우버' 라는 말이 떠올랐다고 한다. 지금 우버의 기업가치는 한화 70조 원이 넘는다. 그런데 잡음도 많다. 우버는 우리나라를 포함한 많은 나라에서 과거의 관행과 규제와 싸운다.

(6) 자연환경

자연환경(natural environment)은 기업활동에 영향을 미치는 환경, 혹은 기업이 활용하기를 원하는 환경이다. 지난 수십 년간의 기업활동과 인구 증가는 수질 악화와 공기오염으로 이어졌다. 또한 미세먼지도 위험수준에 도달하고 있다. 세계적으로는 지구온난화, 기업활동에 필요한 천연자원의 고갈, 플라스틱을 중심으로 하는 폐기물 등에 대한 우려도 커지고 있다. 이런 위기 상황에 대한 시민과 소비자들의 강력한 저항, 천연자원관리와 환경에 대한 정부의 개입은 기업에게는 피할 수 없는 환경이 되었다. 이런 어려움을 타개하는 방안으로 제시되는 것이 기업의 사회적 책임과 지속가능 경영인데, 이 장 후반부에서 자세히 다루고자 한다.

2. 과업환경

과업환경(task environment)은 경영활동의 수행에 직접적으로 영향을 끼치는 환경요소이다. 이러한 과업환경 요인들은 일반환경과는 달리 개별기업이 자신의 노력으로 어느 정도는 변화시킬 수 있는 것이다.

(1) 고객

기업이 공급하는 재화나 서비스를 구입하는 개인, 집단, 조직을 고객(customers)이라 한다. 기업은 고객의 욕구를 충족시키기 위해 존재한다. 기업 입장에서 아무리 좋은 제품이라도, 고객이 외면하는 것은 전혀 가치가 없다. 따라서 고객의 욕구변화는 기업 입장에서는 가장 중요한 환경변화이다. 고객의 욕구변화에 효과적으로 대응하는 기업은 다른 기업에 비하여 경쟁력을 갖게 된다. 반면 고객의 다양하게 변화하는 욕구에 대응하지 못하는 기업은 지속적인 성장을 기대하기 어렵다.

(2) 경쟁자

농심라면과 삼양라면, 펩시콜라와 코카콜라처럼 동일한 고객에 대하여 경쟁 관계에 있는 조직을 경쟁자(competitors)라 한다. 국영기업이나 소수의 독점기업을 제외하고는 경쟁자가 없는 조직은 거의 없다. 따라서 기업은 소비자의 요구를 충족시키기 위하여 다양한 제품개발에 힘쓰게 되고, 경쟁기업의 가격결정이나 신제품개발, 마케팅활동 등과 같은 움직임에 반응하게 된다.

이러한 경쟁 업체의 움직임은 기업의 생존에 큰 영향을 끼치는 환경요소로서, 지속적인 관찰과 정보수집이 필요하다. 경쟁 업자들은 국민경제 전체로 볼 때 불필요한 광고나 비방 등으로 사회적 물의를 불러일으키기도 하지만, 기술축적 · 신제품개발의 촉진 · 품질향상 · 가격인하 등의 혜택을 소비자에게 제공한다.

(3) 공급자

공급자(suppliers)는 기업 외부에서 중요한 영향력을 행사하는 집단이다. 공급자는 원자재나 부품을 제공하는 업체뿐만 아니라, 자금을 제공하는 금융기관 · 인적자원을 제공하는 노동조합이나 학교 등도 공급자이다. 오늘날 기업활동이 글로벌화하면서 공급자환경 역시 국경을 초월하여 그 범위를 넓혀가고 있다.

기업은 필요한 투입물을 가능하면 저렴한 가격으로 적시에 공급받기를 원한다. 필요한 인력과 자금, 원자재, 부품을 제때에 공급받지 못하거나 높은 가격에 구입해야 한다면, 최종 생산물의 품질과 가격경쟁력은 떨어질 수밖에 없으며, 결과적으로 기업의 생존이 위태로울 수도 있다.

(4) 정부

정부(government)와 지방자치단체는 각종 법령이나 시행령, 조례를 통해 기업이 할 수 있는 일의 범위를 정해 준다. 예를 들면, 환경오염에 관한 규제는 장기적으로 모든 사회구성원들이 인간다운 삶을 유지하기 위한 환경의 보호, 유지에 필요한 것이다. 정부는 규제뿐만 아니라 대기업에 비하여 경쟁력이 떨어지는 중소기업들을 위하여 각종 세금 혜택을 주거나, 경영 개선이나 판로 개척 등의 사업을 돕기도 한다. 또한 정부는 제품과 서비스를 구입하는 가장 큰 고객이 되기도 한다.

(5) 압력단체

일반 대중들의 사회 · 정치적 참여 의식이 높아짐에 따라, 소비자단체나 환경단체와 같은 다양한 형태의 압력단체(pressure group)가 기업활동에 점차 크게 영향을 미치고 있다. 이 밖에도, 각종 종교단체, 노동조합, 이익단체들이 자신들의 권익보호를 위해 시간과 자금을 투입하고 있다. 그러므로 기업들은 장기적 경영계획의 수립 시에 이러한 압력단체들의 이해관계를 고려하지 않을 수 없게 되었다.

3. 오늘날의 기업환경

기업을 둘러싸고 있는 환경이 급격히 변화하고 있다. 삼성경제연구소의 우리나라 100대 기업의 변화 과정 분석은 환경변화를 충분히 이해하고 그것을 활용한 기업이나 개인은 성공적인 결과를 얻을 수 있고, 그렇지 못한 경우 성장은 물론이고 존속조차 보장받기 어렵다는 사실을 보여주고 있다. 오늘날 기업이 처한 구체적인 상황을 언급하면 다음과 같다.

(1) 기업 간의 치열한 경쟁

자료 사진 : 동아일보 1961.9.25.

오른쪽 사진은 1961년 추석날 극장가의 모습이다. 오전 11시에 이미 만원이란 표시가 내걸리고 관객은 다른 곳으로 발을 돌려야 했다. 당시는 문화에 대한 욕구를 충족시키는 방법은 극장에 가는 것 이외는 거의 없었다. 당시 우리나라는 모든 산업에서 수요가 공급을 초과하는 상태에 있었다. 이런 경우 기업은 보다 많이, 보다 싸게, 보다 빨리 생산만 하면 판매는 문제가 되지 않았다. 하지만 같은 해 개국된 텔레비전은 점차 그 영향력을 넓혀갔고, 곧 이어 영화관은 관객 부족으로 어려움을 겪게 된다. 그 후 VTR의 발명은 영상을 손쉽게 담을 수 있게 함으로 소비자들의 문화에 대한 욕구를 충족시켰다. 하지만 지금 VTR은 개인용 컴퓨터와 스마트폰의 출현으로 설 자리를 잃게 되었다.

기술혁신은 과거 상상만 하던 것들을 현실 세계로 끌어들였다. 지구 반대편의 사람들과 얼굴을 보면서 전화를 걸 수 있고, 은행에 가지 않고 집에서 예금과 대출 업무를 볼 수 있다. 하지만 급격한 기술혁신은 기업 입장에서는 환경적 불확실성을 높

불확실성 하의 우리나라 기업

	1955년	1975년	1995년
1955년	100	–	–
1965년	13	–	
1975년	12	100	–
1985년	9	38	–
1995년	11	29	100
2004년	7	20	47

- 환경변화로 인한 불확실성은 기업 잔존율에 중대한 영향을 미친다.
- 1955년 100대 기업 중 2004년까지 잔존한 기업은 7개에 불과하였다. 1955년 1위는 삼양사였는데, 1965년에는 23위, 1995년에는 82위였고, 2004년에는 순위에서 빠졌다.
- 외환위기의 영향으로 1995년 100대 기업 중 2004년에는 47개만 살아남았다.

자료원 : SERI 연구보고서(2005년)

인다. 과거 고객이 차고 넘치던 영화관, 새로운 기술로 높은 매출을 올리던 VTR과 필름 제조업체 등은 회사 문을 닫거나 그 규모를 축소할 수밖에 없는 상황이다. 매장에는 상품들이 가득하지만, 고객에게 감동과 놀라움을 주지 않으면 곧바로 시장에서 사라져간다. 기업의 글로벌화는 이런 불확실한 상황을 더욱 심화시키고 있다.

기업은 이런 불확실성을 극복하기 위하여 끝없는 변화를 거듭하고, 막대한 연구개발비를 투자한다. 특히 오늘날 기업들은 융복합기술에 의한 스마트폰, 하이브리드 자동차와 같은 제품개발에 박차를 가하고 있다. 여기서 융복합기술(convergence technology)이란 스마트폰을 이용한 혈압계를 개발한 것처럼, 분야가 다른 기술들을 활용하여 새로운 제품이나 신서비스를 개발하는 활동을 의미한다. 이런 연구개발활동은 경쟁적인 특허권의 획득으로 이어지고 있는데, 삼성의 갤럭시와 애플의 아이폰이 벌이는 특허전쟁이 좋은 예이다.

(2) 기업활동의 글로벌화

글로벌화(globalization)란 경제적 · 사회적 · 문화적으로 다른 나라 사람들과 연결되는 것을 의미한다. 기업활동의 글로벌화란 기업이 다른 나라의 경제와 문화에 적극적으로 참여하는 것을 말한다. 과거 수세기 동안 기업의 글로벌화는 국가 간의

기업의 국제화단계

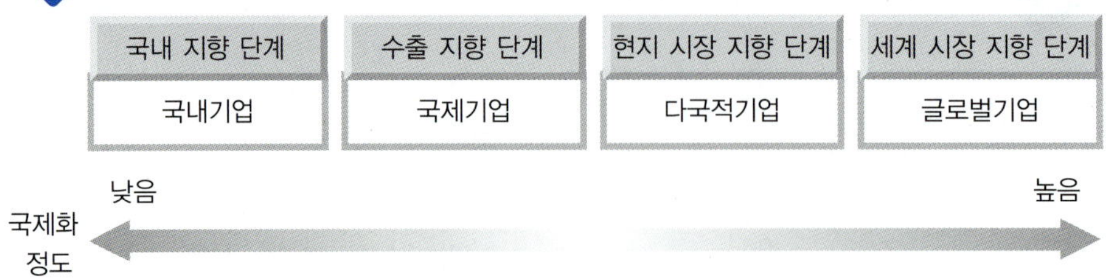

다국적기업은 현지 생산시설을 가지고 제3국으로의 수출 물량까지도 일부 생산하기도 하지만 주목적은 현지 시장공급이다. 다국적기업 중에서 제품시장도 여러 나라에 퍼져있고, 생산시설도 다수 국가에 가지고 있어, 기업활동의 지리적 범위가 개별 현지 시장에 한정되지 않고 전세계 시장 혹은 지역경제권 등의 넓은 범위를 상대로 하는 기업을 글로벌기업(global corporation)이라 한다.

상품 수출에 국한되었다. 하지만 오늘날 정보기술과 수송수단의 발달은 과거에는 상상할 수도 없는 정도의 세계화를 진전시키고 있다. 국경은 더 이상 기업활동을 제한하지 못하고, 우리나라 고유의 브랜드가 점차 원래의 의미를 상실해 가고 있다. 예를 들면, 삼성전자는 우리나라 기업이지만 한국을 포함해 중국, 인도, 태국, 베트남, 인도네시아, 말레이시아, 멕시코, 브라질, 슬로바키아, 헝가리, 러시아 등에 TV 생산기지를 갖추고 있다. 적극적인 현지 생산전략의 결과 삼성전자는 세계 디지털 TV시장에 최강자로 부상하였다.

글로벌화는 시장규모를 전 세계적으로 확대시켜 기업에게 엄청난 기회를 가져다 준다. 뿐만 아니라 원자재, 부품, 완제품, 인적자원, 서비스 등 경영활동에 필요한 모든 것들을 전 세계 최적지에서 구매할 수 있게 됨으로, 기업은 원가를 절감할 수 있게 되었다. 하지만 글로벌화가 현지 개발도상국에게도 유리한지 그리고 국내 기업의 종업원들의 고용 안정에 악영향을 주는지 등의 논란을 불러일으키고 있다. 기업 역시 국내활동과는 전혀 다른 환경과 경쟁에 직면하게 된다. 하지만 기업의 글로벌화는 우리가 받아들여야 할 현실이다. 기업의 경영자들이나 경영학을 공부하는 우리 역시 글로벌화의 진전에 따른 다양한 현상을 연구하고, 그것에 대한 적절한 대처 방안을 모색하여야 한다.

(3) 고용환경의 변화

과거 기업활동에서 여성들은 남자 사원들을 보조하는 역할에 그쳤다. 하지만 지금은 기업의 다양한 부문에서 일하고 있는 여성 경영자나 노동자들을 쉽게 찾아볼 수 있다. 전문직에 종사하는 여성들의 수가 점차 늘고 있고, 남성을 앞지르는 경우도 있다. 또한 외국인 노동자들의 유입으로 인한 인종 간의 다양성(ethnic diversity) 역시 기업이 직면한 새로운 기업환경이다. 국내

1970년대 여행원들은 결혼을 하면 퇴직하겠다는 각서도 썼다.

자료 : 경향신문 1975.8.5.

기업이 채용하는 외국인 노동자의 수가 날로 증가하고 있고, 우리 기업이 세계 각국으로 사업 영역을 확대함에 따라 외국인 직원 수가 빠르게 늘고 있다.

실제 2018년 통계에 따르면 외국인 노동자 수가 102만 명이고, 불법 체류자가 32만 명으로 추산한다. 또한 다문화가정과 그 가정의 자녀 수도 증가하고 있다. 이런 변화는 장차 우리 기업이 직면할 고용환경을 보여준다. 가치관이 다른 다양한 노동자가 공존하는 세대 간의 다양성 또한 기업의 인적자원 관리자들이 직면한 새로운 환경이다. 이러한 인적자원의 다양성은 기업활동에 유리한 영향을 미칠 수 있고, 갈등이나 의사소통상의 오류와 같은 문제점을 야기할 수도 있다.

또한 기업은 장기고용계약을 하지 않는 임시직을 활용하여 고용의 탄력성을 요구하고 있다. 이에 따라 정규직에 속하지 않는 시간제, 계약직, 일용직, 임시직, 파견 근로직 등의 비정규직 노동자가 차지하는 비율이 증대하고 있다. 이런 비정규직의 증가는 기업의 고용환경에 탄력성을 가져올 수 있으나 조직에 대한 충성심, 형평의 문제, 조직구조 등의 문제점을 안고 있다.

Ⅲ. 기업의 사회적 책임과 지속가능경영

전통적으로 기업은 사회에 재화와 서비스를 제공하는 조직으로 인식되었다. 초기의 기업은 그 규모가 영세하여 사회적 영향력이 미미하였다. 하지만 오늘날 기업의 영향력은 크게 증대하였고, 그 영향력에 대응하기 위하여 사회는 기업에 대하여 새로운 행동을 요구하게 되었다.

1. 기업에 대한 새로운 요구

기업은 사회구성원들로부터 자원을 공급받고, 자신이 생산한 재화와 서비스를 사회구성원에게 제공한다. 그러므로 사회가 없는 기업은 존재할 수가 없다. 사회의 요구에 따라 기업이 취해야 하는 일정한 행동을 기업의 사회적 책임(social responsibility)이라고 한다. 사회가 기업에 요구하는 행동은 시대에 따라 다르다. 과거의 기업은 법의 테두리 안에서 경제적 이익을 추구하여 주주의 부를 증가시키는 것이 주된 역할이었다. 이것은 기업의 기본적인 의무로, 이를 제대로 지키지 못하는 기업은 존속하기가 어려웠다.

오늘날 기업의 사회적 책임은 법이 요구하는 기본 의무 이상의 것을 의미하는 경우가 많다. 사회는 기업에게 법을 준수함은 물론이고, 법적으로 강요되지는 않지만 사회가 기대하고 요구하는 윤리적 기준에 적합한 윤리경영을 요구하고 있다. 나아가 기업은 자신의 고유활동과는 직접적인 관계는 없지만, 사회구성원 전체에게 이익을 줄 수 있는 책임을 담당하도록 요구받고 있다.

기업이 사회적 책임을 감당하려면 자금이 필요하다. 하지만 사회적 책임을 제대로 수행하지 않을 때도 벌금, 규제의 강화, 기업에 대한 부정적 이미지, 고객 이탈 등과 같은 희생이 따른다. 고객을 비롯한 다양한 이해관계집단들은 기업의 영향력을 잘 알고 있고, 기업이 이익창출 이상의 행동을 할 것으로 기대하고 있다. 이제 많은 경영자들이 기업의 사회적 책임에 따른 비용을 당연한 것으로 인식하고 있다.

2. 사회적 책임의 등장배경

오늘날에는 기업의 사회적 책임에 대한 관심이 높아졌고, 기업은 어떤 형태로든 사회적 책임을 수행해야 하게 되었다. 기업이 사회적 책임을 수용하게 된 배경을 살펴보면 다음과 같다.

(1) 기업의 영향력 증대

산업혁명 당시의 기업은 시장에서 정해진 가격을 그대로 수용할 수밖에 없는 매우 작은 규모의 것이었다. 그때, 기업의 이익추구는 보이지 않는 손(invisible hand)에 의하여 결정된다는 아담 스미스의 주장은 타당한 것이었다. 그러나 기업의 규모가 커짐에 따라 기업은 자신에게 유리하게 제품의 가격을 결정할 수 있을 정도로 영향력이 커지게 되었다.

이러한 영향력이 소비자와 노동자, 지역사회, 경쟁기업 등 사회 전반에 걸쳐 막강해짐에 따라 전통적인 경제질서는 붕괴하게 되었다. 부정적인 면만을 예로 든다면, 소비자 가격의 인상, 부품업체에 대한 납품조건과 가격의 일방적인 결정, 환경오염으로 인한 지역사회에 대한 폐해, 부실기업의 도산으로 인한 이해관계자의 엄청난 손실 등을 들 수 있다.

(2) 기업의 대항 세력의 성장

Occupy Wall Street! 기업의 거대한 영향력에 대한 항의로, 뉴욕에서 시작하여 전 세계적으로 확산되었다.
자료 : KBS Special 2011.11.27.

기업의 규모가 커지고 그 영향력이 증대되자 새로운 대항 세력이 나타나게 되었다. 이러한 세력들은 기존의 주주집단과 경쟁하는 관계를 갖게 되고, 새로운 세력 균형을 요구하게 되었다. 기업의 소유주는 주주이지만 소비자나 노동자 등이 없는 기업은 생각할 수 없으므로, 기업이 주주에게만 책임을 지고, 다른 이해관계자들을 무시하는 것은 옳지 않다는 것이 오늘날의 일반적인 생각이다.

기업에서 큰 영향력을 발휘하지 못하던 노동자들은 노동조합을 결성함으로써 기업에 대하여 큰 대항력을 갖게 되었다. 수동적으로 기업이 제공하는 재화나 서비스를 사용하던 소비자도 소비자단체를 통하여 제품의 안전성과 품질에 대한 문제를 제기하기 시작하였다. 또, 정부도 국민의 입장에서 기업에 대한 대항력으로 작용한다. 기업은 정부로부터 어떤 형식으로든지 허가를 받아 운영을 하고 있으며, 정부는 국민을 위해 존속하는 것이므로 사회에 대한 기업의 책임을 요구하게 된다.

사회적 책임을 무시한 대가

1972년 미국은 '그랜스버우 대(對) 포드자동차' 소송사건으로 떠들썩했다. 소송대상인 포드의 핀토는 연방안전기준에 맞게 설계되었을뿐 아니라 민간연구소의 안전검사에서도 합격판정을 받은 차였다. 그러나 좌회전 깜박이를 켠 상태에서 후진하면 여지없이 폭발사고가 났다. 핀토의 피해자 그랜스버우가 대표로 집단소송을 제기했다.
핀토에 이상이 있다는 사실을 입증할 자료가 없는데다 '미국인의 자존심'으로 통했던 포드라는 거대기업이 '개미군단'에 질 가능성은 전혀 없어 보였다. 그러나 포드의 비리를 폭로하는 내부보고서가 증거로 제시되면서 상황은 반전된다. 안전장치를 부착하는 비용이 탑승자의 사망이나 상해 시 물어줘야 하는 보상금보다 많다는 계산에 따라 포드는 문제의 차를 그대로 시장에 내다 팔았다는 사실이 드러난 것이다.
결국 포드는 막대한 손해배상금을 물어줘야 했다. 포드는 패소 후 구겨진 기업이미지를 회복하기 위해 '포드재단'을 설립했다. 그리고 세계 각국에서 집단소송을 전문으로 하는 시민단체들에 연간 2억 달러의 막대한 재정지원을 시작했다.

(3) 환경적 불확실성의 증대

기업을 둘러싼 환경이 급변함에 기업의 잘못된 의사결정이 치명적인 결과로 이어지고 있다. 특히, 제품결함의 은폐, 공해물질 방출, 허위광고, 불공정한 거래관행, 기타 기업의 불법적 · 비윤리적 행동들로 인하여 혹독한 시련을 겪었던 회사를 쉽게 찾아볼 수 있다. 이런 그릇된 행동은 벌금의 부과, 경영자의 구속, 종업원의 사기 저하, 고객의 이탈, 극단적인 경우 기업의 도산으로까지 이어진다.

특히, 인터넷과 같은 매체가 발달하고, 경제적 약자에 배려 관행이 일반화함에 따라 비윤리적 행동으로 인하여 기업이 감당해야 하는 손실을 더욱 크게 하고 있다. 이런 위기 상황에 대처하기 위하여 기업은 윤리경영에 관심을 갖고, 비윤리적 행동이 가져올 파장을 사전에 예방하고 있다. 나아가 불확실성을 관리하는 차원에서 봉사단체와 지역사회에 대한 적극적인 지원 등과 같은 사회공헌활동에 참여하고 있다.

(4) 기업의 글로벌화 진전

글로벌화는 시장규모를 전 세계적으로 확대시켜 기업에게 엄청난 기회를 가져다준다. 하지만 글로벌화가 진전됨에 따라 기업의 의사결정이 현지 국가와의 법률, 거래 관행, 문화, 윤리 등과 충돌을 겪는 경우가 자주 발생하고 있다. 경우에 따라서는 외국에서 행한 윤리적 의사결정이 자국 내에서 문제가 되기도 한다. 예를 들면, 아시아 지역의 저임금을 바탕으로 제품을 생산하던 나이키가 미국에서 불매운동에 직면하기도 하였다.

이런 상황에서 국제기구들은 사회적 책임과 윤리경영을 국제적으로 표준화하려는 노력을 하고 있다. 1999년에 발효된 경제협력개발기구(OECD)의 뇌물방지협약(anti-bribery convention)은 국제 상거래와 관련해 외국 공무원에 대한 뇌물에 초점을 맞춘 최초의 국제 규범이다. 한국은 협약 이행을 위해 같은 해 '국제 상거래에 있어서 외국 공무원에 대한 뇌물방지법'을 특별법으로 제정하였다.

3. 사회적 책임의 내용

이익창출만이 기업이 수행할 임무라고 주장하는 사람들은 기업이 사회적 책임을 지면 이익창출활동에 방해가 된다는 생각한다. 단기적으로는 그런 주장이 일리가 있지만, 오늘날처럼 기업이 장기적 활동을 하는 경우 기업의 사회적 책임은 그 범위를 점차 넓혀가고 있다. 미국 조지아대학의 캐롤(A. Carroll)의 구분에 따라 그 구체적인 내용을 살펴보자.

사회적 책임을 요구하는 사회운동

1980년대 나이키 본사는 디자인과 마케팅만을 맡고, 아시아 저임금 국가에 생산 과정 전체를 아웃소싱하는 방법으로 비용을 획기적으로 낮췄다. 싼값과 세련된 디자인의 나이키 제품은 소비자의 사랑을 받았다. 그런데 나이키의 하청을 받은 개발도상국의 업자들은 어린이를 고용해 학교도 보내지 않고 저임금으로 장시간 노동을 시켰다는 사실이 알려지자, 미국의 소비자단체들이 들고 일어나 불매운동을 벌였다. 사회책임 투자자집단 역시 투자를 철회하겠다고 으름장을 놓았다. 결국 나이키는 두 손을 들고, 제3세계 국가에서 아동 노동을 없애고 노동기준을 대폭 향상시키며, 협력업체 감사를 사회적 책임 관점에서 수행하겠다고 발표했다. 미국의 사회운동이라는 제도가 사회 책임경영을 이끌어낸 것이다.

출처 : 한겨레신문 2011.3.20.

(1) 경제적 책임

기업은 재화와 서비스를 생산하는 조직으로, 그것이 사회의 욕구를 충족시키면 이익이 발생하게 된다. 기업의 이익이 발생하면, 주주가 소유한 주식의 가치가 상승하고, 배당금을 받게 된다. 이처럼 기업의 가장 기본적인 사회적 책임은 정상적인 경영활동으로 주주의 부를 증대시키는 경제적 책임이다.

아담 스미스로 시작되는 고전파 경제학자들은 기업의 기능은 이익의 추구이며, 그런 경제적 책임을 수행할 때 사회는 발전한다고 한다. 그들은 경제적 책임과 함께 다른 사회적 책임은 함께 수행하기는 어렵다고 주장한다. 사회 복지나 자선 사업에 기업의 자금을 사용하면, 주주에게 배당해줄 자금이 줄어들고, 새로운 고용을 창출할 투자자금도 줄어든다고 하였다. 심지어 기업의 사회적 책임 수행이 주주의 몫을 줄이는 것이므로 비윤리적이라고 비판하는 사람도 있다.

(2) 법적 책임

사회는 기업이 법적 요구사항을 준수하면서 경제적 책임을 수행할 것을 요구한다. 이것은 윤리경영의 가장 기본적인 요건이다. 이처럼 기업이 관련된 법규를 준수하고, 각종 규제를 지켜야 할 책임을 법적 책임이라 한다. 기업의 사회적 책임이 확대되는 과정에서 경제적 책임의 한계를 규정하는 법률이 등장하기도 했다.

재봉틀 제조회사인 스미스사가 프린스턴대학에 1,500달러를 기부하자, 한 주주가 '주주가 가져야 할 몫을 경영자가 대학에 기부해 손해를 입힌 것은 무효'라는 소송을 제기하였다. 1953년 뉴저지 법원은 '기부행위가 직접적으로 기업 이익과는 무관하지만, 기업은 좋은 시민성을 가질 의무를 지고 있다'는 취지의 판결을 내렸다. 이 사건을 계기로 미국의 회사법이 자선을 인정하는 쪽으로 크게 개정되었다.

(3) 윤리적 책임

기업을 둘러싼 환경이 급변하고, 기업은 그것에 적응하기 위한 다양한 활동을 한다. 그리고 법률로는 통제할 수 없는 기업의 활동영역이 점차 확대되고 있다. 따라서 기업은 법적으로 강요되지는 않지만 사회가 기대하고 요구하는 바를 충족시키라는 윤리적 책임을 요구받고 있다.

다국적기업이나 무역업자가 독점적 지위를 이용해 개발도상국의 농민들로부터 커피 재료들을 헐값에 구매하는 사실이 알려지면서, 해당 회사 제품의 불매운동이 전 세계적으로 벌어지는 것은 기업의 윤리적 책임을 요구하는 사례이다. 한편, 과거 윤리적 측면에서만 문제가 되고 법적 강제 사항은 아니던 것이 결국은 법제화되는 사례가 허다하다. 예를 들면, 과거 채용 과정에서의 남녀 불평등, 장애인 채용의 회피, 미성년자 노동 등과 같이 사회적 논란을 불러일으키던 문제들은 오늘날 거의 대부분 법으로 강제되고 있다.

(4) 자선적 책임

기업의 고유활동과 관련된 일은 아니지만, 기업의 개별적 판단에 따라 행해지는 기부활동, 문화활동, 약물남용방지 프로그램, 사회복지시설 운영 등을 일컬어 기업의 자선적 책임이라 한다. 윤리적 책임과 자선적 책임의 차이는 사회적인 기대에 있다고 할 수 있다. 예를 들면, 분유업체가 축산 농가의 자녀들에게 장학금을 지급하는 것은 윤리적 책임이지만, 전자제품회사가 농민 자녀에게 장학금을 주는 것은 자선적 책임을 수행하는 것이다.

기업의 사회적 책임은 이익을 창출이라는 기본적 책임으로부터 그 영역이 점차 확대되고 있다. 특히, 자선적 책임의 경우 국민의 복지와 관련된 것으로 상당 부분 정부의 영역이었다. 하지만, 그 영향력이 커짐에 따라 기업이 자선적 책임을 수행하는 것은 당연한 것으로 받아들여지고 있다. 이에 많은 기업들이 자선적 책임의 수행과 같은 사회적 활동을 경영전략의 중요한 요소로 받아들이고 있다.

4. 윤리경영의 전개

윤리(ethics)란 행동과 그것의 결과가 좋은지 혹은 나쁜지를 결정하는 도덕적 기준과 가치기준이다. 기업활동이 사회 전반에 큰 영향을 미침에 따라 기업의 윤리적 행동과 사회적 책임을 요구하는 압력이 점차 증대하고 있다.

(1) 윤리경영의 의미

윤리경영이란 기업이 법적 책임 준수는 물론이고 법의 취지나 사회 통념을 입각한 윤리적 책임에 입각하여 경영활동을 하는 것을 의미한다. 기업윤리란 기업의 사회적 책임과 같은 의미로 사용되는 경우가 많은데, 그것은 기업경영이란 상황에서 나타나는 행동이나 태도의 옳고 그름을 판단해 주는 기준이 된다. 윤리경영의 의미를 명확히 하기 위하여 기업행동을 사회적 책임에 대한 태도를 기준으로 비윤리경영, 초윤리경영, 윤리경영 등으로 크게 나누어 살펴하자.

비윤리경영

비윤리경영(immoral management)이란 기업윤리나 법제도는 이윤 추구의 장애물이라고 간주하는 전근대적인 경영 방식을 말한다. 이것은 기업의 경제적 책임만을 강조하는 것으로 이익만 얻을 수 있으면 기업활동의 수단은 크게 문제 삼지 않는다. 이런 형태의 경영 방식은 정상적인 기업에서는 거의 존재하지 않는다.

초윤리경영

초윤리경영(amoral management)이란 경영활동과 윤리는 별개의 것이라 생각하고, 합법적인 것이면 어떤 행동을 해도 좋다는 경영 방식이다. 윤리경영은 현실을 모르는 교과서적인 것으로 간주하고, 사회적 영향력에는 무관심하다. 경영학자 캐롤(A. Carroll)은 현실 세계에서 가장 많이 발견되는 것이 초윤리 경영자라고 하였다. 그는 기업윤리학의 과제는 초윤리적 경영자들을 윤리경영의 영역으로 이동시키는 것이라고 하였다.

윤리경영

윤리경영(moral management)이란 기업이 경제적 책임이나 법적 책임뿐만 아니라 적극적으로 사회적 요구를 수용하는 경영 방식을 말한다. 이것은 비윤리적이고 탈법적인 행동이 단기적으로는 기업의 이익을 가져 올 수 있으나, 장기적으로는 기업의 생존을 위태롭게 한다는 인식에서 출발한 것이다.

기업의 행동 유형

<table>
<tr><th></th><th>비윤리적 경영</th><th>초윤리적 경영</th><th>윤리경영</th></tr>
<tr><td>경제적 책임</td><td>이익 추구를 위하여 탈법도 강행함</td><td rowspan="3">법적 테두리 내에서는 무엇을 해도 무방함</td><td rowspan="4">기업활동과 사회적 요구의 조화를 이루려 노력함</td></tr>
<tr><td>법적 책임</td><td></td></tr>
<tr><td>윤리적 책임</td><td></td></tr>
<tr><td>자선적 책임</td><td></td><td></td></tr>
</table>

(2) 윤리경영의 실천 방안

아직은 시작 단계이지만 많은 기업들이 윤리경영을 다짐하고 있다. 이것을 실천하지 못할 경우 기업의 발전이나 생존을 보장받을 수 없다는 공감대도 형성되어 가고 있다. 여기서는 윤리경영을 실천하기 위하여 기업들이 취하는 구체적인 실천 방안들에 대하여 살펴보기로 한다.

윤리강령

윤리강령(code of ethics)은 조직구성원들이 따라야 할 최상의 가치, 윤리적 행동을 성문화한 것이다. 이것은 구성원들이 윤리적 판단을 내리기 어려운 상황에서 어떻게 행동할 지를 알려주는 행동기준을 제시한다. 미국의 제약회사 Johnson & Johnson은 1930년대부터 자발적으로 기업의 사회적 책임을 강조해온 대표적 기업이다. 1935년 회사 설립자는 고객, 종업원, 주주에 대한 사회적 책임을 공표하고, 1943년 우리의 신조(Our Credo)라는 기업윤리강령을 직접 작성하여 경영에 접목하였다. 거기서는 기업의 책임을 소비자 → 종업원 → 지역 사회 → 주주의 순서로 규정하였다. 이렇게 순서를 정한 이유는 다른 이해 관계자들에 대한 책임이 완수되면 주주의 이익은 저절로 완수된다고 보았기 때문이다.

그 회사는 2년에 한 번씩 '우리의 신조'가 잘 실천되고 있는지를 조사하고, 직원

위기 상황 속의 윤리경영

1982년 미국 시카고에서 Johnson & Johnson사에서 제조한 타이레놀을 복용한 8명이 사망하는 사건이 발생했다. 경찰 조사결과 그 약에 청산가리가 들어 있었다. 회사는 즉시 위기관리위원회를 만들고 연방 조사단의 조사에 적극 협조했으며 언론의 취재에 적극 응하였다. 동시에 2억 4천만 달러 상당의 그 약을 수거하여 폐기하였다. 한때 일부 경영진이 그 약의 브랜드를 포기하자는 주장도 나왔지만, 경영층은 신조에 맞춰 대응한 만큼 소비자들이 회사를 믿어줄 것이라고 판단했다. 소비자들은 그 회사의 윤리적 태도를 신뢰하는 쪽으로 기울었고, 결과적으로 그 약은 현재까지 미국뿐만 아니라 세계 시장에서도 대표적인 해열진통제로 살아남았다.

들이 윤리적 딜레마에 처하게 되면 해결하는 제도적 장치를 마련하고 있다. 임원들에게는 신조에 입각한 리더십(credo leadership)을 강조하고, 불분명한 지시로 직원들이 윤리적 혼란을 겪게 하는 임원은 불이익을 받게 된다. '우리의 신조'와 함께 직원들이 의사결정과정에서 고려하는 것이 빨간 얼굴 테스트(red face test)라는 불문율이다. 이는 자신이 내린 결정이 자기 가족에게 얼굴을 붉히지 않고 설명할 수 있을 만큼 윤리적인지를 자문하는 것이다.

1982년 이 회사 제품에 독극물 투입 사건이 발생하였다. 이때 기업 구성원들은 오랜 윤리경영의 역사를 바탕으로 신속하게 대응할 수 있었다. 나아가 그 사건을 계기로 그 기업의 윤리경영은 더욱 힘을 받게 되었고, 다른 기업의 표본적 사례가 되었다.

내부자 고발

조직 내에서 벌어지고 있는 불법적 행동을 폭로하는 것을 내부고발(whistle blowing)이라고 한다. 내부고발은 비윤리적 행동을 적발한다는 의미도 있지만, 그런 제도를 명문화하게 되면 비리를 사전에 예방할 수도 있다. 하지만 내부고발에 의한 비리 폭로에 대해 조직은 방어적 · 보복적 대응을 하는 것이 일반적이다. 특히, 집단주의 문화가 뚜렷한 우리나라의 경우 그 양상이 더욱 뚜렷하다. 실제 내부고발을 한 사람들은 인사상 불이익을 받거나, 파면을 당하는 경우도 있다.

내부고발 제도가 윤리경영 실천을 위한 핵심 수단으로 자리 잡으려면 우선 철저한 보안을 통해 고발자의 인사상 불이익이 없도록 보장해 주고, 조직의 비윤리적 행동에 대한 적극적인 대응이 요구된다. 오늘날 많은 나라에서 조직 내의 비윤리적 행동을 고발한 사람이 피해를 입지 않도록 보호하는 법을 제정 · 시행하고 있다. 우리나라의 경우 2001년 제정된 부패방지법에서는 내부고발자가 신고로 인해 소속기관, 단체, 기업 등으로부터 신분상 불이익을 받지 않도록 보호하는 조항을 두고 있다.

윤리교육

윤리교육(ethics training)이란 조직구성원의 윤리적 행동을 촉진하기 위하여 구조화된 프로그램을 말한다. 간혹 이것은 정신교육이라는 명칭을 사용하기도 한다. 이런 프로그램을 통해 참가자들은 의사결정의 윤리적 측면을 이해하게 되고, 높은 수준의 윤리기준을 자신들의 일상적인 행동에 적용하는 훈련을 받게 된다.

가치관은 어려서부터 형성되고 쉽게 바뀌지 않기 때문에 조직 내의 윤리교육은 쉬운 일이 아니다. 많은 경우 윤리교육은 윤리적 판단이 어려운 모호한 상황을 해결하는 기준을 습득하는 데 초점을 맞추고 있다. 반복적인 윤리교육을 통해서 조직은 윤리적 행동이 조직의 생존과 발전에 결정적인 역할을 한다는 공감대를 형성할 수 있을 것이다.

5. 지속가능경영

활발해진 기업활동은 생태계를 크게 훼손하였고, 인류 전체의 생존을 위협하게 되었다. 이러한 위기의식에서 생겨난 지속가능성(sustainability) 개념은 국가의 경제발전 계획이나 기업활동에도 영향을 미치게 되었다.

(1) 지속가능성 필요성

산업혁명 이후 가속화된 대량생산, 대량소비, 대량폐기는 지속 가능한 수준을 초과하여 자원을 소비하고 있다. 다음은 2009년 얀(Yann Artus Bertrand)이 제작한 Home이란 다큐멘터리 영화에서 발췌 · 정리한 내용이다.

- 오늘날 지구에서 사용되는 에너지의 80%는 화석에너지로 이산화탄소 배출이 계속되는데, 산소의 주된 공급원인 산호는 지난 50년간 30% 사라졌다. 남 · 북극의 만년설은 40년 전보다 40%가 감소했고, 앞으로 50년 동안 해수면이 7

미터 상승할 수 있다. 또, 시베리아의 해빙으로 메탄가스가 유출되면, 지구온난화는 더욱 가속화 될 가능성이 있다. 이런 이유로 오늘날 생물 종의 도태 속도는 자연적 진화 과정에서의 도태 속도에 비해 만 배에 달한다.

- 대량생산을 위한 농약 사용으로 농토의 40%가 장기적으로 손상되었고, 남벌로 인하여 매년 1,300만 헥타르의 삼림이 사라지고 있다. 육식의 증가로 지구에서 생산되는 곡물의 50%가 가축사육에 사용되고, 전 어장의 3/4이 무분별한 포획으로 수산자원이 이미 고갈되었거나 극적으로 줄고 있다. 인구 10억 명이 오염된 식수로 연명하고 있고, 그 오염된 식수로 사망하는 사람이 하루에 5천 명에 이른다.
- 부의 양극화로 10억 명이 기아에 허덕이고 있고, 인류의 20%가 전체 자원의 80%를 소유하고 있다. 전 세계의 군사적 목적의 지출이 개발도상국 원조액의 12배에 달한다.

(2) 지속가능경영의 전개

기업과 소비활동이 촉진되면 생태계 훼손은 필연적이다. 또한 현 세대가 삶의 질을 높이려고 더 많은 자원을 사용하면, 생태계는 더 많이 훼손될 것이고, 미래 세대

바나나의 멸종 가능성

1980년 이전 우리나라에서 바나나는 매우 귀한 과일이었다. 요즘은 그 바나나가 값싸고, 영양이 풍부한 수입 과일 중 하나가 되었다. 이처럼 희귀했던 과일들을 계절에 관계없이 풍성히 즐길 수 있는 것은 현대 과학 때문이다. 발달된 생물학은 병충해에 강하고 품질이 좋은 식량 생산을 가능하게 했고, 그로 인하여 과거 어떤 시기보다 굶주리는 사람들의 비율을 줄였다. 한편, 그 생물학적 성과는 거대 농업기업들의 단일 품종 재배로 이어졌다. 그 결과 전 세계의 바나나, 커피, 곡식 등은 유전적으로 단일한 품종이 됐다. 그런데 미국 생태학자 Rob Dunn은 그의 저서 Never Out of Season(번역명, 바나나 제국의 몰락)에서 바나나가 멸종될 가능성이 있다고 말했다. 단일 품종 재배의 위험성 때문이다. 그것은 생산의 효율성이란 점에서는 유리하지만, 생물학적으로 볼 때 병원균에 치명적인 허점을 드러낸다. 실제 1950년 이전에 대량 생산되던 그로 미셸이라는 품종의 바나나는 파나마 병으로 멸종되었다. 지금 생산되는 품종은 파나마 병에 내성을 보인 캐번디시라는 품종인데, 문제는 파나마 병이 진화하고 있고, 그것이 바나나 멸종이라는 심각한 상황으로 이어질 수 있다는 점이다. 자료 : AMAZON

의 삶의 질은 그만큼 저하될 것이다. 이런 문제의식에서 등장한 지속가능경영(sustainability management)은 자원의 소비를 가능한 줄여 생태계를 유지하면서도, 기업의 역동성을 유지하고, 현재 및 미래 세대의 요구를 충족시키는 활동이라 정의할 수 있다.

우리나라의 대기업과 외국기업의 최고경영자협의체로 2002년에 설립된 지속가능한발전기업협의회(Korea Business Council for Sustainable Development: KBCSD)에서는 지속가능경영 활동의 구성요소로 환경적 · 사회적 · 경제적 지속가능성을 제시하였다. 환경적 지속가능성은 기업을 둘러싼 생태적 환경에 대해 책임과 공헌을 다하는 것으로, 구체적 활동으로 청정생산 · 기후변화 대응 · 생물다양성 보호 등이 있다. 사회적 지속가능성은 기업이 사회구성원으로서의 책임을 다해야 한다는 사회적 요구에 부응하는 것으로, 사회공헌 · 준법과 윤리경영 등이 이에 포함된다. 경제적 지속가능성은 기업이 지속적인 경영활동을 통해 경제적 책임을 다하여야 한다는 것이다.

연습문제

01. 경영환경에 관한 설명으로 적당한 것은?

① 과업환경은 기업 내부의 환경을 의미한다.
② 고객, 공급자, 정부 등은 과업환경을 구성한다.
③ 일반환경은 의사결정에 구체적 · 직접적인 영향을 행사한다.
④ 오늘날 경영에서는 외부환경보다 내부환경을 더 중요하게 생각한다.

02. 다음에서 서술하는 환경 사례와 〈보기〉에서 제시하는 것과 짝을 지으면?

(1) 스마트폰의 보급으로 재택근무가 증가하였다.
(2) 올해 환율이 상승하여 외화 차입금의 상환이 어려워졌다.
(3) 장애인 고용을 촉진하는 정책들이 법제화되고 있다.

〈보 기〉

① 경제적 환경 ② 정치 · 법적 환경 ③ 사회 · 문화적 환경
④ 기술적 환경 ⑤ 자원환경

03. 장난감산업에서 고려할 환경요인은 고객 · 디자인 등 몇 개 정도이고, 그것의 변화가 크지 않다. 장난감산업은 환경분류에 따르면 다음 중 어디에 속하는가?

① 단순 · 안정적 – 낮은 불확실성 ② 복잡 · 안정적 – 다소 낮은 불확실성
③ 단순 · 동태적 – 다소 높은 불확실성 ④ 복잡 · 동태적 – 높은 불확실성

04. 불확실성(uncertainty)에 대한 설명으로 적합하지 않은 것은?

① 불확실성이란 기업이 미래를 예측할 수 없는 상태를 말한다.
② 급격한 기술혁신은 기업이 처한 환경적 불확실성을 증가시킨다.
③ 수요가 공급을 초과하는 상황에서는 기업의 불확실성이 증가한다.
④ 기업활동의 글로벌화는 기업의 불확실성을 증대시키는 요인이다.

05. 고용의 탄력성과 관련된 오늘날 고용 상황에 대하여 바르게 설명한 것은?
① 종신고용제의 가능성이 점차 높아지고 있다.
② 고용주들은 종업원의 사기를 생각하여 장기고용을 보장하려 노력한다.
③ 종업원들은 자기가 전문적으로 할 수 있는 일에만 몰두할 가능성이 높아졌다.
④ 고용주들은 고용의 탄력성을 높이기 위하여 비정규직 활용을 늘려 나갈 것이다.

06. 다음 중 기업의 사회적 책임이 대두되는 배경이라 볼 수 없는 것은?
① 기업활동에 대한 대항세력이 등장하였다.
② 소유와 경영의 분리로 전문경영자가 출현하였다.
③ 기업활동이 대형화됨에 따라 영향력이 증대되었다.
④ 보이지 않는 손의 역할이 산업혁명 당시보다 강화되었다.

07. 기업의 사회적 책임에 대한 서술 중 바르지 않은 것은?
① 환경적 불확실성에 대처하기 위해서라도 기업은 사회적 책임을 수행하여야 한다.
② 우리나라 기업은 초윤리적 경영(amoral management)이 가장 많다고 할 수 있다.
③ 고전파 경제학자는 시장원리에 따라 기업의 사회적 책임 수행이 필요하다고 주장한다.
④ 비윤리경영(immoral management)은 윤리나 법률 준수에 대한 관심이 없지만 주주에 대한 책임은 진다.

08. 나이키와 같은 스포츠 관련 기업에서 지방에 있는 소년 스키팀을 재정 지원하였다면 어떠한 사회적 책임을 수행했다고 할 수 있는가?
① 경제적 책임 ② 법적 책임
③ 윤리적 책임 ④ 자선적 책임

09. 미국에서 탈세를 하는 경우 사회적인 지탄을 받고 기업활동을 원활히 하기 어렵고, 세금을 잘 내는 경우 사회적 존경을 받는다. 미국에서 법적으로는 기업의 경영자가 세금을 내지 않아도 되는데, 세원을 찾아서 스스로 세금을 더 냈다면 그런 행동은 주로 다음 중 어떤 요소에 영향을 받은 것인가?
① 구성원 개인의 특성 ② 조직의 특성
③ 내부 환경적 요인 ④ 외부 환경적 요인

마무리 이야기

환경변화와 기업

1919년 설립된 경성방직은 축적된 농업자본이 그 기원이었다. 전라도 고창지방의 대지주였던 김성수 일가는 토지자본을 토대로 산업자본으로 진출한 결과, 경성방직과 삼양사를 포함한 일제 하 민족계 기업들 가운데 최대의 기업집단을 형성했다.

1931년에는 일제시대 또 하나의 큰 기업인 박흥식의 화신상회가 출범했다. 최초의 근대적 상업자본이었던 화신은 1937년 종로에 지하 1층 지상 6층의 근대식 콘크리트 빌딩을 지어 백화점 영업에 나섰다. 사업이 번창하여 비행기회사를 통해 자동차사업에 진출할 의도를 가졌으나, 일본 패망과 함께 쇠락한 기업가가 되고 말았다.

우리나라의 재벌이라 불리는 기업집단이 본격적으로 등장한 것은 1950년대 중반 이후이다. 그때 우리나라 경제는 원조를 기초로 이루어진 경제였고, 원조경제 하에서 이른바 三白산업(면방직, 제당, 제분산업)이라 불리는 소비재중심의 경공업이 발달했다. 당시 우리나라는 물자가 부족한 수요초과의 상태였으므로, 정부로부터 원조물자를 많이 받으면 특별한 경영전략 없이도 돈을 벌 수 있었고, 정경유착은 다반사였다. 1953년 삼성의 주력기업인 제일제당이 설립되고 곧이어 제일모직, 럭키화학, 대한모방, 경남모직, 대한제분, 삼양제당, 그리고 숱한 제분, 면방직회사들이 설립되었다.

삼성이 지금까지 최대의 재벌로 남아 있는 것은 시대의 변화에 따라갈 수 있었기 때문이다. 특히, 1980년대 반도체사업 진출은 오늘의 삼성을 만들게 된 성공작이다. 1950년대부터 자리를 굳힌 또 하나의 재벌그룹은 구인회 회장의 LG이다. 치약과 화장품으로 출범한 LG그룹은 1958년 금성사 설립과 함께 재벌로 도약하기 시작했다. 1960년대에는 건설붐과 함께 정주영 회장의 현대가 약진하기 시작했다. 1967년 시작된 경부고속도로 건설사업을 통해서 현대는 국내 10대 재벌로 진입할 수 있었고, 1970년대의 중동경기와 자동차사업 성공은 다시 최대의 재벌로 도약하는 계기가 되었다. 그 경쟁에서 성공한 기업이 재벌로 남게 된다.

지난 1950년, 1960년, 1970년대를 보면 그러한 순위 변화가 끊임없이 일어났다. 그런데 1980년대, 1990년대에는 그런 변화가 거의 없다가 그것이 한꺼번에 폭발된 것이 1990년대 말의 외환위기라 할 것이다. 1995년 100대 기업 중 47개를 제외한 나머지는 2004년도 순위에서 밀려났다. 대우전자, 대우자동차를 비롯하여 현대건설, LG반도체가 이에 해당된다.

자료 : 김윤환 外, 한국경제의 전개과정, 돌베개, 1981.
MBC, 뉴스데스크 기사 중에서
삼성경제연구소, 연구보고서(2005년)

경영관리 과정

Principles of Management

2부

04

CHAPTER

계획수립

고대 이집트·로마·그리스, 유럽의 중상주의시대에서는 기업활동에 대한 계획과 통제를 국가가 담당하였다. 그 후 중상주의가 무너지고 시장경제로 진입하게 되자, 기업들은 시장(소비자)이 바라는 바에 따라 자신에게 주어진 자원을 창의적이고 혁신적으로 활용하였다. 20세기에 들어서면서 과학적 관리법에서 테일러와 그의 동료들은 계획기능에 큰 비중을 두었다. 동작연구와 시간연구를 통해 정해진 표준은 계획수립과 성과급의 결정에 필수적인 것이었다. 그 후 인간관계를 중시하는 사람들은 다른 경영활동과 마찬가지로 계획에도 구성원들의 참여를 주장하였다.

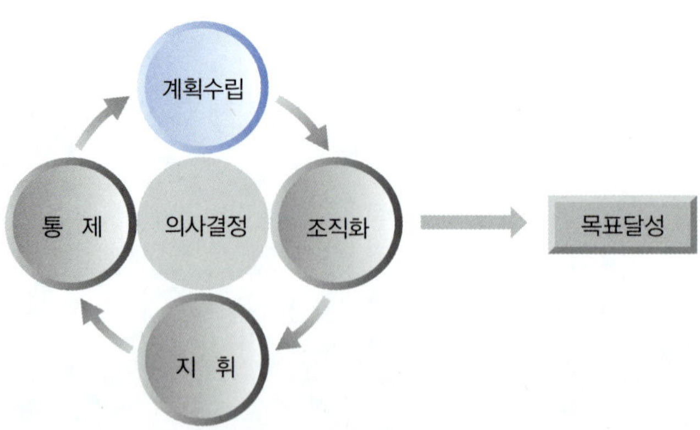
계획수립
통 제
의사결정
조직화
지 휘
목표달성

제4장 계획수립

Ⅰ. 계획수립의 과정

계획수립(planning)이란 기업 내외의 환경을 분석하여 목표달성을 위하여 기업이 무엇을 해야 하는지를 결정하는 과정이다. 계획수립은 경영 과정의 출발점이고, 조직화와 지휘 · 통제의 기초가 된다. 계획수립을 통하여 기업이 나아갈 방향, 수행할 구체적 업무, 업무수행에 필요한 자원, 업무수행의 순서 등이 결정된다.

실제로 계획은 여러 단계로 나뉘어 수립된다. 가장 높은 수준의 계획은 사명을 결정하는 일인데, 이것은 조직구성원들의 행동방향을 결정한다. 다음은 그 목표를 달성하기 위한 종합적인 전략을 수립하는 과정으로, 이를 일컬어 전략계획이라 한

계획수립 과정

사명(mission)	기업이 존재하는 목적
↓	
전략계획(strategic planning)	중 · 장기적인 종합계획
↓	
운영계획(operational planning)	구체적인 실행계획

다. 전략계획을 구체화한 것이 운영계획인데, 이것은 매일매일 해야 할 일들의 내용과 순서를 결정하는 것이다. 조직에서 일반적으로 계획을 수립하는 순서대로 사명, 전략계획, 운영계획을 기술하면 다음과 같다.

1. 사명

조직구성원들이 공유하는 일반적이고도 지속적인 방향감을 사명이라 하는데, 기업의 경우 그것을 통하여 기업의 존재 이유와 목표를 뚜렷이 한다. 사명은 보통 경영이념이나 기업비전이란 형태로 나타나는데, 구성원들의 기본적 철학과 가치관을 담고 있다. 사명과 관련하여 기업에서 자주 거론되는 몇 가지 개념을 살펴보면 다음과 같다.

(1) 사업영역

사명(mission)은 '기업은 무엇을 위하여 존재하는가?' 라는 질문에 답을 줄뿐만 아니라, '기업의 기본적 사업영역이 무엇인가?' 에 관한 질문에도 명확히 답을 할 수 있어야 한다. 기업은 이러한 활동영역을 설정함으로써, 기업의 방향성을 정하게 된다. 이때 기업은 자신이 제공하는 재화나 서비스의 관점에서 사업영역을 결정할 것이 아니라, 고객의 욕구를 고려하여 결정하는 것이 필요하다. 그러면 고객의 욕구변화나 기술발전과 같은 환경변화에 보다 적극적으로 대처할 수 있을 것이다.

예를 들어, 펩시는 '콜라' 시장에서 코카콜라를 한 번도 따라 잡지 못했다. 이것은 펩시가 자신들의 사업영역을 고객이 원하는 '마실 것' 에 맞추지 아니하고, 자신이 제공하는 특정한 '콜라' 에만 국한하여 정의하였기 때문일 수도 있다. 그런 경우 펩시는 경쟁자인 코카콜라와 우위를 다투는 과정에서 '콜라' 라는 틀에서만 제품을 차별화하려 노력할 것이다. 최근 그들은 '마실 것' 을 자신의 사업영역으로 정의하고 드디어 코카콜라를 물리치고 최고의 자리에 올라서게 되었다. 또한 제록스의 경우 고객이 원하는 것은 '복사기'가 아니고 '복사된 서류' 혹은 그것으로부터의 '정보생산'이라는 점에 주목하였고, 고객의 욕구에 맞춰 그들의 사업 영역을 확장하였다.

(2) 기업비전

비전(vision)의 사전적 의미는 마음속에 그려진 미래의 모습이다. 기업비전은 바람직한 기업의 미래상을 표현한 것으로, 구성원들이 모두 달성하길 희망하는 가치이고, 그들이 함께 행동하는 이유이다. 다시 말해 기업비전(corporate vision)은 기업의 궁극적인 목표를 정해주고 기업이 나아가는 방향타 역할을 한다.

기업비전은 기업 내부의 구성원들에게는 희망과 자긍심, 일에 대한 열정을 불러일으키고, 외부 이해관계자들에게는 기업의 방향을 이해시킴으로써 기업활동에 대한 불안과 저항감을 감소시키고 그것을 적극적으로 수용할 수 있는 분위기를 조성한다. 리더의 중요한 역할은 타당한 비전을 제시하고, 구성원을 설득하고 비전을 향해 움직이도록 하는 것이다.

(3) 기업의 가치

사명을 서술할 때 기업의 가치에 대하여 밝히는 경우가 종종 있다. 가치(value)

제록스의 변신

1906년 핼로이드(Haloid)란 이름으로 시작된 제록스(Xerox)사는 원래 인화지와 사진 장비를 제조하던 기업이었다. 1959년 최초로 건식복사기 제록스 914를 내놓으면서 유명해졌다. 복사기 제조업체인 제록스는 복사기를 비롯한 사무기기 생산은 물론이고, 사무기기를 대여하고, 인쇄관리서비스도 제공하고 있다. 제록스사가 복사기나 프린터 등 사무기기의 구입 · 설치 · 운영 · 유지 · 교체를 담당하고, 고객은 단지 자신이 보유한 사무기기에서 출력한 페이지 양에 따라 사용료를 지급한다. 고객이 진정으로 원하는 것은 복사기가 아니라 복사된 서류이고, 더 나가서는 그 서류에서 얻을 수 있는 정보란 점을 주목하고 이를 서비스 사업 모델로 바꾼 것이다.

자료 : dongA.com

란 사람, 사물, 아이디어, 원칙에 대해 부여하는 중요함 또는 우선순위를 의미한다. 현대백화점이 추구하는 가치는 '고객의 생활을 풍요롭게 하는 새로운 미래창조' 에 있고, GS는 '고객과 함께 내일을 꿈꾸며 삶의 가치를 창조한다' 고 선언하고 있다. 기업의 가치 선언은 해당 기업의 전략을 수립하는 과정에서부터 A/S 과정에서 문제가 발생했을 때 담당직원이 취할 행동에까지 영향을 미친다. 이처럼 기업의 가치는 구성원들의 행동과 결정의 기준이 되고, 조직문화를 형성하는 중요한 요인이 된다. 뚜렷한 가치관을 가지고 그것을 실천하는 사람들이 성공하듯이, 건전한 가치관을 확립한 기업은 발전하기 마련이다.

2. 전략계획

전략(strategy)이란 군사 용어로 기업의 목표 달성을 위한 장기적인 종합계획을 의미한다. 기업이 전략계획을 수립하게 된 이유는 기업을 둘러싼 환경과 그 중에서도 고객의 욕구가 매우 다양하고 급격하게 변하고 있기 때문이다. 이러한 환경변화에 대응하기 위하여 지속적인 성장과 발전을 위한 중장기적인 전략경영(strategic management)이 등장하게 되었다. 전략계획은 주로 최고경영층에 의하여 수립되지만, 하위경영자들도 전략계획 수립에 참여하게 된다. 포터(M. Porter)는 경쟁력

전략경영의 유형

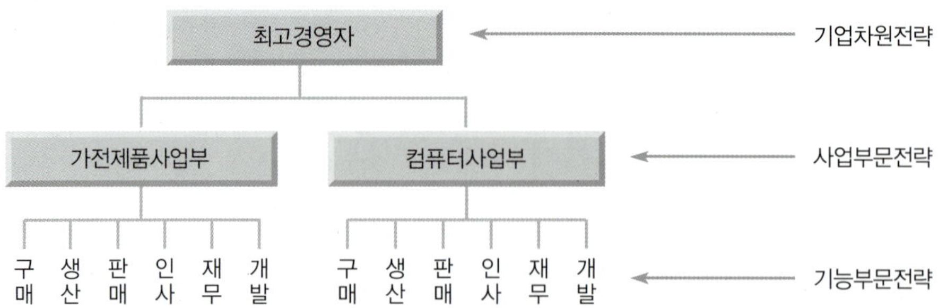

확보를 위한 전략 유형으로 다음 3가지를 제시하고 있다.

(1) 기업차원전략

기업차원전략(corporate-level strategy)이란 조직규모의 확장 · 축소, 새로운 산업으로의 진출 등과 관련된 의사결정이다. 이러한 결정은 현재의 상황과 예측된 미래의 상황을 기초로 이루어진다.

다각화전략

다각화(diversification)란 기업이 속한 산업 이외에 다른 산업으로 진출하는 것을 말한다. 예를 들면, 건설이나 조선과 같은 중공업 위주의 기업이 유통업으로 진

환경분석과 SWOT

계획을 수립하려면 우선 외부환경과 내부환경을 분석하여야 한다. 외부환경분석을 통하여 기업의 경쟁력에 위협(threats)이 될 수 있는 요소들과 앞으로의 성장에 도움이 될 수 있는 기회(opportunities)를 자연스럽게 파악할 수 있다. 또 내부환경을 분석하면 기업 내부의 강점(strength)과 취약점(weaknesses)을 파악하게 된다. 이런 조직 내외의 환경을 파악하는 데 자주 이용되는 것이 SWOT이다.

S 강점	• 기술의 경쟁력 • 제품혁신 능력	W 약점	• 자금력 부족 • 관리능력 부족	내부환경
O 기회	• 신시장 가능성 • 정부정책 변화	T 위기	• 대체재의 증가 • 성장률 감소	외부환경

P. Kotler는 환경부터 분석해야 한다는 의미에서 SWOT보다 TOWS로 불러야 옳다고 주장했다. SWOT는 내부환경을 분석하고 외부환경은 미룬다는 인상 때문이다.

O 기회	T 위기	외부환경 ↓
S 강점	W 약점	내부환경

출할 수 있다. 다각화의 목적은 변화하는 환경에 대응하여 위험을 분산하고, 기업의 경영합리화를 촉진하기 위해서이다. 다각화전략으로 사용되는 기법 중 하나가 합병과 매수(M & A)이다. 합병(merger)이란 한 기업이 다른 기업을 취득하여 하나의 회사로 합하는 것을 말하고, 매수(acquisition)란 다른 기업의 주식을 취득하여 그것으로 그 기업을 지배하는 것을 말한다.

축소전략

축소(retrenchment)전략이란 한 기업이 효과적인 경쟁력을 보유하지 못하는 경우 행하는 전략이다. 축소전략의 하나로 이용되는 것이 기업의 매각이나 기구축소이다. 기구축소(downsizing)는 수익성이 없는 부문을 축소 또는 제거하거나, 계층을 단순화하여 신속한 의사결정을 도모함으로써 능률을 도모하려는 활동이다. 구체적인 실천방안으로는 팀제, 명예퇴직제도, 성과에 의한 급여체계를 들 수 있다. 이런 것들을 통하여 기업은 불필요한 본사의 지원부문을 줄이고, 기업의 계층구조를 축소하며, 중간관리층을 대폭 감소하게 된다.

(2) 사업부문전략

사업부문전략(business-level strategy)이란 하나의 산업 내에서 활동하는 조직이나 기업이 산업 내의 다른 기업에 비하여 경쟁력을 확보하려는 전략이다. 경쟁력 확보를 위한 전략은 다음 세 가지로 구분할 수 있다.

사업차원전략

전 략	강 조 점	전 략 대 상
차별화전략	제품이나 서비스의 고유성	전체 소비자나 지역
원가우위전략	낮은 원가	
집중화전략	집중화	특정 소비자나 지역

차별화전략

경쟁사와 다른 제품이나 서비스를 제공하여 경쟁우위를 확보하려는 것이 차별화(differentiation)전략이다. 제품에 다양한 기능을 추가하거나, 디자인이나 품질을 고급화하며, A/S를 강화함으로써 고객의 선호도를 높인다. 이를 위하여 기업은 경쟁자보다 고객에게 어필할 수 있는 부분을 찾아내는 노력을 계속 한다. 만일 그것이 어려울 경우에는 경쟁의 영역을 변화시켜야 한다. 콜라시장에서 펩시콜라는 만년 2등이었다. 이런 상황을 타개하기 위하여 펩시콜라는 종합음료와 스낵업체로 자신의 영역을 넓혀 나갔고, 결국 코카콜라를 앞지르게 되었다.

원가우위전략

낮은 원가를 유지함으로써 판매가격을 낮추고, 대량판매를 유도함으로써 시장점유율을 높이려는 것이 원가우위(cost leadership)전략이다. 이 경우 품질과 서비스를 경시하지는 않지만 역시 초점은 원가에 두는 것이다. 이때 원가란 생산원가뿐만 아니라 유통비용 등을 포함한 전체적인 원가를 의미한다. 우리나라의 이마트나 미국의 월마트는 원가우위의 저가격정책으로 많은 고객의 창출하였다. 원가우위전략이 성공하려면 대규모의 자본투자, 집중적인 노동관리, 공급업체 유대관계 등 전반적인 요건을 갖추고 있어야 한다.

경쟁의 영역을 바꿔라

우리나라 기업은 일본으로부터 TV 생산 기술을 전수받았다. 우리 기업의 기술력이 높아지면서 일본 기업을 추격했지만 역부족이었다. 마침 디지털과 평판 TV가 주목을 받기 시작하였다. 그때 일본 기업은 최고 화질의 브라운관 TV를 만든다는 강점강화전략을 선택했다. 우리 기업들이 채택한 전략은 일본이 선점한 브라운관시장을 장악할 수 없다면 경쟁 영역을 바꾸는 것이었다. 10년의 개발 기간, 천문학적 연구개발비로 승부수를 띄웠다. 그리고 1998년 세계 최초로 우리 기업은 디지털 TV 개발에 성공했다. 같은 해 미국 백악관에 최초로 설치된 디지털 TV가 삼성 HCH551W였다. 그리고 선진국과 겨루어 과감한 경쟁을 벌여 나갔다. 2004년 CES(세계 최대 전자제품 박람회)에 일본 샤프가 45인치 LCD TV를 출품했는데, 삼성전자는 80인치를 출품했고, LG전자는 55인치를 출품했다. 2009년 디지털 TV시장의 1위는 삼성전자이고, 2위는 LG전자이다.

출처 : SERI 영상 보고서(2009)

집중화전략

기업이 보유하고 있는 자원을 특정 지역이나 특정 계층에 집중적으로 투입하여 경쟁우위를 확보하려는 것이 집중화(cost)전략이다. 10대를 주고객으로 삼는 레스토랑, 건강과 환경에 관심있는 사람을 대상으로 하는 유기농산물 판매점, 몸집이 큰 사람만을 위한 의류 판매점 등이 집중화전략의 사례들이다. 차별화전략이나 원가우위전략이 모든 지역이나 모든 계층을 목표로 한 전략인 반면, 집중화전략은 특정 지역과 소비자만을 대상으로 한다는 특징이 있다.

(3) 기능부문전략

기능부문전략(functional-level strategy)이란 기업 차원의 전략이나 사업부문의 전략 목표를 달성하기 위하여 조직의 각 기능부문별로 행하는 전략이다. 예를 들어, 기업차원전략으로 다각화전략을 수행하려면 많은 자금이 소요되는 데, 재무부문에서는 안정적인 자금확보를 위한 재무전략을 수립하게 된다. 또 사업부문전략의 차별화전략을 수행하기 위하여, 마케팅부문에서는 다양한 제품개발 · 가격결정 · 판매촉진결정 등의 마케팅전략을 수립하게 된다.

3. 운영계획

전략이란 단순히 1년에 1번씩 수립하는 연례적 행사의 산물이 아니다. 기업은 전략계획을 통하여 격변하는 경쟁환경에서 조직이 취해야 할 포괄적인 대처 방안을 제시하게 된다. 따라서 전략계획을 구체적으로 수행하려면 운영계획이 뒤따라야 한다. 운영계획(operating planning)은 전략계획을 구체적으로 실행하기 위한 것으로, 분기별 · 월별 · 주별 · 일별 계획이 이에 해당된다.

부문별 운영계획은 부문 간의 협의를 거쳐서 상호 배치되는 일이 없어야 한다. 그러나 실제에 있어서는 각 부문 간의 이해관계가 달라 의견이 다를 수도 있다. 예를 들면, 생산부문은 최신의 설비투자를 원하는데 재무부문은 자금사정을 들어 난색을 표할 수 있다. 이런 이유에서 운영계획을 수립하는 데에는 하위의 경영자들도 참여하여야 한다. 그들이 계획수립에 참여함으로써 계획이 보다 더 현실적으로 만들어 질 수 있을 뿐만 아니라 문제점들이나 불만사항들을 미리 해소시킬 수 있다. 또 최고경영층의 방침을 보다 더 잘 이해시킴으로써 계획을 집행할 때 자발적인 협조를 얻기가 쉬워진다.

Ⅱ. 계획수립의 실제

1. 환경의 예측

1929년 9월 세계 대공황 바로 직전 저명한 경제학자 어빙 피셔(Irvin Fisher)는 "주가가 높은 시세를 지속적으로 유지될 단계에 도달했다."라고 예측하였으며, 1947년 IBM의 왓슨(T. Watson)은 "컴퓨터 수요는 전 세계적으로 다섯 대 정도 있을 것이다"고 예측하였다. 이처럼 현재를 기초로 미래를 예측하는 것은 매우 힘든 일이다. 하지만 미래의 환경을 올바르게 예측할 수 없을 때에는 올바른 계획을 수립할 수 없으므로, 경영자들은 다양한 방법을 통하여 조직을 둘러싼 환경변화를 예측하고 있다.

(1) 예측기법

예측은 계획수립에 앞서 미래를 가정해보는 과정으로 크게 질적 예측과 양적 예측으로 양분된다. 질적 예측(qualitative forecasting)이란 해당 분야에 정통한 사람들의 의견이나 판단을 근거로 예측하는 것이다. 예를 들면, 증권회사 사장들로부터 올해의 주가가 어느 정도 상승할 것인지에 대한 의견을 모아 올해의 전반적인 증권시장 동향을 예측할 수 있다. 이 방법은 정확한 자료를 수집하기 어려운 경우 주로 활용되는 기법이다.

양적 예측(quantitative forecasting)은 통계적 기법을 이용하여 미래의 결과를 예측하는 방법으로, 과거의 경영활동을 통하여 수집된 자료가 충분할 때 주로 이용된다. 가장 대표적인 방법으로 시계열분석과 회귀분석 등을 들 수 있다. 시계열분석(time series analysis)은 과거의 자료를 기간별로 정리한 후 그것이 미래에 어떤 추세로 나아갈 것인가를 예측하는 것이다. 예를 들면, 과거의 매출액을 가지고 미래의 매출액 추이를 예측하게 된다. 회귀분석(regression analysis)은 특정한 변수가 다른 변수에 미치는 영향을 분석하는 기법이다. 예를 들면, 회귀분석을 통하여 일정 수준의 매출액에 영향을 주는 요인(예를 들면 가격, 광고비)들을 찾아 낼 수 있다. 양적 예측기법은 구체적인 수치를 제시한다는 점에서 매력적이지만, 급격한 환경변화를 경험하는 경우 큰 도움이 되지 못한다는 한계를 가지고 있다. 따라서 양적 예측은 다른 분석기법과 더불어 사용하는 경우가 많다.

(2) 시나리오 플래닝

시나리오 플래닝(scenario planning)이란 미래의 환경변화를 다각도로 분석하여 두 가지 이상의 대응 시나리오를 만든 뒤 특정 상황이 벌어졌을 때 이를 바탕으로 신속하게 의사결정을 하는 경영기법을 말한다. 예를 들어, 향후 환율 하락이 예견되었고 다양한 분석을 통하여 내년도 환율이 30% 하락, 20% 하락, 10% 하락 등의 상황이 도출되었다고 가정하자. 시나리오 플래닝에 따르면 생산, 마케팅, 재무 등 관련 부문 사람들이 모여 향후 각각의 상황에 따라 나타날 수 있는 현상에 대하여 시나리오를 작성하고 대처 방안을 함께 모색하게 된다.

시나리오 플래닝은 불확실성이 심화되는 경영환경에서 위험요인을 최소화하기 위해 강구되고 있는 미래예측법이다. 변화가 닥친 후에 대처하게 되면 많은 손실을 감수하는 경우가 많기 때문에 기업은 여러 상황에 대해 미리 준비된 대안을 가지고 탄력적으로 대처해야 한다는 것이 시나리오 플래닝의 기본적 생각이다. 이 분야의 전문가들은 IMB이 만일 1980년대의 폭발적인 PC 수요와 컴퓨터 네트워크의 잠재성을 제대로 분석하는 시나리오를 개발하였다면 지금 IBM의 위치는 크게 달라졌을 것이라고 말하고 있다.

시나리오 플래닝은 구 소련 붕괴와 9 · 11 테러 사태를 정확히 예견한 미래학자 피터 슈워츠(Peter Schwartz)가 미 공군 소속이던 허먼 칸의 이론을 정교하게 다듬어 경영 현장에 접목한 것이다. 슈워츠는 시나리오 플래닝이 기업이나 정부뿐만 아니라 개인의 일상생활에도 활용될 수 있다고 하였다. 예컨대, 직업을 탐색하거나 대학을 선택할 때, 혹은 배우자를 결정할 때도 시나리오를 활용하여 계획을 수립하고 미래의 상황에 대처할 수 있다.

(3) 벤치마킹

벤치마킹(benchmarking)은 해당 분야의 가장 뛰어난 조직의 제품, 서비스, 고객만족, 연수 과정 등을 연구하여, 자사의 경영활동에 응용하는 과정이다. 벤치마

시나리오 플래닝의 사례

지난 1987년 남아프리카공화국의 앵글로 아메리칸社는 전 세계 전문가들을 불러 의견을 모은 뒤 미래를 예견하는 시나리오를 작성하였다. 사태는 가능성이 가장 희박한 세 번째 시나리오대로 전개되어, 만델라가 대통령에 오르고 백인들도 일정 부분 정권에 협력하면서 대규모의 정치변혁이 일어났다. 시나리오 플래닝의 덕을 톡톡히 본 앵글로 아메리카社가 작성한 시나리오는 다음과 같다.

시나리오1(가장 가능성이 큰 시나리오) 백인 통치체제가 계속 될 것이고 흑인에게 일부 참정권을 부여하면 흑백 갈등은 큰 문제가 되지 않을 것으로 보임. 백인 기업은 현재와 같은 경영 상태를 유지해도 무방함.

시나리오2(두번째 가능성이 큰 시나리오) 백인 통치체제가 계속 되나, 일부 권한은 흑인에게 양도될 것으로 흑백 갈등은 크게 완화될 것으로 보임. 백인 기업은 현재와 같은 경영체제를 유지해도 무방하나 흑인 채용을 약간 늘리는 것이 유리함.

시나리오3(가장 가능성 없는 시나리오) 백인 주도의 정치체제 유지는 불가능하고 흑인정부가 수립될 가능성이 높음.

출처 : 주간매경 1995년 12월 20일.

킹의 기본적 생각은 해당 분야의 최고 기업을 분석하고 모방하면 경쟁에서 이길 수 있는 방법을 찾을 수 있다는 것이다. 이것은 원래 토목공학에서 측량할 때 쓰는 기준점인 벤치마크(bench mark)에서 유래한 용어로, 경영학에서 다른 기업의 우수한 전략을 자사의 경영활동에 응용하는 의미로 발전한 것이다.

오랜 동안 미국 경영자들은 다른 나라 경영자들이 자신들보다 우수한다는 데 동의하지 않았다. 한 때 전 세계 복사기 시장의 80% 이상을 차지했던 제록스도 처음에는 캐논과 리코와 같은 일본 복사기회사의 존재를 인정하지 않았다. 하지만 1970년 후반 일본 기업에 밀려 시장점유율이 35%로 떨어진 후에야 비로소 제록스는 일본 회사들이 미국 회사보다 훨씬 효과적으로 목표 달성을 하고 있다는 사실을 깨달았다. 그들은 1979년부터 경쟁 회사의 제품을 분해하고 그것을 자사의 제품과 비교하여, 자사 제품의 강점과 약점을 파악하고 품질을 개선하였으며 새로운 전략을 세워 경쟁력을 회복하였는데, 이것이 벤치마킹의 시작이다.

그후 벤치마킹의 개념은 점차 확대되어, 경쟁 회사와 비교에서만 이루어지는 것은 아니고, 자사 내의 다른 부문이나 전혀 업종이 다른 기업과의 비교를 통해서도 이루어진다. 벤치마킹은 변화의 방법을 찾아가는 과정이지만, 경우에 따라서는 변화의 분위기를 형성하는데도 매우 유익하다. 이러한 벤치마킹은 새로운 것을 배워 자신의 능력을 키워 가려는 학습조직의 자세가 정립되어 있지 않는 경우 그 소기의 목적을 달성할 수 없을 것이다.

학습조직

학습조직(learning organization)이란 새로운 기술을 습득하고 창조하며 활용하는 기술과 능력을 통해 환경에 능동적으로 대처해 나갈 수 있는 힘을 가진 조직이다. 1980년대 말 미국 MIT대학의 센게(Senge) 교수에 의해 처음으로 제시된 학습조직은 벤치마킹을 체질화하고 환경변화에 유연하게 대응할 수 있는 新경영기법이다. 그는 앞으로는 상품의 질보다 지식 인프라 구축이 기업성패의 관건이라고 하였다.

2. 예산

예산(budget)은 숫자로 표시된 계획으로 자원을 특정한 활동에 배분하는 역할을 한다. 경영자는 수익예산, 비용예산, 자본예산 등과 같이 화폐단위를 매개로 예산을 편성하기도 하고, 노동시간 · 건물 이용시간 · 제품 생산량 등과 같이 화폐단위로 표시되지 않는 예산을 편성하기도 한다. 하지만 우리가 예산이라는 용어를 사용할 때는 화폐단위를 매개로 한 예산을 의미한다. 예산 통제에 대해서는 제7장에서 자세히 다루기로 하고, 여기서는 예산편성 방법에 대하여 살펴보고자 한다.

예산편성 방법에는 전통적 예산편성법과 영기준예산 등 두 가지가 있다. 전통적 예산편성 방법은 전년도 예산을 기준으로 하여 당해 연도 예산을 점차 증가시키거나 점차 감소시키는 방법이다. 전통적 방법에 따르면 자금은 조직의 각 부문으로 배분되고, 부문 경영자는 자신들이 미리 정해놓은 활동에 그 자금을 분배한다. 전통적인 예산편성 방법은 부문 내의 다양한 활동에 대하여 세심한 분석을 하기보다는 각 부문에 자금을 공급하는 데 초점을 맞춘다.

영기준예산(zero base budget system)이란 예산편성에 있어 전년도 예산에 기초하지 아니하고, 조직의 모든 사업이나 활동을 영(0)의 관점에서 재평가하여 우선순위를 정하고 그것을 기초로 예산을 편성하는 방법이다. 영기준예산은 미국의 전자회사인 Texas Instruments사에서 처음으로 개발 · 적용되었다. 이 제도를 통하여 이 회사는 예산편성 과정에서 조직의 활동을 재평가하고, 그 결과에 따라서 전년도 예산을 감액하기도 하고 전액 삭감하기도 하였으며, 작년 수준으로 유지하기도 하고 증액하기도 하였다. 그 후 미국의 39대 대통령(1977~1981)을 역임한 카터(J. Carter)가 조지아주 주지사로 재임할 당시인 1972년부터 주정부에 영기준예산제를 적용하였다. 최근 들어서는 우리나라 기업이나 정부, 지방자치단체 등이 도입을 시도하고 있다.

3. 목표에 의한 관리

계획수립 과정에서 정해지는 목표는 통제의 기준이 된다. 예를 들어, 관련 정보를 분석하여 용인지점의 1월 중 매출목표가 10억으로 정해지면, 그것은 용인지점의 업적을 평가하는 기준이 된다. 또한, 부문의 목표는 구성원 개개인의 목표수립의 기초가 되고, 결과적으로 기업의 자원을 생산적으로 활용할 수 있게 된다. 또한 매출이나 생산목표 등은 경쟁심, 더 높은 목표에 대한 도전의식, 성취감 등을 유발하여 강력한 동기부여의 수단이 되기도 한다.

특히, 구성원들이 계획수립 과정에 참여하는 경우 목표가 주는 동기유발효과는 더욱 극대화될 것이다. 이러한 생각에 기초하여 이루어진 목표에 의한 관리(management by objectives : MBO)는 부하를 계획수립 과정에 참여시키는 관리 시스템이다. 목표에 의한 관리는 제너럴 모터스(GM)에서 처음 시행한 것으로 알려져 있으며, 드럭커가 처음 그 내용을 기술하였다. 이것은 미국이나 일본 기업에서 실행하여 이미 그 효과가 입증된 새로운 경영관리기법이다.

목표와 업적평가 과정의 역기능적 행동

목표는 조직구성원의 업적평가의 기초가 된다. 스스로 목표를 정할 수 있는 경우 구성원들은 그렇지 않은 경우에 비하여 목표달성에 더욱 많은 노력을 하게 되고, 직무만족(job satisfaction)을 경험하게 된다. 하지만 목표는 어떤 경우에도 인간을 긴장하게 하고, 다른 사람들과의 갈등을 유발한다. 그것에 대한 해결 방안으로 구성원들은 조직의 의도와는 맞지 않는 반응을 하는 경우가 있는데, 이것을 소위 역기능적 행동(dysfunctional behavior)이라고 한다. 역기능적 행동은 구성원들이 자신에게 유리한 업적평가를 유도하기 위하여 발생한다.

역기능적 행동은 게임행동과 정보조작 등이 있는데, 게임행동(gaming)이란 구성원이 조직이 원하는 것이 아니라는 것을 알면서도 회계수치의 극대화에 주력하는 행동을 말한다. 예를 들면, 영업담당자의 관심사가 매출액 증가에만 모아지는 경우 장기적인 고객 관계를 해쳐서 회사 전체의 이익을 감소시키는 기만적 행동을 할 수도 있다. 정보조작(information manipulation)에는 여러 가지 수법이 있는데, 그 중에서 유연화(smoothing)가 대표적인 예이다. 유연화에는 내년의 과다한 목표를 피하기 위하여 올해의 실적을 극대화하지 않는 기간별 유연화, 일정액의 목표를 달성한 특정 구성원이 다른 구성원에게 자신의 영업성과를 이전하는 대인별 유연화 등이 있다.

목표에 의한 관리시스템 하에서 상사와 부하들은 함께 목표를 정한다. 상사는 부하들에게 조직의 상위목표를 설명하고, 부하들에게 그들이 목표달성을 위하여 무엇을 할 것인가를 질문한다. 이때 경영자는 종업원들과 일 대 일로 만나, 종업원들의 목표를 확인 · 확정한다. 경영자는 목표를 수립할 때 카운셀러 역할을 하고, 종업원이 목표를 달성하는 과정에서 코치의 역할을 한다. 끝으로 종업원의 업적평가는 자신이 설정한 목표의 달성 여부에 따라 측정한다.

목표에 의한 관리는 전통적인 상사 위주의 지시적 관리가 아니라, 공동의 목표를 설정하여 그것을 이행 · 평가하는 과정에서 부하들의 능력을 인정하는 것이어서 부하들에 대한 동기부여와 사기를 증진시키는 데 도움을 준다. 또한 목표에 의한 관리는 조직 전체의 목표와 하급자의 개별목표를 민주적이면서 효율적으로 일치시킴으로써 조직 전체의 목표달성에 기여하게 한다.

4. 시간관리

모든 일을 실행하기 위해서는 시간이 필요하다. 그러나 시간은 다른 자원과는 달리 한정된 자원이다. 효과적인 경영자들은 시간이 한정된 요소라는 것을 잘 알고 있다. 그는 자기가 맡은 일을 검토하기에 앞서 자신이 사용할 수 있는 시간을 먼저 고려한다. 시간관리(time management)란 희소하고 대체가 불가능한 시간이란 자원을 효과적으로 활용하려는 개인적 차원의 계획수립 과정이다.

(1) 시간관리의 기초개념

코비(S. Covy)는 '성공하는 사람들의 7가지 습관' 이란 책 중 세 번째 습관(소중한 일을 먼저 하라)을 통하여 시간관리의 중요한 개념을 제시하고 있다. 그는 인간의 활동을 중요성(importance)과 긴급성(urgency)이란 개념에 의하여 구분하였다. 중요한 활동이란 우리의 사명, 가치, 우선순위가 높은 목적에 기여한다고 생각하는 활동을 말하고, 긴급한 활동이란 우리나 다른 사람들이 어떤 상황에 즉각적으로 대처해야 하는 활동을 의미한다.

코비는 모든 활동들을 중요성과 긴급성에 의하여 4개의 상한으로 구분하였다. 1상한에 해당하는 급하고도 중요한 일이 닥치면 누구나 전심전력으로 위기 상황을 타개하기 위한 노력을 기울이게 될 것이다. 그것과 정반대의 상황이 4상한에 해당하는 급하지 않고도 중요하지도 않은 일들이다. 성공적인 삶을 사는 사람들은 제3상한 및 제4상한에 대한 시간투입을 자제한다. 그 이유는 여기에 속하는 활동들은 중요하지 않기 때문이다.

긴급하지 않으나 중요한 활동들이 포함된 2상한은 효과적인 자기관리의 핵심으로, 성공적인 삶을 영위하는 사람들은 이것에 보다 많은 시간을 투자한다. 하지만 많은 사람들의 경우 2상한의 일은 당장 급하지 않기 때문에 항상 내일로 미뤄둔다. 일단 내일로 미뤄둔 일은 내일도 역시 급하지 않기 때문에 또 다시 다음날로 미뤄지는 경우가 많다. 실제로 코비의 연구에 따르면 미국의 우량기업에 근무하는 경영자들도 시간의 70% 정도를 3상한에 해당하는 급하기는 하지만 중요하지 않는 일에 쓰는 것으로 밝혀졌다.

	긴급함	긴급하지 않음
중요함	Ⅰ. 필수활동 · 부도위기 · 화재발생 · 임박한 계약체결	Ⅱ. 리더십활동 · 인간관계 구축 · 장기계획수립 · 외국어 익히기 · 건강을 위한 체력 단련
중요하지 않음	Ⅲ. 속임수활동 · 중요하지 않은 휴대폰 받기 · 중요하지 않은 약속 지키기 · 많은 인기 활동	Ⅳ. 낭비활동 · 심심해서 하는 인터넷 검색 · 장기간의 TV 시청 · 지나친 음주와 오락

(2) 바람직한 시간관리

시간을 효과적으로 활용한다는 것은 달성해야 할 목표, 그 목표를 달성하기 위하여 필요한 활동, 그 활동의 긴급성 등을 잘 이해하여야 한다. 시간관리 매트릭스 4가지 상한 중 어느 활동에 중점을 두느냐에 따라 나타나는 양상을 몇 가지 살펴보자.

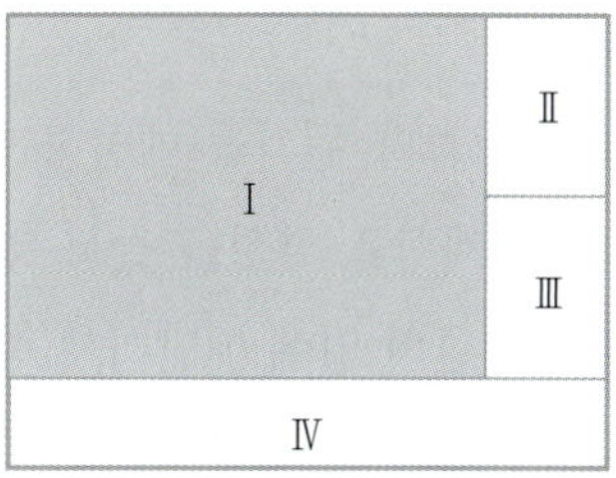

이것은 중요하면서 긴급한 활동 중심의 사람들의 시간관리 방법이다. 1상한의 활동들은 '위기' 혹은 '문제'라고 부른다. 코비는 1상한에만 관심을 둔다면 이것들이 점점 늘어나서 우리를 지배하게 된다고 하였다. 사실은 3상한(급하지만 중요하지 않은 활동)에 속하여 자신이나 조직의 목표에 그리 도움을 주지 못하는 일을 1상한에 속한 것이라 생각하고 자기의 시간의 대부분을 투입하는 경우가 많다. 이들이 이렇게 생각하는 이유는 다른 사람들이 설정하는 우선순위와 기대를 너무 의식하기 때문인 경우가 종종 있다. 1상한 중심의 활동을 하다보면 상당수의 사람들은 이것에 시간을 빼앗기고 피로해진다. 이때 이들에게 매력적인 탈출구는 중요하지도 급하지도 않은 4상한으로 도피하는 것이다. 이것은 하루 종일 중요하고도 급하다고 생각되는 일에 매달리고, 지나친 음주로 하루를 마감하는 우리나라 직장인들이 많이 속하는 유형이다.

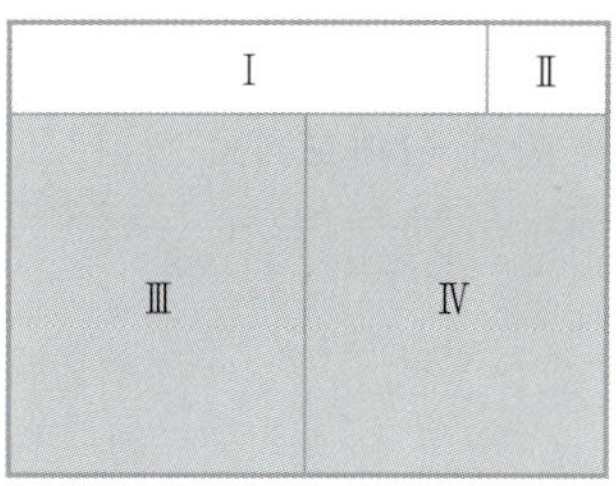

이것은 중요하지 않은 활동인 3상한과 4상한에 해당되는 일로 시간을 보내는 방법으로, 이에 해당되는 사람들은 책임감이 없다. 이렇게 계속 시간을 보내게 되면 직장에서 쫓겨나고, 결국은 의식주를 다른 삶이나 봉사기관에 의존하는 경우가 많다.

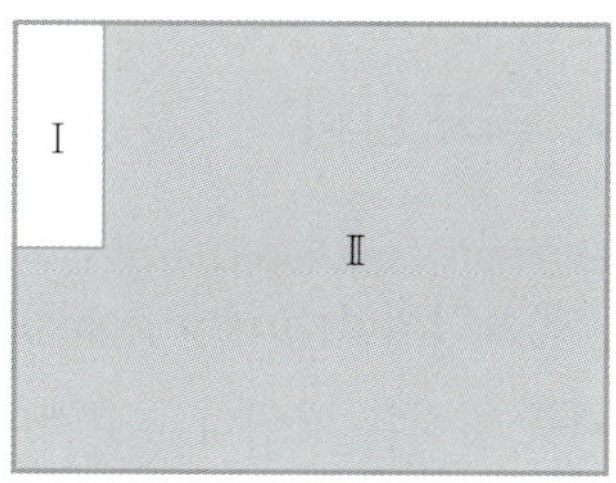

이것은 중요하지만 긴급하지 않은 2상한에 해당되는 일로 시간을 보내는 방법으로, 코비가 말하는 성공적인 삶을 살아가는 사람들의 시간관리 유형이다. 이들 역시 1상한에 속하는 위기와 긴급사태가 있지만, 그 수는 상대적으로 적다. 2상한에 속한 활동에 자신들의 시간을 집중적으로 투자함으로 개인이나 조직의 목표달성을 가능하게 하는 역량을 축적한다. 2상한의 활동을 위한 시간을 확보하는 방법은 3상한과 4상한에 속하는 일을 줄여야 하는 것뿐이다. 따라서 이런 유형의 시간관리를 하려는 사람들에게는 주도성과 결심이 요구된다.

코비에 따르면 2상한 활동은 위기를 우선적으로 해결하기보다 위기를 예방하는 활동이다. 그는 2상한 중심의 시간관리기법의 하나로 주간계획표 작성을 들고 있다. 하루 단위의 일정계획은 긴급히 처리하여야 하는 1, 3상한의 일에 매달리게 하고, 월간단위의 계획은 변화하는 상황을 예측하기 어렵다. 어느 정도 장래를 예측하고, 2상한의 활동을 계획할 수 있는 충분한 시간을 갖기 위해서 주간단위의 계획을 세우는 것이 적합하다.

Ⅲ. 의사결정 과정

경영이란 의사결정 과정이라 할 수 있다. 의사결정 과정을 목표정의, 정보수집, 대안모색, 대안선택 등 4단계로 나누어 필요한 개념들과 함께 살펴보기로 한다.

1. 목표정의

목표정의(defining goals)란 경영활동을 통하여 성취하기를 원하는 것이 무엇인지를 밝히는 것이다. '고객에게 서비스를 잘 하기 위해서는 어떻게 할 것인가?' 라는 목표보다는 '고객이 요청했을 때 20분 이내에 완전히 처리하려면 어떻게 할 것인가?' 가 더욱 명확한 목표이다. 가능하면 측정이 가능한 목표가 조직 성과를 증가시킬 수 있다. 실무에서 자주 사용되는 목표를 열거하면 다음과 같다.

수익성향상

기업에서 목표를 정할 때 널리 사용되는 것이 수익성(profitability) 향상이다. 경영자들은 이익 그 자체보다는 비율로 표시된 이익에 관심이 많다. 매출액순이익, 주당순이익, 자기자본수익률(return on equity) 등이 그것이다. 만족스런 수익성 지표는 특히, 주주나 채권자들의 신뢰를 얻는 데 가장 중요한 기준이 된다.

생산성향상

생산성(productivity)은 조직의 효율성과 유사한 개념이다. 주어진 투입물을 가지고 보다 많은 산출을 한 기업은 보다 생산성이 높은 기업이다. 우리나라 한 광업소의 지난 2004년 채탄원 1인당 석탄 생산량은 7.0t이었고, 2009년 생산량은 8.6t으로 크게 늘어났다. 이런 경우 광업소의 2009년의 생산성은 2004년 생산성보다 높아진 것이다. 자동차회사에서 1인당 1년 자동차 생산 대수, 은행에서 한 명의 텔러가 응대하는 고객의 수 등은 생산성기준을 활용한 사례이다.

성장

1960년 미국에서는 종업원을 보다 많이 고용한 기업이 성장하는 기업이라고 믿었다. 오늘날 상황은 많이 변하여 많은 기업들이 생산량의 증가, 수익의 증가, 시장점유율의 증가 등은 성장의 지표로 널리 사용되고 있다. 예를 들면, 디지털 TV 매출액이 계속 성장하여 세계 최고의 시장점유율을 확보한 우리나라 전자회사는 성장의 목표를 달성한 것으로 평가한다.

품질향상

경쟁이 치열해짐에 따라 제품이나 서비스를 생산하는 어떤 생산자도 현재의 고객에 대하여 안심할 수 없다. 아무리 높은 고객만족도를 가지고 있는 기업의 경영자들도 자신의 제품이나 서비스가 경쟁자들에게 뒤질지도 모른다는 생각하고 있다. 이런 고객만족과 밀접한 관계를 갖고 있는 효과성 측정기준이 품질(quality)이다. 품질은 기업 내부의 생산 과정뿐만 아니라 고객의 판단까지 포함하는 개념이다.

2. 정보수집

경영자의 의사결정은 정보를 근거로 하여 이루어진다. 정보의 도움 없이는 효과적인 계획수립이 어려우며, 업무수행에 대한 통제활동도 불가능해진다.

(1) 정보의 유용성

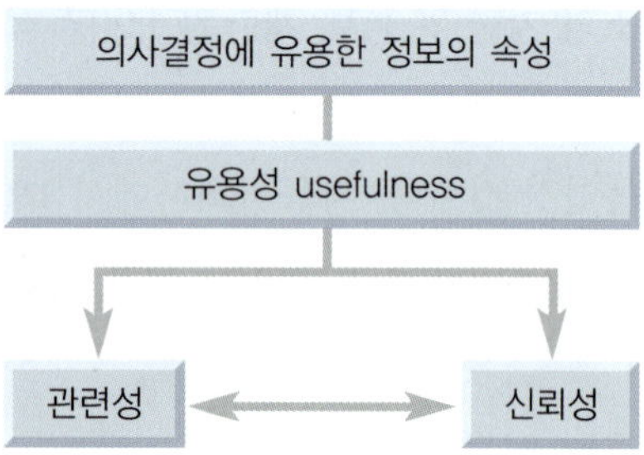

목표가 명확히 정의되면, 그것과 관련된 유용한(useful) 정보를 가능한 많이 수집해야 한다. 이때 의사결정에 필요한 정보를 관련성 있는(relevant) 정보라고 한다. 물론 정보는 믿을만한(reliable) 것이어야 한다. 아무리 관련성 있는 정보라도 그것이 신뢰할 수 없을 때에는 의사결정에 유용한 것이 되지 못한다.

정의된 의사결정 목표는 관련성 있는 정보가 무엇인지 결정하게 해준다. 한 레스토랑에서 '3분 내에 고객의 주문에 응한다'는 목표가 결정된 경우 3분 안에 요리가 가능한 햄버거, 치킨, 샐러드 등의 정보는 관련성이 있지만, 조리하는데 10분이 소요되는 피자에 관한 정보는 관련성이 없다.

(2) 자료, 정보 및 지식

자료(data)는 정보를 생산하는 원재료와 같은 것으로, 숫자 · 단어 · 소리 등이 이에 속한다. 이러한 자료를 이용 목적을 위해 체계적으로 정리된 것이 정보(information)이다. 예를 들면, 화폐액(자료)을 정보이용자들의 요구에 따라 정리한 것이 회계정보이고, 소리에 의미를 부여하여 특정한 시스템에 따라 조합한 것이 음악이라는 정보이다.

자료와 정보가 이런 차이가 있음에도 불구하고 이것들이 자주 혼용되는 이유는 어떤 사람에게 정보인 것이 다른 사람에게는 단지 자료에 불과하기 때문이다. 예를 들어, 어느 회사가 갖고 있는 수많은 고객의 이름 · 주소 · 구입량 등은 판매원에게는 정보일 수 있지만, 수많은 판매원들을 거느리고 있는 마케팅부장에게는 단지 자료에 불과하다. 그 양이 너무 많아 유용성이 적기 때문이다. 마케팅부장에게는 그

한 조각의 정보에 의한 의사결정

미국의 심리학자 차알디니에 따르면 복사를 하기 위해 줄을 선 사람들에게 '죄송합니다. 복사기를 먼저 쓸 수 있을까요?(Excuse me. I have five pages. May I use Xerox machine?)' 라고 말하면 60%의 사람들이 양보를 해준다고 한다. 그런데 '죄송합니다. 제가 좀 급하기 때문에 복사기를 먼저 쓸 수 있을까요?(Excuse me. I have five pages. May I use Xerox machine because I am in a rush?)라고 말하면 94%가 양보하고, '죄송합니다. 제가 복사할 것이 있기 때문에 복사기를 먼저 쓸 수 있을까요?(Excuse me. I have five pages. May I use Xerox machine because I am in a rush?)라고 말하도 93%가 양보한다고 한다. 뒤의 부탁은 사실 아무런 이유를 제시하지 않음에도 불구하고, 단지 왜냐하면(because)란 단어가 나오면 사람들은 양보를 결징한다는 사실을 보여준다.

복잡하고 빠르게 변하는 사회에서 우리는 완벽한 정보를 수집해서 의사결정을 하는 경우는 드물다. 보통 한 두 가지 정보를 통해 의사결정을 하는 경우가 많다. 비싼 것은 품질이 좋을 것이란 고정관념으로 물건을 사기도 하고, 전문가의 말을 맹신하기도 한다. 이런 방식에 따라 우리는 큰 문제 없이 살아가지만, 가끔 그런 스타일의 의사결정은 그것을 이용하는 사람들의 희생물이 되기도 한다.

출처 : 설득의 심리학, 치알디니, 21세기북스, 2005.

자료가 상품별 · 지역별 · 판매원별로 정리 · 분석된 후에 비로소 정보가 될 수 있다.

한편 지식(knowledge)이란 자료나 정보가 경험이나 특정 상황과 결합함으로써 생성되는 타당성이 검증된 정보이다. 주식시장에서 한 투자자보다 다른 투자자들이 보다 많은 수익을 얻는 것은 자료나 정보를 상황과 결합할 수 있는 오랜 경험에 기초한 금융지식을 보유하고 있기 때문이다. 그런 의미에서 경영학자 드러커는 정보는 책이나 데이터 뱅크 속에 머물러 있는 것인 반면에 지식은 사람이 갖고 다니며 사람에 의해 창조되고 적용되며 전달되는 것이라고 하였다.

(3) 경영정보시스템

조직의 규모가 커질수록 체계적 정보수집과 처리기능을 수행할 수 있는 공식적 시스템이 필요하다. 이러한 기능을 일반적으로 경영정보시스템이 담당하게 되는데, 경영정보시스템(MIS : Management Information System)이란 기업의 다양한 의사결정이 능률적이고 효과적으로 수행될 수 있도록 경영자가 필요로 하는 자료를 수집 · 분류하여, 적합한 정보를 제공해 주는 통합된 시스템을 말한다.

경영정보시스템 중에서 가장 오래되고 널리 이용되는 것이 회계정보시스템(AIS : Accounting Information System)이다. 회계정보시스템은 재무정보를 작성하고, 각종 회계 거래 자료의 수집과 처리를 담당하는 시스템이다. 경영정보시스템은 조직에서 활용되는 모든 정보를 대상으로 하는 데 비하여, 회계정보시스템은 경영정보 중에서 화폐로 표시되는 재무자료를 주요 대상으로 한다.

3. 대안의 모색

환경을 분석하여 목표가 명확히 정의되고, 그것과 관련된 정보가 수집되면 목표를 달성할 수 있는 여러 가지 대안(alternatives)을 모색하게 된다.

(1) 대안분석 과정

한 레스토랑에서 3분 안에 고객의 주문에 응하는 대안으로 ① 조리 인원의 보강, ② 기존 창구 인원의 활용, ③ 조리 방법의 개선, ④ 메뉴의 변경 등을 모색했다고 가정하자. 경영자는 각 대안의 제약요건(고객만족, 종업원만족, 경비)을 고려하여 각 대안들과 정의된 목표달성과의 관계 등을 예측한다.

이때 주의할 점은 일반적이고 확실한 대안에 대하여 너무 성급한 결론을 내리지 말라는 점이다. 환경이 급변하는 상황에서 확실한 대안이나 과거부터 해 왔던 관행이 별로 효과적이 못하다는 사실이 점차 밝혀지고 있다. 혁신적이고 창의적인 대안의 중요성이 점차 증대됨에 따라 제시되는 것 중 하나가 브레인 스토밍이다.

(2) 브레인 스토밍

조직구성원은 종종 상황을 완전히 이해하지 못하거나 문제가 무엇인지도 모른다. 이런 문제점을 타개하기 위한 집단의사결정 기법이 브레인스 토밍이다. 브레인 스토밍(brain storming)은 다양한 지식을 갖고 있는 사람들이 모여 주어진 주제에 대하여 자유롭게 토론함으로써 창의적인 아이디어를 생산하기 위한 회의기법이다.

예를 들어, 한 도시에서 관광객 유치를 위한 브레인 스토밍을 한다고 가정하자. 그 결과 조직구성원들은 현재 상황, 문제점, 그것을 타개할 해결 방안 등을 알게 된다. 브레인 스토밍은 마케팅, 광고, 기타 다양한 분야에서 새로운 아이디어를 얻기 위하여 활용되는 기법이다. 하지만 이 방법의 특성상 제시되는 아이디어를 평가하거나 순위를 매기지 못하기 때문에, 쉽게 결론에 도달할 수 없다는 문제점을 가지고 있다.

4. 대안의 선택

경영자는 내부조건이나 외부환경을 고려하여 목표달성에 가장 적합하다고 예상되는 최적의 대안을 선택하게 된다. 경영자가 의사결정을 하는 데는 다음과 같은 다양한 기법이 이용된다.

(1) 과학적 방법

경영자는 다양한 의사결정에 과학적 방법을 활용한다. 경영자가 활용할 수 있는 방법은 실험실 안에서 반복적으로 실험할 수 없는 경우가 많다. 그는 상이한 의사결정을 내릴 때 나타나는 결과를 통계학, 수학, 컴퓨터 시스템, 기타 다양한 학문적 결과를 활용하여 미리 추정해 볼 수밖에 없다.

(2) 전문가의 도움

전문경영자는 모든 분야의 전문가가 되기는 어렵다. 그러므로 경영자는 의사결정을 하기 전에, 관계되는 분야의 전문가들과 협의하고 또 전문적 조언을 받아야 한다. 경영자가 자체적으로 수집한 정보와 전문가의 의견을 종합하여 의사결정을 하면, 의사결정의 수준이 상당히 향상될 수 있다. 경영자가 가장 편리하게 활용할

브레인 스토밍

브레인 스토밍이란 창조성을 확장하는 방법 중 하나로 가능한 여러 사람이 가능한 많은 대안을 제시하게 하는 데 활용하는 기법이다. 브레인 스토밍을 하는 규칙은 아래와 같다.

① 다른 사람들의 의견을 비판하지 않는다. No judgement allowed.
② 의견의 질보다 양이 중요하다. Go for quantity, not quality.
③ 의견이 엉뚱한 것일수록 좋다. The stranger the idea, the better.
④ 다른 사람의 의견에 덧붙여도 좋다. Piggyback add on someone else idea.

수 있는 전문가들은 회사 안의 인재들인데, 이들의 도움으로 부족할 경우 외부 전문가들을 활용하게 된다.

(3) 정치적 과정

조직 내의 의사결정에 참여하는 사람들의 의견, 판단, 이해관계 등이 서로 다른 경우 정치적 과정을 통하여 결정을 내리는 경우도 있다. 신제품 판매정책을 예로 들어보자. 마케팅 담당자는 고객을 보다 많이 확보하기 위하여 외상에 의한 판매 확대를 주장하는 반면, 재무 담당자는 자금 회수의 지연으로 인한 문제를 이유로 제한적인 신용정책을 요구하는 경우가 있다. 이런 경우 신제품에 대한 신용정책은 그들 사이의 교섭, 협상, 절충 등을 통해 결정된다.

(4) 경영자 개인의 능력

의사결정에 대한 예측이 정확하고, 정보가 충분하며, 전문가들의 의견도 거의 일치하는 비교적 쉬운 의사결정도 있다. 하지만 능력 · 시간 · 비용 등의 제약 때문에 충분한 정보를 수집할 수 없고, 전문가의 의견도 충분하지 않으며, 당면 문제가 새로운 것이어서 참고할 만한 과거의 사례도 없이 의사결정을 해야만 하는 경우가 있다. 그런 경우 경영자는 상상력과 창의적 사고능력 등에 의존하여 의사결정을 할 때도 있다. 사이먼(H. Simon)은 우수한 전문경영자들의 판단을 직관이라고 하였다.

직관(intuition)이란 오랫동안의 평가나 분석 없이 갑자기 떠오른 생각이나 아이디어이다. 사이먼은 직관은 단순한 육감과는 다르다고 했다. 육감(hunch)은 덜 다듬어진 비이성적 결정이나 감성적인 행동을 뜻한다. 직관은 빠르게 떠오르는 영감이지만, 그것은 광범위한 경험에서 오는 이성적 판단이다. 경영자들이 직관에 따라 중요한 결정을 내리는 경우가 많은데, 그런 의사결정 능력을 키우기 위해서는 많은 경험을 쌓아야 한다. 고도의 전문성이 뒷받침될 때 직관에 의한 판단이 타당성을 갖는다. 세계적 기업의 오늘은 경영자들의 오랜 경험에 따른 직관의 산물이다.

연습문제

01. 계획수립에 대한 설명으로 적합하지 않은 것은?
① 운영계획이란 전략적 계획의 하위개념이다.
② 운영계획이란 환경이 급변하기 때문에 필요하다.
③ 계획을 수립하면 미래의 불확실성에 대비할 수 있다.
④ 계획을 수립하면 통제가 용이해진다.

02. 계획수립 과정에서 가장 먼저 해야 할 일은?
① 각종 대체안의 결과 예측 ② 운영계획의 수립
③ 사명의 수립 ④ 전략적 계획의 수립

03. 사명에 대한 설명 중 틀린 것은?
① 기업의 존재 의미 ② 기업의 기본 사업영역
③ 전략을 기초로 결정 ④ 기업비전으로 표현

04. 전략적 의사결정에 관한 설명 중 적합한 것은?
① 의사결정사항이 대부분 수량화가 용이하다.
② 현장경영자에 의해 이루어진다.
③ 단기적인 관점에서 이루어진다.
④ 일반적으로 환경 불확실성 하에서 이루어진다.

05. 기업의 계획수립기법에 관한 다음 설명 중 바르게 된 것은?
① 영(0)기준예산은 전년도 예산을 기초로 편성되는 예산이다.
② 오늘날의 벤치마킹은 업종이 다른 기업 간에도 빈번히 이루어진다.
③ 시나리오 플래닝은 정부와 같은 공적 조직에서만 사용되는 기법이다.
④ 시계열분석과 같은 양적 예측은 불확실성이 큰 장기 예측에 주로 쓰인다.

06. 목표에 의한 관리(management by objectives : MBO)에 관한 설명 중 바른 것은?
① 최고경영자에 의하여 목표가 결정된다.
② 드럭커가 제안한 방법이나 아직 실시한 기업은 거의 없다.
③ 목표를 달성하지 못하는 경우 징계의 공평성을 위해 주로 사용된다.
④ 조직의 목표를 명확히 설정함으로써 관리의 효율성을 증대시키기 위한 기법이다.

07. S. Covy는 사람의 활동을 중요성과 긴급성이란 기준으로 4가지로 분류하였다. 코비가 효과적 자기관리의 핵심으로 생각한 활동은 어느 것인가?
① 중요하면서 긴급한 활동 ② 중요하지만 긴급하지 않은 활동
③ 중요하지 않지만 긴급한 활동 ④ 중요하지도 긴급하지도 않은 활동

08. 포터(M. Porter)는 경쟁력 확보를 위한 전략으로 차별화전략, 원가우위전략, 집중화전략을 들고 있다. 라면업계를 예로 들어 설명한 것 중 잘못된 것은?
① 위험감소를 위해 다른 업종인 생수산업으로 진출하는 것은 차별화전략이다.
② 라면 스프를 만드는데, 유기농 채소를 원재료로 사용하고 가격을 인상한 것은 차별화전략이다.
③ 차별화전략 · 원가우위전략은 우리나라 전체 시장을 대상으로 하는 데 비하여, 집중화전략은 일부 시장을 대상으로 한다.
④ 10대 시장만을 위하여 맵지 않은 라면을 만드는 것은 집중화전략이다.

09. 의사결정에 대한 다음 설명 중 올바른 것은?
① 사이먼(H. Simon)은 좋은 정보에 의한 의사결정의 완전한 합리성을 강조하였다.
② 자료(data)는 정보(information)를 의사결정에 적합하도록 가공한 것을 말한다.
③ 회계정보시스템(AIS)은 컴퓨터를 이용한 회계처리시스템만을 의미한다.
④ 명확하게 결정된 의사결정 목표는 수집할 정보의 종류를 결정하게 해준다.

10. 브레인 스토밍(brain storming)에 관한 설명으로 잘못된 것은?
① 자유롭게 의견을 말하도록 하기 위하여 다른 사람들의 의견을 비판하지 않는다.
② 많은 대안을 확보하기 위하여 의견의 질보다 양이 중요하다.
③ 창조성 확보를 위하여 의견이 엉뚱한 것일수록 좋다.
④ 독자성 확보를 위하여 다른 사람의 의견에 자신의 의견을 덧붙여서는 안 된다.

마무리 이야기

100년 콜라 전쟁, 싸움의 장을 바꾸다

코카콜라는 1886년 미국의 조지아 애틀란타시 펨버튼(J.S. Pemberton)이란 약사가 두통약 겸 소화제로 개발한 음료에서 비롯된다. 한편 펩시콜라는 노스캐롤라이나주 뉴번의 브래덤(C. Bradham)이라는 젊은 약사에 의하여 개발되었다. 이 두 회사는 근 100년의 판매 경쟁을 벌여 왔는데 펩시는 만년 2등을 기록하였다. 1996년 코카콜라와 펩시의 미국 시장점유율이 각각 42%, 31%로 과거 20년간 최대 격차로 벌어졌다. 그리고 펩시가 앞서 있던 러시아, 중남미 등 신흥시장에서도 점유율이 역전되자 당시 코카콜라 CEO는 "펩시에 대해 더 이상 신경 써야 할 필요를 느끼지 못한다."는 자신감을 피력했다.

이때 펩시는 선도기업인 코카콜라와 동일시장을 놓고서 소모적인 경쟁에 몰두하기보다는 새로운 '경쟁의 장'을 창출하는 것이 중요하다는 점에 착안하여 'Re-Inventing Pepsi'라는 모토 아래 체계적인 전략을 수립하였다. 주력 부분인 음료부문은 웰빙 트렌드에 발맞추어 탄산음료의 비중은 줄이고, 주스와 스포츠 음료 등으로 제품군을 조정하였다. 그에 따라 1998년 주스업체 트로피카나, 2001년 게토레이를 생산하는 퀘이커오츠를 인수했다. 실제 전체 음료시장 중 탄산음료 소비량의 비중은 2004년 28.7%까지 늘었으나, 2005년부터 마이너스 성장에 돌입하였다.

이러한 새로운 영역으로의 진출은 '몸에 나쁜 탄산음료를 만드는 기업'이란 이미지를 완화시키고 종합음료 및 스낵업체로 거듭나게 된 것이다. 카페인 스낵, 딸기맛 치토스 등 연간 200종 이상의 독특한 스낵 신제품을 지속적으로 출시했고, 히스패닉 시장을 겨냥해 출시했던 스낵 '도리토스 과콰몰라'는 백인 소비자들에게 좋은 호응을 받아 전체 시장으로 확대되었다. 특히 제품 포지셔닝을 웰빙으로 잡고 메이저 스낵 회사로는 최초로 2003년부터 모든 스낵 제품에서 트랜스 지방을 제거하고, 2007년에는 해바라기유를 사용해 포화지방 함량을 50% 이하로 낮췄다.

새롭게 창출된 경쟁의 장으로 들어간 만년 2등 기업, 펩시는 2008년 매출액 433억 달러로 네슬레에 이은 세계 2위의 종합식음료기업으로 대변신하였다. 그리고 글로벌 금융위기가 본격화됐는데도 10%의 굳건한 매출성장을 기록했다. 반면 코카콜라의 경우 같은 해 매출이 319억 달러에 그쳐 100억 달러 이상 격차가 크게 벌어졌다.

자료 : SERI 경영 노트, 만년 2등 기업, 펩시의 대변신, 삼성경제연구소, 2009.

05

CHAPTER

조직화

Ⅰ. 조직화의 기초개념

Ⅱ. 조직구조

Ⅲ. 조직문화

조직화란 조직목표를 달성하기 위하여 수립한 계획을 실제 행동으로 옮기는 데 필요한 준비 과정이다. 조직화(organizing)와 충원(staffing)은 동전의 앞뒤와 같아서 함께 논의되어진다. 인간의 몸에는 뼈대가 있어서 신체의 기본적인 골격을 형성한다. 조직의 기본적 골격을 형성해 주는 뼈대가 조직구조라고 한다. 한편 조직문화는 조직에 힘을 주는 근육에 비유할 수 있다. 뼈가 몸의 구조를 형성하는 것이지만 그것에 근육이 없다면 소용이 없는 것처럼, 잘 설계된 조직구조는 제대로 된 문화가 있을 때 조직은 제 기능을 발휘한다.

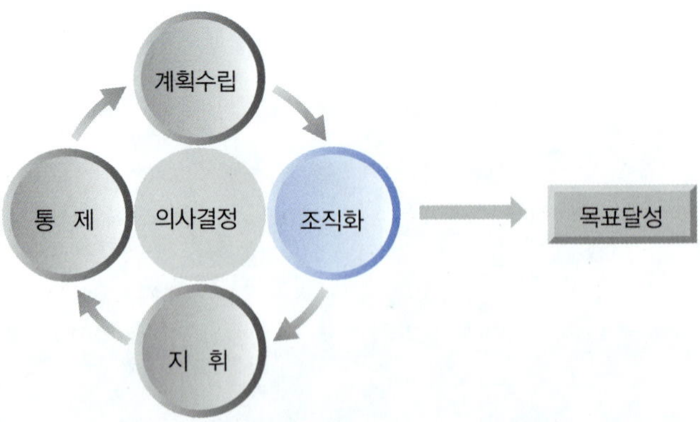
계획수립
통 제
의사결정
조직화
지 휘
목표달성

제5장 조직화

Ⅰ. 조직화의 기초개념

현대 사회는 조직의 사회이다. 한 사람이 태어나서 무덤에 갈 때까지 그는 조직에서 벗어날 수 없다. 병원이라는 조직에서 태어난 어린아이는 학교조직을 거쳐 어른이 되고 사회에 나가면 산업조직 · 군대조직 · 비영리조직 · 연구소 등의 조직에서 평생을 보낸다. 이러한 조직은 피상적으로 보면 모두 유사한 것처럼 보이나, 조직의 목적 · 조직이 처한 환경 · 경영자와 구성원 등 여러 요인의 차이로 인하여 똑같은 형태의 조직은 찾아볼 수 없다. 이처럼 조직의 형태가 다른 이유는 조직이 처한 상황에 따라 조직의 설계를 달리하기 때문이다.

1. 조직화의 의미

조직목표 달성에 적합하게 조직의 구조를 설계하는 것을 조직화(organizing)라 한다. 다시 말해 조직이 수행할 과업을 체계적으로 나누고, 분할된 일을 수행할 구성원들에게 권한을 부여하며, 아울러 각 구성원이나 집단들에 의해 수행된 과업을 조직의 목표달성을 위해 효과적으로 결합시키는 일련의 과정을 조직화라 할 수 있다.

(1) 목표와 조직화

앞장에서 우리는 계획수립이란 조직의 사명을 달성하기 위하여 전략적 목표와 운영계획을 수립하는 과정이라는 사실을 학습하였다. 우리가 어디를 향하여 가고(사명), 어떻게 그곳에 도착해야 하는지(전략)를 알아야 그런 목표달성에 적합한 조직설계(organizational design)를 할 수 있다. 다시 말해 효과적인 조직화를 위해서는 사명, 전략, 운영계획이 전제되어야 한다.

조직설계를 거쳐 조직은 나름대로의 모양을 갖추게 되는데 이를 조직구조(organizational structure)라고 한다. 따라서 조직구조란 조직을 구성하고 있는 부분들 간의 관계나 조직의 목표달성에 필요한 여러 가지 업무들 사이의 상호관련성에 의해 생겨난 비교적 안정적인 조직의 짜임새라고 정의될 수 있다. 조직설계는 주변 환경에 적합한 짜임새를 구상하는 과정이고, 조직구조는 그 구상의 결과라 할 수 있다.

조직구조의 설계

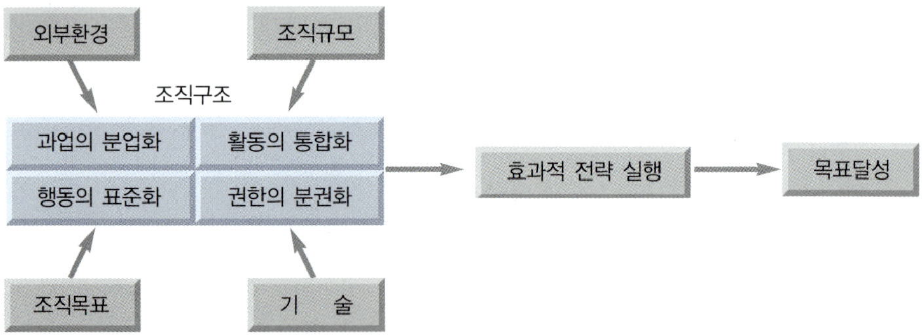

집을 지울 때는 나무, 시멘트, 못, 철근 등의 재료가 필요하다. 그런데 같은 재료를 사용하더라도 주변의 환경에 따라 집의 모양이 달라진다. 조직구조도 기본이 되는 분업화 · 통합화 · 표준화 · 분권화 등의 구성요소는 어느 경우에나 필요하지만, 상황요인에 따라 이것들을 어떻게 조합하느냐에 따라 다른 조직구조를 이룬다.

(2) 전략에 의한 조직화—GM의 사례

효과적인 목표달성을 위하여 경영자는 전략에 적합한 조직을 설계하여야 한다. 경영사(經營史) 학자 챈들러(A. Chandler)는 듀퐁, 제너럴 모터스, 스탠다드 오일과 같은 성공적 기업의 성장 과정을 연구하였다. 그 결과 성공적인 기업들은 전략을 바꿀 때, 조직구조를 변경했다는 사실을 발견하였다. 그 대표적인 사례가 제너럴 모터스이다.

20세기초 포드社는 미국의 자동차시장의 55%를 지배하고 있었다. 포드와 경쟁하기 위하여 5개의 자동차회사—시보레, 올즈모빌, 폰티악, 뷰익, 캐딜락—가 힘을 합쳤다. 그들의 전략은 서로 다른 모델의 자동차를 고객에 제공하여, 고객의 다양한 욕구를 맞춰주는 것이었다. 이러한 전략을 수행하기 위하여 그들이 창안한 구조는 5개의 사업부를 가진 하나의 조직이었다. 각 사업부는 생산이나 판매부문을 갖추고 사업부 경영자의 책임 아래 마케팅활동을 벌이되, 전반적 회사 방침과 자금이나 예산편성 등에 대해서는 본부의 감독을 받았다. 그 결과 GM의 시장점유율은 1924년의 18.8%에서 1927년 43.3%로 증가하였다. 전략을 효과적으로 수행할 수 있는 조직구조를 설계함으로써, GM은 포드를 앞질러 미국 최대의 자동차회사가 되었다.

2. 조직설계의 구성요소

조직이 목표달성을 위해 조직화하는 과정에서 고려해야 할 구성요소는 다음과 같다.

(1) 과업의 분업화

기업 초창기에는 창업자 혼자서 모든 업무를 처리할 수 있으나, 기업의 규모가 점차 커지면 창업자는 도와 줄 수 있는 사람들을 구하여 일을 적절히 배분한다. 과업의 분업화란 조직구성원들이 수행해야 할 과업의 범위를 결정하는 일이다. 분업이 이루어질수록 생산성이 향상되나, 일정한 정도를 지나면 분업화에 따른 생산성은 멈추거나 하락한다. 분업을 어느 정도 유지해야 하는 지는 주어진 상황에 따라 다르다.

(2) 조직활동의 통합

과업이 분업화하여 업무가 여러 사람들에 의하여 처리되지만, 조직 전체 목표달성을 위하여 유사하거나 관련이 있는 업무끼리 묶어 통합(integration)할 필요가 있다. 이와 같이 직무 담당자들을 집단화시켜 동일한 경영자의 감독을 받도록 하는 것을 부문화(departmentization)라 한다. 예를 들면, 채용, 배치, 교육훈련, 승진, 퇴직, 안전관리, 노사관계 등을 담당하는 사람들은 인력담당 부장의 책임 아래 인적자원관리 부문을 구성하고 기업 구성원들을 관리하는 역할을 담당한다. 또한, 원자재와 부품구입, 품질관리, 생산계획수립 등을 담당하는 사람들은 생산운영관리 부문에서 기업의 생산을 책임지게 된다.

조직화의 과정

과업의 분업화	구성원들이 수행할 과업의 범위 결정
조직활동의 통합	유사하거나 관련 있는 업무끼리 묶어 담당자를 집단화
조직활동의 조정	과업을 수행하는 구성원들의 행동이 통합될 수 있도록 유도
의사 결정의 분권화	의사결정의 권한위양 → 집권화, 분권화의 결정

(3) 조직활동의 조정

조직의 부문화가 진행될수록 각 부문은 상호 의존성을 갖는 다른 부문들과의 관계를 조정할 필요가 있다. 왜냐하면, 조직 내에서 개인이 과업을 충실하게 수행한다고 하더라도, 그것은 조직 전체의 과업 중 일부에 지나지 않으므로 큰 의미를 갖지 못하기 때문이다.

규모가 작은 조직에서는 직접적이고 즉각적인 의사소통을 통해서 각자의 일이 조직의 목표에 기여하도록 조정을 할 수 있다. 하지만 규모가 커지게 되면 비공식적 의사소통에 의한 조정은 시간이 많이 드는 과정이 된다. 그런 경우 조직은 특정한 사람으로 하여금 다른 사람에게 명령을 내릴 수 있는 권한을 주는 공식적 계층(formal hierarchy)을 마련한다. 권한을 위양 받은 상급자들은 하급자들의 행동이 조직의 목표에 일치하도록 명령함으로써 조정을 하게 된다.

조직활동을 조정하는 마지막 방법은 각 사람의 업무수행 방법을 표준화(standardization)하는 것이다. 업무수행 방법이 표준화되지 않는 경우 담당자가 업무를 임의로 처리함에 따라 업무수행 결과에 문제를 일으킬 수 있다. 자동차회사에서 조립공들이 자기가 원하는 방식대로 자동차를 조립하게 되면, 자동차의 기능에 문제가 발생하고 회사의 명성과 수익성에 큰 문제를 일으킬 수 있다.

행동의 표준화 방법

업무의 성격	표준화 방법	적용 예
단순 · 반복적	작업절차를 공식화(문서화)	시간연구와 동작연구에 의하여 생산공정에 필요한 표준 작업절차를 마련함
복잡 · 비일상적	훈련을 통한 작업기술의 표준화	의사들이 환자를 치료하기 위하여 의과대학, 수련의 등의 오랜 과정을 거쳐 훈련함
	교화를 통한 작업기술의 표준화	교화를 통하여 전문 직업인의 윤리의식을 높임으로 서비스 질 향상

(4) 의사결정의 분권화

경영은 의사결정 과정이다. 초창기 소규모조직의 경우 창업자는 모든 의사결정을 한다. 이것을 집권적 조직이라고 한다. 그러나 조직이 성장하여 규모가 커지면 의사결정의 신속성과 구성원의 동기유발을 위하여 조직의 하부계층에 의사결정의 권한을 위양하게 된다. 이를 분권화라 한다. 집권화가 좋은가 혹은 분권화가 좋은가? 어느 정도 권한을 위양하는 것이 바람직한가? 등에 대한 유일한 답은 없다. 이것은 다음에 설명할 상황변수에 따라 그 답은 달라지는데, 이것을 일컬어 조직구조에 대한 상황적 접근 방법이라 한다.

분권화

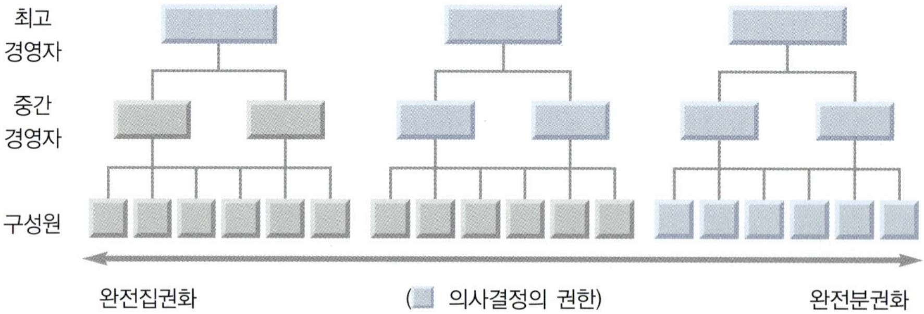

권한이 조직 전체에 배분된 형태를 일컬어 분권화(decentralization)라 한다. 반면, 권한이 최고경영자에 집중된 것을 집권화(centalization)라 한다.

출처 : Hess & Siciliano(1996).

3. 조직설계의 상황변수

앞에서 조직설계의 구성요소를 살펴보았다. 여기서는 구성요소를 사용하여 조직을 설계하는 데 결정적인 영향을 주는 상황변수를 설명하고자 한다. 상황변수에 따라 효율적인 조직구조는 달라지게 된다. 상황변수에는 여러 가지가 있으나, 여기서는 외부환경 · 기술 · 조직규모에 대하여 살펴보자.

(1) 외부환경

조직이 처한 외부환경의 특성은 조직설계에 영향을 준다. 조직의 외부환경은 불확실성의 정도에 따라 구분될 수 있다. 환경요인들이 시간이 흐름에 따라 크게 변화하고, 환경을 구성하는 요인들 간의 관계가 복잡하면 불확실성은 높고, 반대로 환경요인들의 변화 정도가 작고 단순한 경우는 불확실성이 낮다. 환경이 불확실하면 할수록 조직이 수행하는 과업에 대한 환경적 영향력이 커지게 되고, 그 과업의 성과를 예측하기가 더욱 어려워진다.

조직의 목표를 효과적으로 달성하기 위해서는 외부환경의 불확실성에 적합한 조직설계가 이루어져야 한다. 불확실성에 따른 조직설계의 형태로서 기계적 조직과 유기적 조직에 관한 번스(Burns)와 스토커(Stalker)의 연구가 있다. 환경이 단순하고 안정적이어서 불확실성이 적은 경우에는 조직이 딱딱하게 설계된 기계적 구조

유기적 구조와 기계적 구조

	유기적 구조	기계적 구조
· 과업의 분업화	명확하지 않음	명확함
· 행동의 표준화	낮고 융통성이 있음	높고 융통성이 없음
· 의사소통	충고 · 자문 등 상하가 자유로움	명령 · 지시 등 제한, 하향적
· 권한의 위치	능력과 기술을 가진 곳	최고경영자
적합한 환경 예	환경이 급변하는 전자산업	환경이 안정적인 행정조직

(mechanical structure)라도 별 어려움이 없지만, 환경이 복잡하고 유동적이어서 불확실성이 클수록 보다 유연하게 설계된 유기적 구조(organic structure)가 되어야 한다. 환경의 구성요소의 수가 많아지고 그들 간에 관계도 복잡하며 변화가 심한 경우 유기적 구조의 조직은 외부환경으로부터 오는 충격을 쉽게 흡수하여 적절히 대응할 수 있는 유연한 짜임새를 갖추고 있다.

(2) 기술

조직이론에서 기술이란 조직이 외부로부터 투입물(input)을 받아들여 이를 어떤 형태의 산출물(output)로 전환하는 과정 또는 방법을 말한다. 조직이 주로 사용하는 기술의 형태에 따라 다른 형태의 조직설계가 요구된다. 기술을 분류하는 방법에는 여러 가지가 있는데, 여기서는 상호의존성에 따른 톰슨(J. Thompson)의 분류를 가지고 설명하기로 하자.

상호의존성이란 특정 부문이 자신의 과업을 성취하기 위하여 부문 간에 서로 의존하고, 정보와 자원을 교환하는 정도를 말한다. 상호의존성이 높다는 것은 부문이 맡고 있는 과업을 수행하기 위하여 필요한 자원이나 정보를 다른 부문과 계속적으

기술과 조직설계

기술유형	상호의존성	적용 예	설계상 특징
중개형	투입 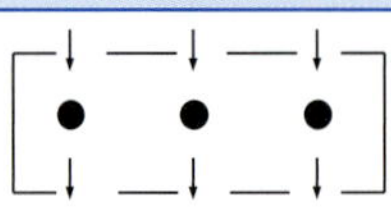 산출 집합적	은행 지점 · 체인점	각각의 단위작업 간 조정이 필요 없음
연속형	투입 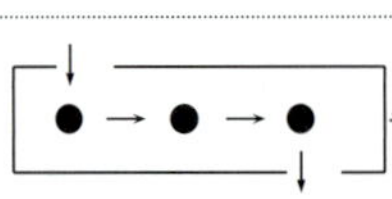 산출 순차적	자동차, 전자산업의 조립라인	계획 · 예정표를 통한 단위작업조정
집약형	투입 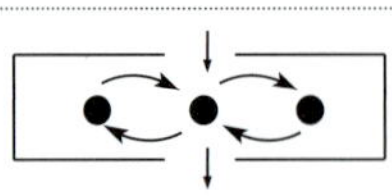 산출 교호적	교통사고 환자 치료를 위한 내과 · 외과 · 방사선과 등의 협력	직접대면이나 회의를 통한 지속적 조정 · 의사소통

로 교환한다는 것을 의미한다. 반면에 상호의존성이 낮다는 것은 다른 부문의 도움 없이 독자적으로 부문이 맡고 있는 과업을 수행한다는 것을 의미한다. 톰슨의 상호의존성에 따른 분류는 다음과 같다.

중개형 기술

상호의존성이 거의 없는 기술 형태이다. 부문들은 비교적 자치적이고 부문 간의 작업흐름을 거의 가지고 있지 않다. 이런 관계는 은행의 지점이나 체인점처럼 부문들이 서로 독립적이고, 지역적으로 할당된 고객이 있는 경우에 해당된다.

연속형 기술

조직부문 간의 순서에 입각한 일련의 의존성이 요구되는 기술형태이다. 한 부문의 산출물이 직접 다음 부문의 투입물이 된다. 각 부문은 이전 부문의 작업에 의존

기술핵심조직과 변경조직

톰슨은 기업조직을 기술핵심조직(technical core subunit)과 이것을 보호하기 위한 변경조직(boundary spanning subunits)으로 개념화하였다. 기술핵심조직은 기업의 본원적인 제품이나 서비스를 생산하는 조직이 대표적인데, 활동 내용이 반복적이고 과업의 성과가 외부환경으로부터 영향을 비교적 적게 받는다. 반면 마케팅, 노사관계, 연구개발 등과 같은 과업을 담당하는 조직이 변경조직인데, 외부의 사건과 자극에 개방적이고 다른 부문과의 관련성이 크다.

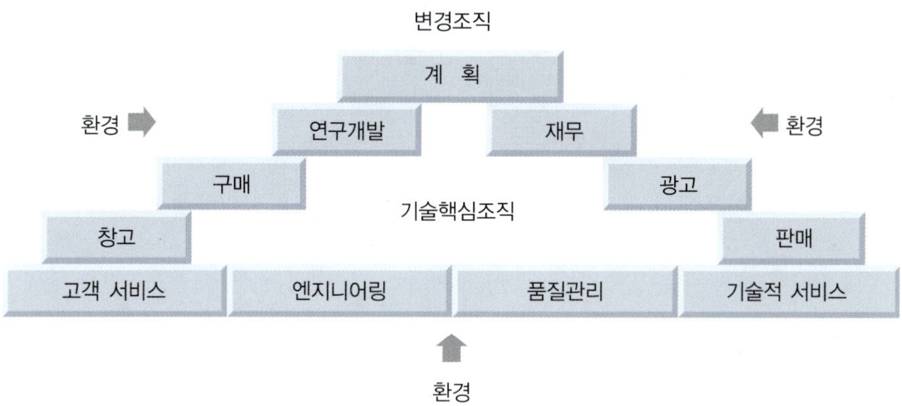

하여 작업을 수행하게 되고, 분업과 분권화도 이루어지게 된다. 따라서 해당 조직은 독립적 관계의 조직에 비하여 보다 많은 조정과 통제체계를 필요로 한다.

집약형 기술

가장 높은 상호의존성을 갖는 기술형태이다. 이것의 특징은 부문 간을 서로 오가는 작업의 운동성이라 할 수 있다. 조직의 각 부문은 동일한 과업이나 고객에 대하여 공동으로 작업을 하게 된다. 과업에 대한 피드백과 부문 간의 상호조정을 통해 각각의 서비스는 제공된다.

(3) 조직의 규모

조직에 참여하고 있는 구성원의 수를 조직규모라고 하는데, 조직규모에 따라 조직구조가 결정된다. 부부가 하는 음식점처럼 규모가 작은 경우 과업의 분권화나 표준화, 행동의 통합, 의사결정권한의 위양 등은 문제가 되지 않는다. 하지만 조직의 규모가 커지면 과업의 분권화, 행동의 통합, 의사결정권한의 위양 등이 필요하고 부문의 수도 증가한다.

우선 조직규모가 커질수록 일반적으로 과업분업화의 정도가 높아진다. 규모가 커짐에 따라 수행할 과업의 양이 늘어나고, 과업의 양이 늘어남에 따라 과업을 효과적으로 처리하기 위하여 보다 많은 과업을 분업화할 필요가 있기 때문이다. 그리고 규모가 커지면 더 많은 사람들이 다양한 업무를 처리하게 되므로 효과적으로 관리하기 위하여 높은 정도의 과업표준화와 행동통합화가 요구된다.

또한 규모가 커질수록 의사소통이 지연되고, 의사결정이 원활하게 이루어지지 않는다. 그런 이유에서 규모가 커지면 하부조직에 의사결정권한을 위양하는 분권화가 촉진된다.

Ⅱ. 조직구조

조직설계로 나타나는 조직구조는 다양한 형태로 나타난다. 조직마다 구조가 다른 이유는 과업의 분권화, 표준화, 행동의 통합화, 권한의 분권화 등 조직구조의 구성요소가 달리 배합되었기 때문이다. 각각의 조직구조는 어느 조직구조가 좋고 어느 조직구조는 나쁜 것은 아니다. 경영자는 조직이 처한 상황에 따라 적절한 조직구조를 선택하는 것이다.

1. 전통적 조직구조

(1) 기능조직

조직 내외의 환경변화는 조직설계에 영향을 미친다. 20세기가 시작할 무렵 기업은 거대 조직의 형태를 취하고 있었다. 대부분의 기업은 다양한 기계시설과 비교적 단순작업을 하는 많은 사람들로 이루어진 대량생산체제를 갖추고 있었다. 대량생산이 계속 이어지려면, 판매 · 기술 · 재무 · 회계 등의 다양한 활동이 원활히 이루어져야 했다. 모든 사람이 모든 분야에서 효과적으로 임무를 수행하리라 기대할 수는 없다. 따라서 각 사람들은 자신이 맡은 분야에서 전문화할 것을 요구받았다. 전

기능조직

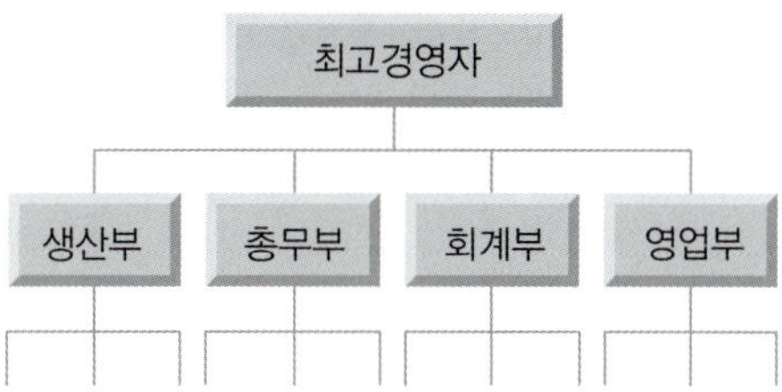

자원의 효율적 사용을 위하여 과업의 분업화에 초점이 맞춰져 있다. 기능조직에 속한 구성원은 자신이 속한 부문의 목표달성에 최선을 다하며, 공식적 권한은 기능부문의 상급관리자에게 주어진다.

문화는 각 직무를 맡은 사람들의 생산성을 향상시켰다.

기능조직(functional organization)은 전문화전략을 실행하기 위한 조직구조이다. 기능조직은 기업을 생산 · 판매 · 자금 · 인사 · 회계부문으로 나누고, 각 부문은 기업활동에 필수적인 기능을 전문적으로 수행한다. 이것은 낮은 불확실성, 즉 소품종 대량생산을 하는 기업의 조직으로 적합한 형태이다. 이런 경우 상하 간의 의사소통에 의한 통제로도 조직을 효과적으로 관리할 수 있으므로, 조직의 내적 효율성을 높이고 자원을 효율적으로 활용할 수 있는 기능조직이 채택된다.

(2) 사업부조직

조직규모가 크고, 환경변화가 많으며, 부문 간 상호의존성이 클 때에는 각 기능부문 간의 조정이 매우 중요하다. 이런 경우 사업부조직(divisional organization)이 채택되는데, 이것은 기능조직이 목표달성을 위한 수단에 초점을 맞추는 데 비하여 최종적인 조직성과를 강조하는 조직구조이다. 사업부조직은 제품별 조직, 지역별 조직, 고객별 조직 등이 있다.

제품별 조직

특정한 제품 또는 제품그룹을 중심으로 부문화가 이루어지는 형태이다. 예를 들

사업부(제품별)조직

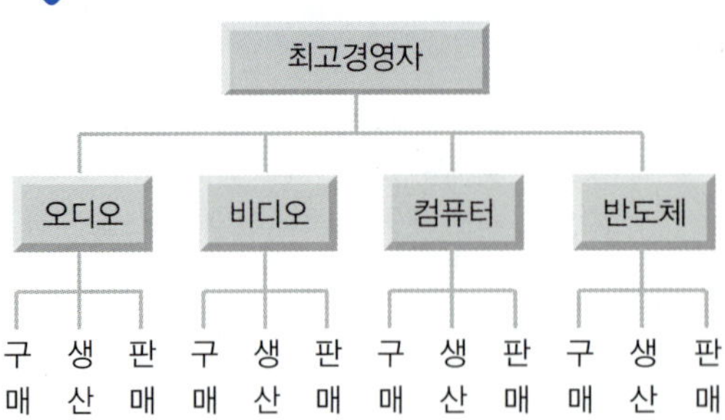

구조상 특징

각 부문의 수입 · 지출이 자율적으로 결정되는 독립채산제를 채택하므로, 의사결정에 대한 공식적 권한이 사업부의 최고관리자에게 위양된다.

면, 전자제품회사의 경우에 오디오 · 비디오 · 컴퓨터 등의 세 제품 그룹으로 나누어, 각 부문이 독립적으로 해당 제품그룹을 전담하여 경영하는 경우가 이에 해당한다. 이 경우 부문화가 이루어지는 기준이 상품의 종류가 되고, 각 부문은 독립적으로 운영되기 때문에 각기 여러 기능들을 포함한다.

지역별 조직

특정 지역을 중심으로 부문화가 이루어지는 형태이다. 은행이 가장 대표적인 예이다. 은행은 지역에 따라 여러 지점을 가지고 있으며 각 지점은 지점장의 책임으로 독립적으로 운영된다. 유통업체의 경우에도 지역별 조직구조가 많이 발견된다. 롯데백화점은 명동, 잠실, 영등포, 청량리, 분당 등에 분점들을 세워서 비교적 독립적인 운영을 한다.

고객별 조직

특정 고객을 중심으로 부문화가 이루어지는 형태이다. 컴퓨터를 생산 · 판매하는 경우 일반인용 제품부문, 학생용 제품부문, 전문가용 제품부문으로 나눌 수 있다.

(3) 전통적 조직구조의 문제점

전통적 조직구조는 그것이 기능식조직이든 사업부조직이든 간에 관료제의 형태를 취한다. 관료제란 규칙에 의한 명령체계라는 특징을 가지고 있다. 20세기는 관료제가 대부분의 조직에 영향력을 미친 시기이다. 그러나 최근 관료제조직의 효과성에 대한 의문을 제기할 만한 징후가 보이기 시작했다.

관료제조직은 환경이 서서히 변할 때는 그 기능을 제대로 발휘할 수 있었다. 왜냐하면 환경변화에 맞추어 규칙도 점진적으로 변화시킬 수 있기 때문이다. 하지만 기술, 경쟁, 고객의 욕구가 급격히 변하는 상황을 규칙은 제대로 따라가지 못하고 있다. 따라서 조직을 보다 효율적으로 운영하려는 의도에서 만들어진 기업의 규칙이나 구조는 조직의 발전을 가로막는 장애물이 되고 있다.

미래학자 토플러(A. Toffler)는 그의 저서 『권력이동』(power shift)에서 관료제 조직을 칸막이 방과 통로라는 용어로 형상화하였다. 칸막이 방(cubbyhole)에는 엔지니어, 마케팅담당자, 회계담당자 등과 같은 전문가로 가득 차 있는데, 각 방의 전문가집단은 다른 전문가들과는 별도로 그들의 전문성을 발휘하고 있다. 경영자는 칸막이 방으로부터 전해지는 정보를 필요로 하는 곳에 전달하는 통로(channel)의 역할을 한다. 예를 들어, 마케팅담당자들이 수집한 소비자에 관한 정보는 경영자에게 일단 전해지고, 그 정보를 필요로 하는 엔지니어집단에게 전달된다.

기업이 필요로 하면 언제든지 칸막이 방과 통로, 다시 말해 부문이나 사업부를 추가할 수 있다. 문제가 되는 것은 환경은 급변하는데 비하여 칸막이 방과 통로구조, 즉 관료제가 그 기능을 제대로 발휘하려면 시간이 걸린다는 것이다. 이처럼 관료제는 급격한 환경변화에 탄력적으로 대응하는 데는 적합하지 못한 시스템이다. 이런 구조적인 문제를 해결하기 위한 것이 탄력적 조직구조이다.

2. 탄력적 조직구조

관료제에 의한 경영을 대포를 쏘는 것에 비유한 사람이 있다. 만일 표적물이 돌로 쌓은 성이라면(환경변화가 없다면) 대포로 그것을 맞출 수 있으나, 요즘 표적물은 계속 움직이고 있다는 것이 문제이다. 그때는 대포보다 쿠르즈 미사일로 표적물을 공격할 필요가 있다. 다시 말해 표적물이 움직일 때는 방향을 수정하여 그 표적물을 좇아가는 탄력성이 요구된다. 오늘날 기업들은 다양한 조직구조를 통하여 탄력성 확보에 노력하고 있다.

(1) 팀조직

팀조직(team organization)이란 과업을 중심으로 팀을 구성하고 팀 간의 유기적 연결관계로 이루어진 조직을 말한다. 농구팀에 비유하여 그 특징을 설명하면, 팀의 팀장은 감독이라기보다 주장에 해당된다. 과업을 수행함에 있어 지시만 하는 것이 아니라 현장에서 같이 뛰면서 각 팀원들을 연결하고 조직목표를 실현하면서 팀을 리드한다. 팀원은 상황에 따라 자유롭게 교체가 가능하고, 개인 성적보다 팀 성적이 훨씬 중요하며, 상위 경영자는 전반적 전략을 제시할 수 있지만 직접 팀원의 행동에 일일이 간섭하지 않는다. 마지막으로 팀장과 팀원의 관계는 지시 · 복종의 관계가 아닌 파트너 관계로서 서로 대등하다고 할 수 있다.

우리나라에서는 1980년대 중반부터 대기업을 중심으로 도입하기 시작하여 1990년대 들어와서는 정부나 비영리단체까지 팀조직이 나타나기 시작했다. 팀조직이 등장한 배경에는 급속한 환경변화에 보다 능동적으로 대처하기 위하여 여러 개로 나뉘어진 의사결정단계를 축소하고 조직을 슬림(slim)화 하려는 의도가 짙게 깔려 있다. 팀조직은 복잡한 환경에 유연하게 대처하여 고객이 원하는 재화와 서비스를 지속적으로 제공하게 됨으로써 기업의 성장과 발전에 기여하게 된다.

그를 위하여 팀조직에 요구되는 것은 권한의 위양에 따른 구성원들의 자율성 확보이다. 팀의 구성원들은 자신이 최적이라고 생각하는 대로 과업을 설계한다. 예를 들어, 제조부문의 10명의 종업원들이 팀을 구성한다면, 그들은 제조 · 선적 · 하역 · 검수 등에 관하여 전반적인 권한을 갖는다. 그 권한을 통하여 자신들의 직무성과를 향상시킬 책임 또한 갖는다.

팀조직과 전통적 계층조직

구 분	전통적 계층조직	팀조직
조직구조	수직적 계층구조	수평적 구조
목표설정	상부에서 결정, 부여	팀내에서 공동으로 결정
정보흐름	폐쇄적, 독점	개방적, 공유
리 더 십	강력하고 명백한 지도자상	팀장과 팀원이 리더십 공유
책 임	구성원 각자 개별책임	팀 전체 공동책임
보상방법	개인기준, 연공주의	팀기준, 능력주의

출처 : 임창희(1998), p. 91.

(2) 프로젝트조직

프로젝트(project)란 특정한 계획 또는 과업을 말하며, 프로젝트조직(project organization)이란 프로젝트를 수행하기 위한 임시적 조직을 말한다. 오늘날 조직을 둘러싼 외부환경이 급격히 변화하고, 특별히 기술혁신이 급격하게 이루어짐에 따라 경영활동은 신제품개발이나 신시장개척과 같은 프로젝트를 중심으로 이루어지고 있다. 이와 같은 프로젝트를 원활히 수행하기 위해서는 팀의 리더인 유능한 프로젝트 관리자와 적절한 팀원의 확보가 선결요건이다.

프로젝트조직은 과업이 진행됨에 따라 필요한 인원은 모으고, 프로젝트가 완료되면 해산되는 탄력적인 조직구조이다. 태스크포스(task force)조직이라고도 하는데, 팀조직이 기존의 조직을 완전히 대체하기 위한 것이라면 프로젝트조직은 기존의 조직을 보완하는 성격의 것이다.

(3) 매트릭스조직

기업규모가 커짐에 따라 복잡성도 증대되는데, 기업은 그 복잡성에 대응하기 위하여 새로운 조직을 고안한다. 반면에 조직이 제대로 운영되려면 일선 작업자들은 업무에 관한 사항은 완전히 이해하여야 한다. 업무를 완전히 이해하려면 모든 것이

매트릭스조직

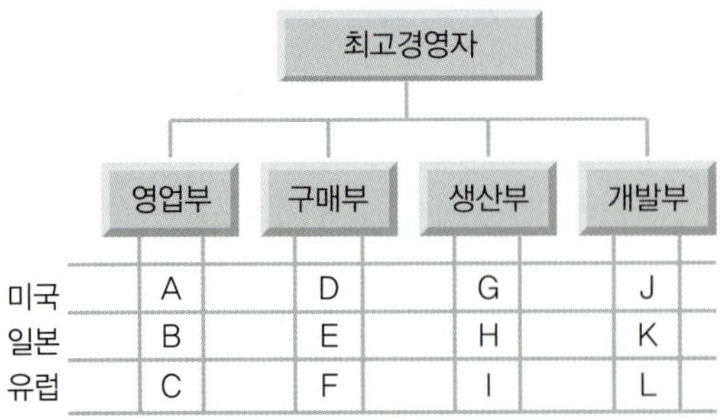

A는 미국지역 사업부와 영업부문에 소속되고, 미국지역 관리자와 영업부문 관리자로부터 지시를 받는다.
매트릭스조직은 기능조직의 전문성과 환경에 대한 탄력성을 동시에 가질 수 있으나, 명령계통 간의 갈등을 가져올 수 있다.

단순화되지 않으면 안 된다. 이처럼 복잡한 조직, 업무의 단순화라는 상반되는 듯한 요구에 부응하여 생겨난 것이 매트릭스조직이다. 매트릭스조직(matrix organization)은 프로젝트조직과 유사하나, 그것에 비하여 비교적 영구적인 조직이다. 매트릭스조직구조는 프로젝트조직과 기능조직을 합한 것이라 할 수 있다.

매트릭스조직의 장점은 각 기능부문에 속했던 전문가가 특정 과업을 수행함에 있어 자신의 전문적 능력을 충분히 발휘할 수 있다는 점이다. 또 다른 장점은 전문가들 간의 의사소통과 조정을 촉진시킬 수 있는 점이다. 전통적 조직에서는 다른 부문의 전문가와 의사소통을 하려면 복잡한 경로를 거쳐야 했는데, 여기서는 전문가들이 같은 팀에 속해 있으므로 서로의 의사전달이 쉽게 이루어질 수 있다. 그 결과 매트릭스조직은 직면한 환경변화에 신속하게 대처할 수 있다.

매트릭스조직의 단점은 대부분의 구성원들이 두 사람의 상사로부터 명령을 받기 때문에 명령계통에 혼선을 가져올 수 있다는 점이다. 즉, 회계, 재무, 마케팅부문의 경영자와 자신이 속한 과업수행 팀의 경영자로부터 명령을 받게 된다. 경영자가 의사소통과 조정을 원활하게 하지 못하는 경우, 부하들은 서로 다른 두 가지 명령을 받고 혼란해 할 수 있다.

(4) 네트워크조직

환경변화에 민감하게 대처하기 위한 또 다른 것이 네트워크조직(network organization)이다. 이것은 서로 다른 전문가집단을 가지고 있는 독립된 기업이 일시적으로 하나의 조직과 같이 활동하는 것을 말한다. 예를 들면, 스마트폰 시장이 급격히 팽창하는 기회를 잡기 위하여, 한국회사는 계획과 통제만을 담당하고, 생산은 중국회사가 담당하며, 판매는 미국회사가 담당하는 경우와 같은 것이다.

네트워크조직은 전통적인 관점에서는 조직이라고 할 수 없고, 특정한 전략적 요구에 따른 일시적 제휴에 불과하다. 과거에는 휴대용 전화기의 경우에는 단일업체에서 디자인하고 생산 · 판매하는 것이 일반적이다. 그러나 환경이 급변하는 상황에서 기회가 올 때마다, 기업이 그런 환경변화에 대처할 수 있는 시설이나 인력을 확보한다는 것은 어려운 일이다. 비록 필요한 시설이나 자원을 확보했다 하더라도 문제를 해결하기에는 시간적으로 맞지 않는 경우가 많다.

네트워크조직의 장점은 환경변화에 민감하게 대처할 수 있는 유연성이 있다는 점이다. 심지어는 경쟁관계에 있는 기업 간의 제휴도 어렵지 않게 목격할 수 있다. 그러나 생산이나 판매와 같은 기능을 다른 기업에 의존하고 있으므로, 전체적인 통솔이 어려워지고, 의사소통이 잘 안 된다는 점이 단점이다.

Ⅲ. 조직문화

앞에서 우리는 조직구성원의 활동공간을 마련해 주는 조직구조의 설계에 대하여 공부하였다. 하지만 그 공간에서 무엇이 일어나는가 하는 것은 조직구성원인 인간집단에 달려 있다. 이 인간집단들의 행동양식이나 가치관 등의 눈에 보이지 않는 요소들은 조직문화라는 개념을 통하여 일반에게 알려졌다.

네트워크조직

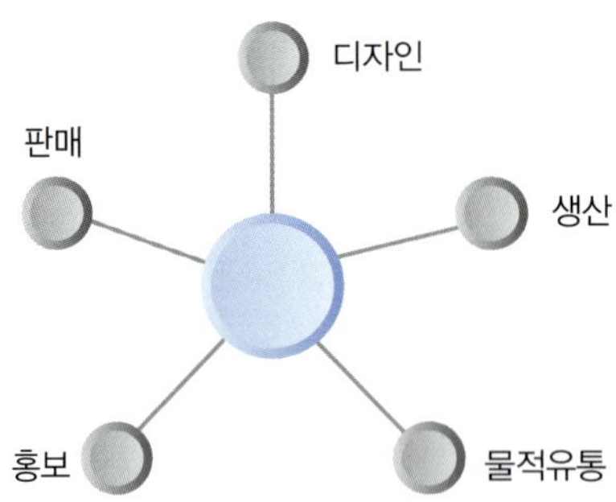

네트워크조직에서는 과거 한 개의 기업이 전담했던 제품의 디자인, 생산, 포장, 보관, 배달 등의 업무를 여러 개의 독립된 기업이 나누어 맡는다.

1. 조직문화의 의미와 역할

조직문화(organization culture)는 조직구성원들이 공통적으로 가지고 있는 믿음, 가치관, 관습을 총칭하는 것으로 조직구성원과 조직의 행동에 영향을 주는 기본적 요인으로 볼 수 있다. 이것은 조직구성원들 전체가 특정한 가치관을 당연한 것으로 받아들이고, 이를 따른다는 것을 의미한다. 조직문화가 올바르게 정립될 때에 조직은 발전하게 되며, 올바르지 못한 조직문화가 퍼질 때에 조직은 퇴보하게 된다. 이처럼 조직문화는 조직의 성패를 좌우하는 매우 중요한 요소이다.

미국 등 서구(西歐)에서 조직문화를 연구하기 시작한 것은 1980년대 초이고, 일본에서는 사풍(社風)이라는 용어로 사용된다. 조직문화는 조직 내에서 여러 가지 역할을 하는데, 중요한 것들을 살펴보면 다음과 같다.

(1) 행동의 통제

조직문화는 구성원들이 어떻게 행동할 것인가를 알려 준다. 원래 문화란 특정 지역이나 나라에 사는 사람이 공통적으로 가지는 가치관으로, 그곳 사람들의 행동양식을 결정짓는다. 조직에서도 마찬가지로 문화는 구성원들의 행동의 지침이 되고 나아가서 행동양식의 차이를 가져온다. 현대그룹의 '행동주의' 문화는 작업복과 단발에 검소하고 뚝심있는 인상으로 나타난다. 반면 삼성그룹의 '제일주의' 문화

조직문화의 역할

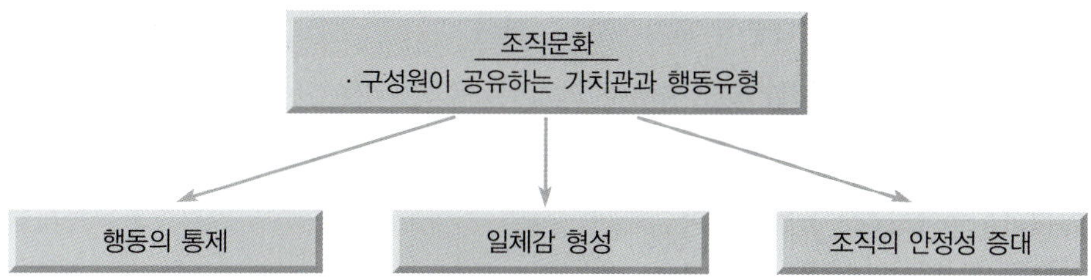

는 정장에 단정한 머리, 세련되고 말쑥한 인상으로 나타난다.

(2) 일체감의 형성

조직문화가 강하게 형성되면 구성원들은 가치관과 행동양식을 공유하며, 이것은 조직구성원들로 하여금 강한 일체감을 가지게 한다. 자신이 일하는 조직에 단순히 노동력을 제공하고, 이에 대한 금전적인 대가를 받는 관계에서 벗어나 다른 구성원들과 일체감을 가지게 되고, 나아가서 조직이 자신을 대표해 주는 하나의 실체로서 이해하게 된다. 결과적으로 구성원들은 조직에 대한 애착을 갖고 조직의 유지 · 발전에 헌신적인 노력을 하게 된다.

(3) 조직의 안정성 증대

조직문화는 구성원들의 행동의 일관성을 갖게 해주고, 예측이 가능하게 하며, 결과적으로 조직의 안정성을 증대시킨다. 예를 들어, 종업원을 가족과 같이 생각하는 문화를 갖고 있는 기업에서 경영상의 위기를 맞은 경우, 경영자는 종업원을 해고하지 않고 다른 대안을 모색할 것이다. 이것은 종업원들에게 경영자의 행동을 예측하게 해주고, 조직 전체의 안정성을 갖게 한다.

2. 조직문화의 형성

조직문화는 조직이 도전에 직면하고, 그것에 대처하는 과정에서 형성된다. 예를 들면, 3M의 경우 치열한 경쟁이라는 환경적 도전을 기술혁신을 통하여 극복하였다. 기업을 성공으로 이끈 혁신(innovation)은 구성원들에게 소중한 가치를 갖게 되었고, 구성원들이 그것을 학습하여 3M의 조직문화가 형성되었다. 조직문화를 형성하는 요인은 다양하지만, 여기서는 중요한 몇 가지를 살펴보자.

(1) 창업자의 가치관

조직문화는 창업자의 성격, 배경, 가치관 및 조직에 대한 비전 등과 깊은 관련이 있다. 사업을 시작할 때 창업자의 철학이나 비전은 업무수행 규칙, 조직구조, 인원 선발 등에 영향을 미친다. 그런 창업자의 가치관이 조직의 성공에 기여하게 되면, 그의 가치관은 조직가치의 중요한 부분이 되고, 조직문화를 형성하는 중요한 요인이 된다.

마무리 이야기의 Zimmer의 가치관은 자신이 창업한 Men's Wearhouse의 인간 중심 조직문화에 중요한 영향을 미쳤다. 우수한 인재보다는 기업문화에 적합한 인재를 채용하고, 그들을 교육시키기 위하여 투자를 아끼지 않았다. 심지어 매장 물건을 훔친 직원들에게 한 번의 기회를 더 주는 인사 정책을 시행하였다. 그의 인간 중심의 경영철학은 매출 증대와 이익 신장으로 이어졌고, 그의 가치관을 중심으로 Men' s Wearhouse의 조직문화가 형성되었다.

(2) 조직이 속한 산업의 특성

조직이 속한 산업의 특성도 조직문화 형성에 중요한 역할을 한다. 각 기업들은 자신들만의 독특한 문화를 가지고 있지만, 특정 산업의 특성은 그 속에 속한 기업

조직문화의 형성과 유지

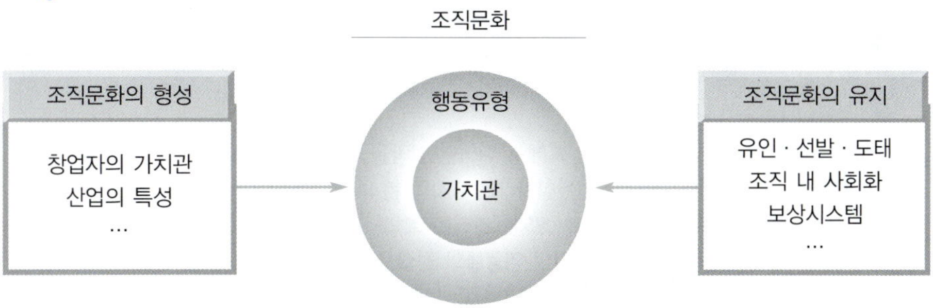

들로 하여금 조직문화의 유사성을 갖게 한다. 예를 들면, 금융산업에 속한 은행과 보험회사들은 그 활동에 많은 규제가 따르고, 구성원들은 법이나 규정을 준수하는 보수적인 문화를 갖고 있다. 반면, 이동통신 기기를 생산하는 산업에 속한 기업들은 빠른 기술 변화와 치열한 경쟁으로 인하여, 혁신에 중요한 가치를 부여하는 조직문화를 가지고 있다.

3. 조직문화의 유지

창업 당시 형성된 조직문화는 기업이 성숙해짐에 따라 정교해지고 강화된다. 조직이 자신의 문화를 유지하려는 노력 가운데 중요한 몇 가지를 살펴보면 다음과 같다.

(1) 구성원의 유인 · 선발 · 도태

조직문화는 그 스스로 생존을 위하여 부단히 움직이는 유기체에 비유할 수 있다. 조직은 자신의 문화에 적합한 사람들을 유인 · 선발하고, 그렇지 못한 사람들을 소멸시킴으로 조직문화를 계속 유지하게 된다. 이러한 과정을 산업심리학자인 Ben Schneider는 유인-선발-소멸(attraction-selection-attrition: ASA) 모델이라고 하였다.

영웅과 의식 · 절차

구성원들은 자신들이 속한 조직의 역사 속에서 뛰어난 활약을 한 영웅(hero)들의 이야기를 통하여 추상적 조직문화를 구체화한다. 삼성의 이병철이나 포드사의 헨리 포드와 같은 창업자도 영웅이 될 수 있고, 현대자동차의 판매왕도 영웅이 될 수 있다. 조직은 회의나 상장 전달식과 같은 의식과 절차(rites and rituals) 혹은 비공식 모임 등을 통하여 영웅들의 전설을 전달하면서 구성원들에게 동기부여를 한다. 영웅과 의식 · 절차는 조직문화의 형성뿐만 아니라 그것을 유지하는데도 기여한다.

(2) 조직 내의 사회화

새로운 구성원에 대한 오리엔테이션(orientation)은 중요한 사회화 과정이다. 이것을 통해 자신이 속할 조직의 문화적 특성들을 배우게 된다. 사회화를 위한 또 다른 과정이 직무훈련(job mastery)이다. 오리엔테이션이 조직문화에 적합한 가치나 태도 등을 취득하는 것이라면, 직무훈련은 업무에 필요한 기술적 지식을 습득하는 것이다. 이런 사회화 과정을 통하여 새로운 구성원은 동료들과 동질감을 느끼게 되고, 업무수행능력에 대한 자신감을 갖게 된다.

(3) 보상시스템

보상시스템(reward systems)은 조직문화를 유지하는 또 다른 도구이다. 조직은 보상을 받을 수 있는 행동이나 결과를 제시하고, 그것을 적합한 것과 그렇지 못한 것을 구분하여 상과 벌을 줌으로써 조직문화를 계속 유지시킨다. 이를 위하여 조직은 구성원들의 행동이나 업적을 평가하고, 그것에 대한 보상을 주는 다양한 인사시스템을 운영하고 있다.

4. 조직문화의 변화

조직을 둘러싼 환경은 급격히 변하고 있다. 오늘날 기업이 생존 · 발전하기 위해서는 전보다 더욱 신속하게 움직여야 한다. 어떤 조직은 변화를 위협으로 보지만 다른 조직은 그것을 기회로 생각할 수 있다. 오늘날 바람직한 기업문화는 변화와 개혁을 즐기는 것이라야 한다. 그럴 때에만 변화를 예상하여 그것을 선도하고 경쟁업체보다 유리한 고지에 올라설 수 있을 것이다.

(1) 조직의 진화와 조직문화

조직이 성장해 감에 따라 조직문화의 기능도 바뀐다. 창업 초기 조직문화는 창업주의 철학과 문화적 패러다임에 크게 영향을 받는다. 이렇게 형성된 조직문화는 안정되고 예측 가능한 환경을 창출하고, 조직구성원들을 결집시키는 정신적인 접착제 역할을 한다. 또한 외부나 내부적 요인이 그 조직문화를 변화시키려는 경우 그것에 완강히 저항하게 된다.

그러나 조직이 어느 정도 성장해 가면 조직 내부에서는 집단별로 서로 다른 하위문화가 형성되기 시작하고, 조직을 전체적으로 지배하던 조직문화는 그 힘을 잃기 시작한다. 특히 외부 환경변화에 민감하게 반응하는 집단에 대해서는 더 이상 일체감이나 의사소통체계를 제공하지 못하게 되고, 젊고 외부지향적인 집단에 의해서는 반문화(counter-culture)가 형성된다.

조직이 점차 쇠퇴기에 이르면 경영자는 조직의 변화를 위하여 여러 가지 정책을 시도하는데, 그러한 정책들이 기존의 조직문화와 마찰을 일으키는 경우가 있다. 그런 마찰이 발생하면 그 정책들은 조직구성원들에게 불안감, 죄의식, 저항감 등을 불러일으킬 수 있다. 이런 경우 최고경영자가 취할 수 있는 방안은 조직개편, 대규모 인력교체 등의 행동을 취하거나 기존의 조직문화를 급격하게 변화시킨다.

새로운 도전을 위한 조직문화

오랜 콜라전쟁에서 만년 2위의 펩시는 항상 도전하는 의식을 임직원이 공유하였다. 2위를 벗어나기 위하여 그들의 조직문화는 다른 기업보다 혁신적이었고 개방적이었다. 펩시는 다양한 문화를 공유하기 위해 인력의 다양화를 시도하였다. 사내이사와 종업원 중 여성, 소수 민족의 비율이 30% 이상이며, 2006년에는 인도 출신 여성 인드라 누이를 CEO로 발탁함으로 세간의 이목을 집중시켰다. 이런 도전적이고 개방적인 조직문화가 1996년 혹독한 패배 이후 경영진으로 하여금 콜라에 얽매여 있던 시각을 넓힐 수 있게 해주었고, 그것은 성공으로 이어졌다.

출처 : SERI 경영 노트, 삼성경제연구소(2009).

(2) 조직문화의 변화 방안

'초강도 경쟁(Hypercompetitive Rivalries)'의 저자 다베니(R. D'Aveni)는 "이 세상에는 두 가지 종류의 기업이 있는데 하나는 시장을 뒤흔드는 기업이고, 다른 하나는 그런 공격을 이겨내지 못하는 기업이다"라고 하였다. 급격한 환경변화에 대응하기 위해서는 기존의 조직문화를 구성원들이 변화와 개혁을 수용하는 문화로 바꾸지 않으면 안 된다. 조직문화의 변화요인으로 중요한 것 몇 가지만 살펴보자.

새로운 비전과 사명의 제시

조직문화를 변화시키려면 최고경영자는 구성원의 마음을 움직이는 참신한 비전과 사명을 개발하여 제시하여야 한다. 이러한 사명과 비전이 조직구성원들에게 안겨줄 이득이 그로 인하여 부담해야 할 위험이나 불편보다 훨씬 커야함은 물론이다. 비전은 전체 구성원들의 상상력이나 창의력을 발휘하게 하여 전 에너지를 한 방향으로 집결시키게 한다. 비전을 제시하지 않고 다른 변화 프로그램을 실시하는 경우 구성원들은 더욱 불안하게 되고 조직문화의 변화를 크게 기대할 수 없게 된다.

경영자의 리더십

조직문화 변화를 위하여 경영자는 지속적인 변화 프로그램을 실시할 뿐만 아니라 스스로를 변화의 주체로 인식하여야 한다. 최고경영자는 자신이 바람직하다고 생각하는 가치관을 분명히 밝히고 그와 일치하는 행동을 통하여 모범을 보여야 한다. GE社의 잭 웰치는 구성원들에게 "변화가 아니면 죽음뿐이다. 회사 내 변화의 속도가 회사 밖의 변화 속도보다 늦은 경우 그 기업은 종말이 임박한 것이다."라고 충고하면서, 자신이 변화의 중심에 섰다. 그를 통하여 GE는 혁신적이고, 진취적이며, 적극적인 조직문화로 탈바꿈하였다.

연습문제

01. 경영 과정 중 조직화(organizing)에 관한 설명으로 적절하지 못한 것은?
① 조직체의 구성원들이 수행해야 할 역할의 구조를 설정하는 관리활동이다.
② 목표달성에 필요한 조직구조를 설계하는 활동이다.
③ 모든 상황에 적합한 최선의 조직구조를 찾는 것이 상황적 접근이다.
④ 효율적인 조직설계는 전략에 따라 변경된다.

02. 조직화를 위한 다음 경영자활동 중 조직활동의 조정을 위한 것은?
① 조직구성원의 할 일을 분할한다.
② 고객의 요구에 응하는 방법을 훈련시킨다.
③ 오전 작업에서 할 일을 정한다.
④ 의사결정 권한을 부하에게 위양한다.

03. 권한의 집권화의 정도에 영향을 미치는 요인에 관한 설명 중 잘못된 것은?(비서검정)
① 기업의 업무상의 변화가 심한 경우 집권화되어 통일적으로 수행된다.
② 의사결정사항이 기업경영정책상 중요한 것일수록 권한은 상위계층에 집권화된다.
③ 경영관리를 담당할 유능한 관리자층이 부족한 경우에는 집권화되는 경향이 있다.
④ 가족기업적 소유구조로 성장한 기업일수록 집권화되기 쉽다.

04. 환경과 조직구조의 관계를 연구한 Burns & Stalker의 연구 중 유기적 조직이란 개념이 나타나는데, 그것에 대한 설명으로 적합하지 않은 것은?
① 과업의 분업화가 명확하다. ② 행동표준화에 융통성이 있다.
③ 비(非)관료적 조직구조이다. ④ 의사소통이 자유롭다.

05. Thompson이 말하는 중개형 기술이란 상호의존성이 거의 없는 기술을 말하는데, 다음 사례 중 그것과 관련이 있는 것은?
① 롯데리아 햄버거 체인점 ② 태평양화학 화장품 생산라인의 포장팀

③ 삼성전자의 TV 조립팀 ④ 서울대학교 병원의 방사선과

06. 사업부제조직(divisional organization)에 관한 설명 중 잘못된 것은?(비서검정)
① 사업부제조직은 집권적 관리조직의 전형적인 형태이다.
② 콘체른 내지 다각형 기업에 알맞은 관리조직이다.
③ 사업부제조직은 분권관리의 이점을 살려서 독립채산성을 높일 수 있다.
④ 각 사업부는 제품별 · 고객별 · 지역별로 분화가 가능하다.

07. 프로젝트조직이나 매트릭스조직 등과 같은 탄력적 모델의 특징으로 적합하지 않은 것은?
① 환경 불확실성이 높은 경우에 적합한 조직이다.
② 제품, 지역, 고객관리에 필요한 인적자원 사용이 탄력적이다.
③ 기능조직에 비하여 안정적으로 운영된다.
④ 환경변화에 대처하는 외적 효과성과 전문화의 내적 효율성을 동시에 높일 수 있다.

08. (주)가나의 김대리는 영업부 직원이다. 동시에 그는 유럽시장 개척팀의 일원인데, 이 조직은 개척기에 일시적으로 이루어졌다 해체된다. 이런 조직 형태를 무엇이라 하는가?
① Line조직 ② Line & staff조직
③ Project조직 ④ Matrix조직

09. 매트릭스조직에 대한 설명으로 바른 것은?(CPA수정)
① 명령일원화의 원칙에 입각한 조직이다.
② 전통적 조직화의 원리에 의한 조직구조이다.
③ 지휘체계의 곤란으로 인한 역할갈등과 스트레스를 받는다.
④ 연구개발을 위한 조직으로 적절하다.

10. 조직문화에 대한 설명으로 틀린 것은?
① 조직문화는 조직이 오래된 경우일수록, 규모가 클수록 변화하기가 어렵다.
② 구성원들이 공유하는 가치관으로, 그들의 행동을 통제하는 역할을 한다.
③ 조직문화가 형성되는 데는 조직의 위기상황에서 문제를 해결한 영웅들의 전설도 중요하게 작용한다.
④ 서구(西歐)에서 오래 전부터 연구된 것을 1980년 이후 일본이 도입하였다.

마무리 이야기

인간존중의 조직문화

성숙기에 접어든 의류소매업 시장은 전체적으로 물가상승률에도 못 미치는 마이너스 성장을 하고 있다. 메이저급 소매업체들이 도태되는 가운데서도, Men's Wearhouse는 1990년대 이후 연평균 17%의 매출성장과 8%대의 영업이익을 지속적으로 달성하는 놀라운 성과를 올리면서 업계 정상의 자리를 유지하고 있다. 멘스웨어하우스의 성공비결은 의류(clothing)가 아닌 직원(people)의 경쟁력이 사업성패를 결정한다는 점을 분명히 인식했다는데 있다. 최고경영자인 Jeorge Zimmer는 '우리는 남성 의류 사업이 아닌 사람경영(people business)을 하는 것이다.' 라고 하였다. 그 회사는 Fortune지가 발표하는 일하기 좋은 100대 기업에 2000년 이후 9번이나 선정되었다. 멘스웨어하우스의 인간존중의 조직문화를 형성 · 유지하는 방법을 간단히 요약하면 다음과 같다.

설립자의 경영이념 Zimmer는 수많은 이해관계자들 중 조직구성원이 가장 중요하고 고객, 공급업체, 지역사회 그리고 주주 순이라는 사실을 강조한다. 그는 상사와 부하라는 전통적 관계를 서비스 제공자와 고객 간의 개념으로 전환하고, 경영자의 고객은 직원인 컨설턴트, 재단사, 매니저라고 하면서 서번트 리더십(servant leadership)으로 철저히 무장하고 이를 일관되게 실천한다.

적절한 인재의 선발과 육성 이 회사는 소매업의 특성을 고려해 우수한(talented) 인재보다는 평범하지만 기업문화에 적합한(right) 인재를 채용한다. 또 정규직중심의 고용, 내부승진의 원칙 고수 등 인사관리에서도 다른 회사와의 차별성을 둔다. 직원에 대한 호칭도 하찮은 역할을 수행한다는 느낌을 주는 '종업원'이라는 용어를 배제하고 매장의 판매직원들을 '의상 컨설턴트(consultant)라고 부름으로써 상호존중 문화를 형성한다. 채용한 직원들을 적합한 인재로 육성하기 위한 교육예산은 무제한적으로 필요한 경우 언제든지 지원한다고 한다.

조직문화의 명문화 회사 성장을 위한 아이디어와 피드백을 장려하기 위해 최소한의 실수는 용인하는 조직문화를 구축하고 있다. 최소한의 실수가 경력에 불리하게 작용하지 않도록 회사 미션 등에 공식적으로 명문화하고 있다. Zimmer는 "사람에게 두 번의 기회를 주라"는 인사철학을 갖고 있으며, 매장의 물건을 훔친 직원조차도 처음인 경우에는 해고하지 않고 다른 매장으로 배치하는 등 한 번의 기회를 더 준다고 한다. 실제 소매업의 경우 직원 절도에 따른 손실이 통상 수익의 1.5~2.4%에 달하나 멘스웨어하우스는 0.4%로 매우 낮은 수준이다.

자료 : SERI 경영 노트, 인간 존중 경영의 표상:멘스웨어하우스, 삼성경제연구소, 2009.

06

CHAPTER

지휘와 리더십

모든 조직의 핵심적인 자원은 사람이다. 지휘는 이러한 인적자원들이 목표달성을 위하여 행동하도록 하는 경영기능이다. 지휘는 지도, 감독, 명령, 통솔 등과 유사한 개념으로 경영기능 중 가장 오래되고, 가장 강하고, 가장 분명한 기능이다. 과거에는 지휘의 개념에 신성한 왕권과 같은 종교적 의미마저 부여되었다. 동기부여의 개념은 거의 찾아보기 힘들었고, 지휘는 관습이나 전통적인 것으로 간주되거나 지도자 개인이 갖는 기술이나 특징으로 여겨졌다. 이러한 생각은 자본주의 초기의 기업가들에게까지 이어졌다. 시간이 지나자 경영관리는 개인적 재능 이상의 것으로 교육에 의하여 습득될 수 있다고 생각하게 되었다. 또한 인간의 욕구를 자극하는 것이 지휘의 중요한 수단으로 여겨지게 되었다.

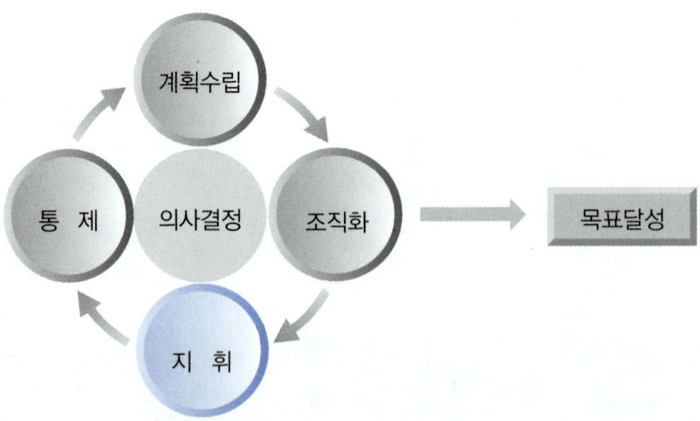
계획수립
통 제
의사결정
조직화
지 휘
목표달성

제6장 지휘와 리더십

Ⅰ. 리더십

명량해전에서 이순신의 함대는 전함 12척에 불과하였다. 마무리 이야기에서 볼 수 있듯이 그의 리더십은 수백 척에 이르는 적군 함대를 물리치고 일본의 북상을 저지하면서 조선을 구했다. 조직이 목표를 효과적으로 달성하려면 구성원의 노력이 필수적이지만, 그들의 목표지향적 행동을 이끌어내는 리더의 역할은 절대적이다. 리더십(leadership)이란 구성원들이 조직의 성공에 기여하도록 영향을 미치고 동기를 유발하는 과정이다. 리더는 미묘한 설득에서부터 공식적인 권력을 사용하기까지 다양한 형태로 부하들에게 영향력을 행사한다. 또한 리더는 자원 할당이나 의사소통 유형의 변경 같은 작업환경을 정비하여 부하들이 기업의 목표를 쉽게 달성하도록 유도한다.

1. 리더십 개관

자본주의 초기 기업의 상당수는 경영자들의 권력과 리더십이 소유권에서 나오는 경우가 많았다. 그러나 오늘날과 같이 전문경영자가 늘어나는 추세에 있는 경우 경영자의 권력은 여러 가지 원천에서 나온다. 따라서 경영자의 영향력이 행사되는 범위가 점차 넓어지고 있다.

(1) 권력

권력(power)이란 개인이나 부문, 조직의 행동에 영향을 미칠 수 있는 능력을 의미한다. 권력은 리더십의 원천이지만 리더십 그 자체는 아니다. 권력이 있는 사람은 리더십을 발휘할 수 있으나, 사람들은 그 권력을 사용하지 않는 경우가 많고, 심지어는 권력을 가지고 있다는 사실을 모르는 경우도 있다.

합법적 권력(legitimate power)

합법적 권력은 법률이나 조직의 내규뿐만 아니라 비공식적인 행동규범으로부터도 나온다. 예를 들면, 교사가 학생들의 행동에 영향력을 미칠 수 있는 합법적 권력, 즉 권한(authority)은 교육법에 근거하여 생기기도 하지만, 우리나라 사람들이 교사들에 대한 일반적인 가치나 태도 속에서도 나온다. 합법적 권력은 무관심권(zone of indifference) 범위 내에서 부하들의 행동에 영향을 미친다. 여기서 무관심권이란 리더의 명령을 부하들이 아무런 이의 없이 받아들이는 범위를 말한다. 무

리더의 권력 행사

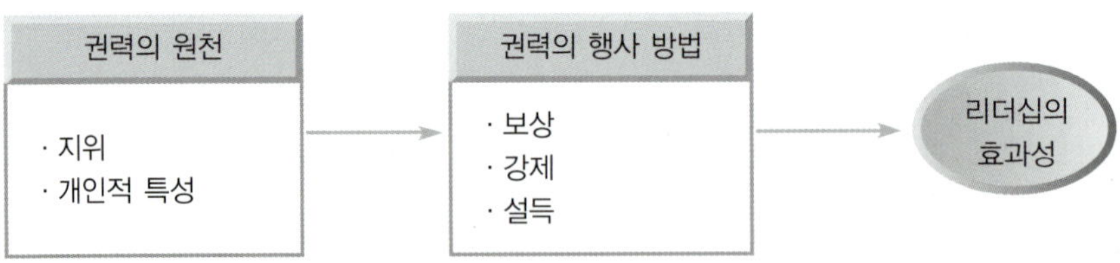

경영자의 지위(합법적, 보상, 강제권력)나 개인적 특성(전문, 준거권력) 등으로 인하여 권력은 생겨난다. 실제 경영자들이 갖고 있는 권력의 종류와 정도는 사람마다 다르다. 경영자들은 이러한 권력을 통하여 다른 사람들을 강제하고, 보상하며, 설득함으로 리더십을 발휘한다.

관심권의 범위는 부하들이 리더가 믿을만하고 공정한 의사결정을 내린다고 인정하는 만큼 증가한다. 또한 우리나라처럼 권위적인 문화 속에서는 무관심권의 범위가 그렇지 않은 사회보다는 넓은 편이다.

보상권력(reward power)

보상권력(reward power)은 부하들이 가치 있다고 생각하는 자원을 배분하거나 부정적인 제재를 철회할 수 있는 능력에서 기인한다. 경영자는 임금, 승진, 작업배치, 휴가, 복리후생 등과 같은 조직이 제공할 수 있는 보상을 배분할 능력을 가지고 권력을 행사한다. 이를테면 경영자가 실적이 좋은 종업원들에게 연봉을 올려주거나 승진을 시킴으로써 그들이 조직의 목표달성을 위하여 최선을 다하도록 유도한다.

강제권력(coercive power)

경영자가 벌을 줄 수 있는 능력에서 기인하는 권력이다. 목표달성을 위해 노력하지 않는 노동자에게는 감봉, 좌천, 파면 등의 벌을 가함으로 목표달성에 최선을 다하게 한다. 종업원들 역시 강제권력을 행사한다. 그들은 따돌림, 비꼼 등을 통하여 동료 종업원들이 팀의 규범에 따르도록 유도한다. 기업들은 종업원들의 강제권력 행사를 이용하여 조직의 목표달성을 유도하는 경우가 많다. 기업은 이런 동료들의 압력(peer pressure)을 활용하기 위하여 집단성과급제와 같은 제도로 종업원들을 지원하기도 한다.

전문권력(export power)

합법적 권력, 보상권력, 강제권력은 주로 경영자의 지위(position)에 기인하는 권력이다. 반면에 전문권력은 한 개인의 지식, 기능, 직무상 정보와 경험 등에서 나오는 권력이다. 다른 사람들이 권력 행사자의 그런 속성이 가치 있다고 느끼고, 그로부터 영향을 받을 때 전문권력은 행사된다. '정보는 힘이다' 라는 말은 오늘날과 같은 지식기반사회에서는 그 의미가 점차 더 커진다. 정보의 흐름을 통제할 수 있는 사람은 전문권력을 얻게 된다.

과거 관료제조직에서는 상급자에게 정보가 집중되고 그것이 부하들에게 흘러가므로 상급자는 전문권력을 갖게 된다. 하지만 인트라넷과 블로그 등의 정보시스템이 발달함에 따라 상급자의 전문권력은 점차 줄어들게 되었다. 최근 전문권력은 미래의 불확실성을 극복할 수 있는 지식을 갖고 있는 사람들에게 주어지고 있다. 그들이 불확실성을 극복하고 환경적 적합성을 높이는데 사용하는 전략이 예방(prevention)과 예측(forecasting)이다. 예를 들어, 재무전문가들이 현금부족이나 부도를 방지하기 위한 예방조처를 취하거나, 마케팅 전문가들이 소비자의 선호를 예측함으로 전문권력을 획득하게 된다.

준거권력(referent power)

다른 사람들이 그를 존경하거나 닮으려 할 때 생겨나는 권력이다. 준거권력은 전문권력과 마찬가지로 개인의 특질에 기인하는데, 권력 행사자가 합법적 권력을 갖고 있지 않거나 권력을 행사한다고 느끼지 못할 때에도 권력은 행사된다. 이것은 도덕적 기준, 인간관계능력 등의 특별한 자질과 관련된 것으로 일반적으로 천천히 개발된다. 준거권력은 카리스마 리더십과 관계가 있다. 카리스마(charismatic)는 대인적 흡인력으로 정의할 수 있는데, 그것에 의하여 추종자들은 카리스마를 가진 사람들을 존경하게 되고 그를 추종하게 된다. 구성원들에게 명확한 비전과 목표를 제시하는 것이 필요한 급박한 상황에서는 카리스마 리더십은 매우 효과적이다.

전문권력에 대한 맹종

의사, 변호사, 교수, 회계사와 같은 직함을 가지고 있는 사람들의 말에 따라 사람들이 움직이는 이유는 그들이 전문권력을 가졌기 때문이다. R.B. Cialdini의 Influence(설득의 심리학)라는 책에 있는 예화이다. 오른쪽 귀에 염증이 있는 환자의 처방전에 의사가 Place in Right ear!(오른쪽 귀에 약을 넣으시오)라고 쓰는 대신 줄여서 Place in R ear! 라고 적었다. 그것을 본 간호사는 Place in Rear(뒤에 약을 넣으시오)라고 해석하여 항문에 약을 넣었다는 것이다. 이런 어처구니없는 일이 발생하는 이유에 대해 저자는 사람들이 권위에 대해 복종하려는 의무감을 가지고 있기 때문이라고 해석했다. 그것은 전문권력이 발생하는 이유를 설명하는 방법 중 하나일 것이다.

(2) 리더십의 연구 방법

우리 주변에 있는 훌륭한 정치지도자, 경제지도자, 사회지도자, 교육자, 훌륭한 부모들은 어떻게 그토록 효과적인 리더십을 발휘하는가는 매우 흥미 있는 주제들이다. 리더십은 고대 그리스 철학자로부터 지금까지 경영학뿐만 아니라 군사학, 정치학, 교육학 등에서 연구되는 매우 인기 있는 분야 중 하나다. 리더십의 많은 연구 결과를 요약하면 특성이론, 행동이론, 상황이론, 그리고 최근에 연구되는 변혁적 리더십 등이 있다. 각각의 접근 방법은 나름대로의 관점에서 리더십이라는 복잡한 주제를 이해하는데 도움을 주고 있다.

특성이론

특성이론은 리더의 개인적 특성이 효과적인 리더십과 관련이 크다고 생각하고, 그 특성을 찾으려고 노력한 이론이다. 즉, 효과적 리더가 되는 특성은 무엇인가 따로 있다고 가정하는 것이다.

전통적 리더십 이론의 변천

	연구모형	강조점
특성이론 (1950년대 이전)	개인적 특성 → 리더와 비리더의 구별	리더와 리더가 아닌 사람을 구별할 수 있는 특성이 분명히 존재한다.
행동이론 (1950~1970년대)	리더의 행동 → 조직의 성과	효과적인 리더십의 가장 중요한 요인은 리더의 특성이 아니라 리더의 실제 행동 유형으로 구별된다.
상황이론 (1970년대 이후)	리더의 행동 → 조직의 성과 상황요인	효과적인 리더십은 리더의 행동 유형뿐만 아니라 리더십을 발휘하는 상황에 의해서도 결정된다.

출처 : 신유근, 조직행위론(1985), 수정.

행동이론

효과적인 리더십의 원천은 리더의 특성이라기보다 부하를 향한 리더의 행동이라는 사실을 인식하게 되었다. 행동이론은 밖으로 드러나는 리더의 행동이나 리더십 유형이 성과와 관계가 있는지 없는지를 규명하려는 이론적 연구이다.

상황이론

상황이론은 어떠한 상황에서나 적용될 수 있는 유일 최선의 리더십은 없다고 전제하면서, 리더의 특성뿐 아니라 리더십 스타일이 구체적인 상황에 적합할 때에 리더십이 효과적이라고 설명하였다.

변혁이론

최근 가장 활발한 접근 방법은 변혁적 리더십이론이다. 변혁적 리더십이론은 전통적인 리더십이론과는 달리 리더가 그들의 비전, 의사소통 방법, 부하들에 대한 흡인력을 가지고 조직을 변환시키는 과정에 관심을 두고 있다.

단기적인 승리가 목표인 농구경기의 경우 과업지향적 리더십 스타일이, 장기적 성과를 내는 학습의 경우에는 관계지향적 리더십 스타일이 효과적이다.

2. 리더십의 특성이론

리더십연구가 시작된 이래 연구자들은 위대한 리더들과 평범한 사람들과 구별되는 특성(traits)을 찾아내는데 노력을 기울였다. 여기서 특성이란 신체적 특성, 사회적 특성(교육, 신분), 지적 능력(지능, 판단력), 과업과 관련된 특성(성취욕, 책임감) 등으로 이해해도 될 것이다. 하지만 1940년대 말까지 계속된 이러한 접근 방법은 일관된 리더의 특성을 찾아내는데 실패하였다. 예를 들면, 신장이 큰 사람이 그렇지 못한 사람에 비하여 부하에게 큰 영향력을 미칠 수 있다는 연구도 있지만, 신장이 작은 사람 역시 훌륭한 리더십을 발휘한 경우도 많았다. 이런 결과는 연구자들로 하여금 효과적인 리더들의 특성을 발견하려는 노력을 포기하게 했다.

하지만 지난 십여년 전부터 리더십 연구자들과 컨설턴트들은 리더십에는 특정한 능력(competencies)이 필요하다는 점에 주목하기 시작하였다. 여기서 능력은 감성지수, 추진력, 자신감 등의 개인적 특성을 포함하고 있다. 과거와 달라진 면이 있지만 오늘날의 특성이론(trait theory) 역시 모든 리더들은 동일한 개인적 특성을 가지고 있고, 이런 특성은 모든 상황에서 중요하다는 가정을 한다. 하지만 기업이 처한 상황이 너무 복잡하기 때문에 모든 상황에 적용될 수 있는 보편적 리더십 특성을 찾기 어렵다는 것이 특성이론이 가지고 있는 한계이다.

리더십 특성이론은 위대한 리더는 타고난다고 보지 않는다. 리더로서의 특성을 가진 사람들은 리더가 될 가능성이 있을 뿐이고, 그것들을 개발하고 필요한 리더십 행동을 습득한 후에야 효과적인 리더가 될 수 있다고 생각한다. 이런 특성이론은 기업이 특정 능력을 가진 사람들을 고용하고 훈련을 통하여 그들의 잠재력을 개발하고 현장에서 실무적 경험을 갖게 할 필요가 있다는 것을 시사하고 있다.

3. 리더십의 행동이론

리더십의 행동이론(behavioral theory)에서는 효과적인 리더들의 행동 유형을 발견하려고 노력하였다. 리더의 행동을 최초로 연구한 이들은 1950년대 오하이오 주립대학의 연구팀이다.

(1) 행동이론의 연구방향

연구팀은 리더의 행동을 과업행동과 관계행동으로 분류하였다. 과업행동(task behavior)이란 과업의 설계와 완성에 초점을 둔 리더의 행동으로 정의할 수 있는데 목표의 설정, 작업의 우선순위결정, 지시 · 감독 등의 행동이 이에 속한다. 관계

행동(relation behavior)은 작업을 수행하는 구성원들의 욕구충족에 초점을 맞추는 것으로, 부하들에 대한 지원, 격려, 질의응답, 문제해결 등의 행동이 이에 속한다.

리더가 반복적으로 사용하는 행동패턴을 리더십 유형(leadership style)이라 한다. 리더가 과업행동과 관계행동 중 과업행동에 따라 리더십을 발휘하는 비중이 큰 경우 과업지형형 리더십이라 하고, 관계행동의 비중이 큰 경우 관계지향형 리더십이라고 한다. 리더십의 행동이론은 어떤 리더십 유형이 조직의 목표달성에 가장 효과적인지를 밝히는 데 초점을 맞추고 있다.

(2) 리더십 그리드

블레이크와 무튼(Blake & Mouton)은 과업행동과 관계행동의 결합 유형을 도식화하여 리더십 그리드(leadership grid)라는 개념을 정립하였다. 그들은 과업행동을 생산에 대한 관심이라 하였고, 관계행동을 인간에 대한 관심이라 하였다. 그들이 제시한 리더십 유형의 기본적 형태는 다음과 같다.

① 1 · 1형(무관심형) : 일과 사람에 대하여 모두 낮은 관심을 갖는 유형이다.
② 9 · 1형(과업형) : 과업에 대해서는 관심이 많으나 부하들과의 관계에는 관심이 없는 유형이다. 이런 유형을 전제형 리더십, 권위주의적 리더십, 지시적 리더십이라고도 한다.
③ 1 · 9형(컨트리클럽형) : 사람에게는 높은 관심을 보이지만 일에는 낮은 관심을 보이는 유형의 것으로, 온정주의적 리더십이라고도 한다.
④ 5 · 5형(중도형) : 과업과 관계에 적당한 정도의 관심을 보이는 유형이다.
⑤ 9 · 9형(팀형) : 일뿐만 아니라 사람에게도 높은 관심을 갖는 리더십으로, 참여적 리더십이라고도 한다. 부하들의 자아실현의 욕구를 충족시켜 주고, 신뢰와 지원의 분위기를 형성함과 동시에 과업달성 또한 강조한다.

이 이론의 강조점은 리더들의 리더십 유형을 팀형으로 바꾸기 위하여 훈련이 필요하다는 것이다. 예를 들어, 설문지 등에 의하여 (8 · 2형)으로 밝혀진 리더는 인간에 대한 관심을 늘려줄 수 있는 훈련을 통해 이상적인 (9 · 9형)으로 전환할 수 있다는 것이다.

(3) 행동이론의 문제점

행동이론에서의 연구결과는 서로 상반되는 결과를 가져왔다. 예를 들면, 오하이오 주립대학의 연구팀은 사람과 과업에 동시에 관심을 갖기 어려우며, 일반적으로 사람에 관심을 기울이는 리더가 이끄는 집단의 성과가 높다고 주장하였다. 반면에 미시간대학의 연구팀은 리더는 사람과 과업 모두에 관심을 가질 수 있다고 보며, 팀형(9 · 9형) 리더십이 가장 높은 성과를 가져온다고 주장하였다.

리더십 그리드

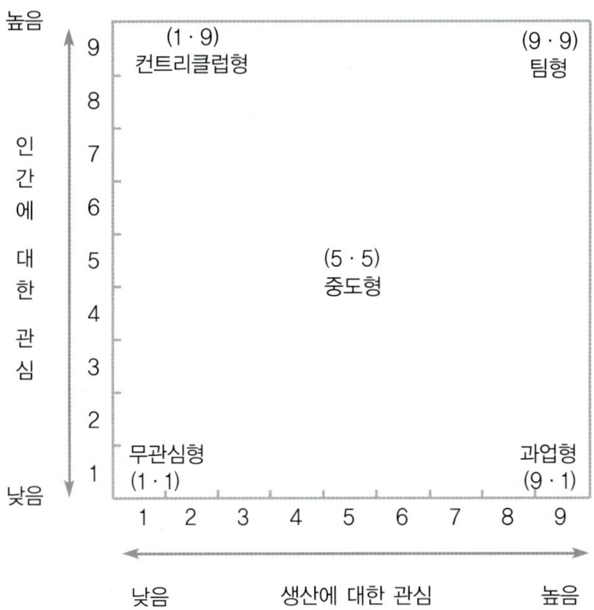

이처럼 상반된 연구결과가 나타난 것은 행동이론이 모든 상황에 효과적인 리더십 유형을 찾으려 했다는 점이다. 그런 문제점을 해결하려는 접근 방법이 상황이론이다. 예를 들면, 전쟁이나 화재와 같은 급박한 상황에서는 과업중심적 리더십이 효과적이고, 장기적인 인간행동의 변화를 목표로 하는 교육현장에서는 관계중심적 리더십이 더 효과적일 수 있다.

4. 리더십의 상황이론

리더십 상황이론(situational leadership theory)은 경영활동이 이루어지는 상황이 어떠한 특성이나 행동을 요구하는가에 연구의 초점을 맞추었다. 그 중에서 피들러(F. Fiedler)의 리더십 상황이론을 살펴보자.

(1) 리더십과 상황요인

피들러는 군인, 대학의 스포츠팀, 공장의 작업집단 등을 대상으로 상황적 특성과 리더십 유형 간의 관계를 연구하였다. 그는 리더십의 유형을 과업지향형과 관계지향형으로 나누었고, 리더십에 관련된 상황을 다음과 같이 제시하였다.

피들러의 상황이론모델

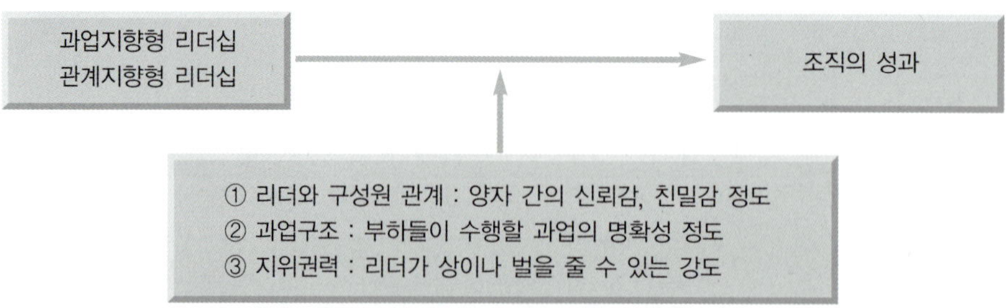

리더와 구성원 간의 관계(leader-member relationship)

조직구성원들이 리더를 지원하고 있는 정도를 나타낸다. 구성원들과 리더 간에 신뢰감, 친밀감, 상호 존경심이 존재하면 상호간에 좋은 관계가 유지되고, 그렇지 않은 경우 관계가 나쁜 것이다.

과업의 구조화(task structure)

구성원들이 맡은 일이 명확하게 정해져 있는 정도이다. 과업이 명확하게 정해져 있을수록 리더는 구성원들이 목표달성을 위하여 노력을 했는지를 쉽게 알 수 있고 책임소재가 명확하므로 리더에게 유리한 상황이 형성된다.

지위권력(position power)

리더의 지위에 부여된 권력으로 구성원들에게 보상을 주거나 처벌을 할 수 있는 재량권이 약한가 강한가를 나타낸다. 피들러는 이런 요인들을 결합하여 8가지의 상황으로 구분하였다.

(2) 리더십과 상황의 적합관계

피들러는 어떤 상황에서 어떠한 행동 유형이 효과적인 리더십을 발휘할 것인가를 결정하는 리더십 유형-상황의 적합관계(appropriateness)에 관한 연구결과를

피들러의 상황이론

상황이 유리한 정도	유리 ←							→ 불리
리더와 구성원과의 관계	좋 음				나 쁨			
과업의 구조화	구조화		비구조화		구조화		비구조화	
리더의 지위권력	강함	약함	강함	약함	강함	약함	강함	약함
리더십 상황	Ⅰ	Ⅱ	Ⅲ	Ⅳ	Ⅴ	Ⅵ	Ⅶ	Ⅷ
효과적 리더십 유형	과업지향형			관계지향형			과업지향형	

다음과 같이 정리하였다.

- 리더에게 유리한 상황(Ⅰ, Ⅱ, Ⅲ 상황) : 과업지향형 리더십
- 리더에게 중간 정도 유리한 상황(Ⅳ, Ⅴ, Ⅵ상황) : 관계지향형 리더십
- 리더에게 불리한 경우(Ⅶ, Ⅷ 상황) : 과업지향형 리더십

예를 들면, 대성자동차 생산부 조립과 金과장은 과원들과의 관계(리더-구성원 관계)가 아주 좋고, 부하들의 노력의 결과가 쉽게 파악되며(과업의 구조화), 과장이 부하들에게 보상이나 처벌을 할 수 있다면(지위권력) Ⅰ의 상황이다. 이런 상황에서는 과업지향형 리더십으로 조직을 이끌면 효과적이라는 것이다.

(3) 실무에의 적용

실제 조직에서 리더십 유형이 집단의 상황적 조건에 적합하지 못한 경우도 있다. 그런 경우 효과적인 리더십을 위하여 취할 수 있는 방법은 다음과 같다.

리더십 유형의 변화

이 방법은 집단의 상황적 조건에 맞도록 리더의 리더십 유형을 변화시키는 것이다. 그런데 피들러는 상황에 맞추어 리더십 유형을 변화시키려는 리더십훈련은 효과가 적다고 주장하였다.

왜냐하면 리더십 유형은 쉽게 변하지 않기 때문이다. 그런 문제점을 해결하기 위하여 최고경영자는 하위경영자의 리더십 유형을 이해하고 그것이 가장 잘 적용될 수 있는 상황을 찾아 배치할 수 있다. 이를테면 Ⅰ, Ⅱ, Ⅲ 상황처럼 호의적 상황과 극단적으로 불리한 Ⅶ, Ⅷ 상황에는 과업지향형 리더를, 상황이 리더에게 어느 정도 유리한 Ⅳ, Ⅴ, Ⅵ 상황에는 관계지향형 리더를 배치해야 한다는 것이다.

리더십 상황의 변화

이 방법은 집단의 상황적 조건을 리더십 유형에 적합하도록 변화시키는 것이다. 실제로 리더십 유형은 리더의 성격과 깊은 관계를 갖고 있어 변화시키는 것은 쉽지

않다. 따라서 변화시키기 어려운 리더십 유형의 변화보다는 집단의 상황적 특성을 바꾸어 리더십 유형과 집단의 상황적 특성이 적합하게 연결되도록 해야 한다. 이를테면 Ⅳ와 같은 상황에 직면한 과업지향형 리더에게 상벌의 권한을 강력하게 주어 Ⅲ과 같은 상황으로 바꾸어 가는 것이다.

5. 변혁적 리더십

지금까지 공부한 행동적 관점이나 상황적 관점에서 접근하는 리더십을 총괄하여 교환적 리더십이라도 할 수 있다. 교환적 리더십(transactional leadership)은 구성원들이 조직의 목표를 효율적으로 달성할 수 있도록 관리하고 도와주는 리더십이다. 리더는 구성원들의 합리적인 교환 동기를 자극한다. 기업의 경우 종업원들은 자신의 노동력을 제공하는 대신 보상을 얻게 된다. 기업의 경영자는 종업원들이 보상을 얻을 수 있는 방법을 명확히 알려주고, 그들로부터 만족스런 직무 성과를 얻기를 기대한다.

반면에 변혁적 리더십(transformational leadership)은 환경에 능동적으로 대응하기 위하여 조직의 전략과 문화를 리드하고 변화시키는 리더십이다. 변혁적 리더십은 구성원들에게 새로운 사명과 비전을 제시하고 구성원들이 그 목표를 향해 능력 이상의 열정을 발휘하도록 도와준다. 그들은 각 구성원들을 전혀 다른 사람으로 재창조함으로써 조직변화와 혁신을 위한 힘을 결집하게 한다. 이순신은 보잘 것 없는 함대를 가지고 일본의 침략을 물리쳤고, 전자나 조선산업의 우리 경영자들은 세계 최고의 시장점유율을 달성했으며, 히딩크는 만년 예선 탈락의 한국 팀을 세계 4강으로 이끌었다. 이들은 많은 사람들이 불가능하다고 생각하는 목표를 설정하고 이를 달성한 변혁적 리더들이다.

시드니의 현대자동차. 우리 기업의 세계 진출은 변혁적 리더십의 산물이다.

기업은 교환적 리더나 변혁적 리더 모두를 필요로 한다. 교환적 리더는 주로 예측 가능한 목표를 설정하고 조직의 효율성을 증대시킨다. 반면에 변혁적 리더는 불확실한 상황 하에서 조직의 새로운 미래를 창조한다. 새로운 외부환경에 대처하여 조직이 성장 발전하기 위해서는 변혁적 리더의 역할이 중요하다. 실제 비영리기관은 물론이고 기업에도 교환적 리더들이 대부분이고, 변혁적 리더는 소수에 불과하다. 교환적 리더들은 변혁적 측면에 대한 감을 잃고 리더십의 효과성을 감소시킬 가능성이 있다. 변혁적 리더가 없는 조직은 침체에 빠지게 되고 결국에는 변화하는 환경 속에서 몰락의 길을 걷게 될 것이다.

Ⅱ. 조직 내에서의 동기유발

조직에서 나타나는 개인의 성과는 사람에 따라 천차만별이다. 이런 차이에 대하여 종전에는 주로 사람 본연의 능력이나 특성에 기인하는 것으로 생각하였다. 그러나 최근에는 개인의 행위에 대한 이해가 증진되어 감에 따라 능력차이뿐만 아니라 능력을 발휘하고자 하는 개인의 자발적 의욕(motivation)이 성과를 결정하는 중요한 요소라는 것을 깨닫게 되었다.

동기유발과 성과

motivation은 조직구성원의 입장에서는 동기유발이라 번역하고, 경영자나 조직의 입장에서는 동기부여라 번역할 수 있다. 동기유발과 성과와의 관계를 식으로 나타내면 다음과 같다.

P = f(A, M)

P : 성과(performance)

A : 능력(ability)

M : 동기유발(motivation)

1. 동기유발과 경영자

인간은 조직을 통하여 경제적 욕구 · 사회적 욕구를 충족시킨다. 인간은 욕구를 충족하기 위하여 행동을 하고, 그의 행동이 조직의 목표달성을 위한 움직임으로 나타날 때 그것을 동기유발이라 한다. 한편, 경영자는 개인이나 집단행동에 영향력을 행사하여 그들이 조직의 목표달성을 위하여 행동하도록 유도한다. 이 같은 과정을 조직의 입장에서 보면 동기부여라 할 수 있다.

기업에서 경영자가 종업원에게 동기를 부여하면, 근로의욕과 사기가 증대되어 기업활성화와 기업성과 향상에 이바지하게 될 것이다. 경영자가 동기부여의 수단으로 사용하는 것은 금전적 보상, 종업원에 대한 평가(예 : 승진, 포상), 자아실현을 할 수 있는 환경제공 등 다양하다. 이것과 관련된 내용은 제8장에서 자세히 살펴보겠다.

경영자는 종업원의 욕구가 무엇인지 인식할 수 있는 능력이 필요하다. 종업원의 욕구는 자신이 인정받는 것(사회적 욕구)인데, 경영자는 금전적 보상을 제공하는 경우 종업원의 동기유발은 미미할 것이고 조직의 목표달성에는 나쁜 영향을 미칠 것이다. 따라서 종업원의 동기유발요인과 경영자의 동기부여수단이 적합관계(appropriateness)를 유지하는 것이 중요하다.

동기유발과 경영자의 활동

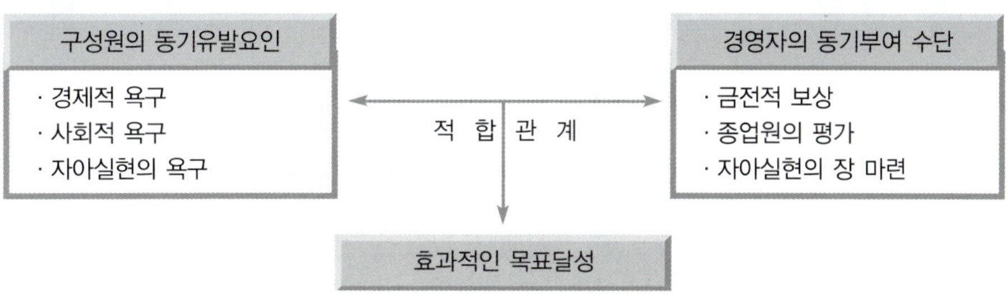

2. 동기유발요인

목표를 달성하기 위하여 노력하는 동기를 유발시키는 요인은 욕구이다. 경영자들은 종업원들의 동기를 유발시키는 요인이 무엇인지에 대하여 관심을 가져왔다. 이것은 종업원들이 충족하기를 원하는 욕구가 무엇(what)인가에 대한 관심이기도 하고, 경영자들이 주는 보상 중 무엇이 종업원들에게 가치있는 것으로 받아들여지는가에 대한 관심이기도 하다. 이런 관심을 집약한 것이 내용이론(content theory)인데, 여기서는 매슬로우(A. Maslow)의 욕구계층이론과 허즈버그의 동기-위생이론을 살펴보고자 한다.

(1) 매슬로우의 욕구계층이론

매슬로우의 욕구계층이론(hierarchy of needs)은 동기유발 연구에서 가장 널리 알려진 것이다. 그의 연구에 따르면 사람들은 5단계의 복잡한 욕구구조를 갖고, 저차원 욕구에서 고차원의 욕구로 단계적으로 변화한다고 주장하였다. 그는 다음과 같은 가정 하에서 이론을 전개하였는데, 그 내용은 다음과 같다.

① 사람들은 어떤 욕구를 충족하려고 애를 쓴다. 일단 충족된 욕구는 동기를 유발할 수 없다. 예를 들어, 의 · 식 · 주(생리적 욕구)가 해결되지 않은 사람은

매슬로우의 욕구계층이론

욕구계층	욕구내용	동기부여 방법
자아실현욕구	성장 · 자기완성욕구	의사결정에의 참여
존경의 욕구	존경 · 지위 · 신분 · 관심	성과에 따른 적절한 보상
사회적 욕구	애정 · 소속 · 타인 수용	동료와의 관계, 소속감
안전의 욕구	신체적 · 정서적 보호	안정적 고용보장, 보험
생리적 욕구	배고픔 · 주거 · 성욕	급여, 작업환경

그 욕구를 충족시키기 위하여 열심히 일을 하지만, 어느 정도 그 욕구가 충족되면 그것은 사람들을 움직이는 힘을 갖지 못한다. 우리나라 노동자들이 3D 업종을 기피하는 이유가 그 좋은 예이다.

② 서로 다른 다양한 욕구가 동시에 한 사람의 행동에 영향을 미친다. 사람들이 직장을 다니는 이유는 먹고살기 위해서만(생리적 욕구충족)이 아니고, 다른 사람과의 관계(사회적 욕구)를 갖거나, 성취감(자아실현의 욕구)을 맛보기 위해서이기도 하다.

③ 일반적으로 하위욕구를 충족하기까지 상위욕구는 사람의 행동을 자극하지 않는다. 우리나라 속담에 금강산도 식후경이라고 하였다. 배가 고픈 사람(생리적 욕구가 충족되지 않은 사람)에게는 관광이나 취미생활(사회적 욕구 혹은 자아실현의 욕구)의 동기를 유발하지 못한다.

④ 상위욕구를 충족하는 방법은 하위욕구를 충족하는 방법보다 다양하다. 생리적 욕구나 안전의 욕구와 같은 낮은 계층의 욕구는 그 충족 방법이 높은 계층의 그것보다 단순하다. 예를 들면, 배고픈 욕구충족은 음식을 먹는 것 이외에는 다른 방법이 없다. 반면에 높은 계층의 욕구충족은 주로 내면(인정, 성취감

요나 콤플렉스 The Jonah complex

A. Maslow

매슬로우는 프로이트의 부정적 심리학과 스키너의 지나치게 객관적인 심리학을 넘어 제3의 심리학인 인문주의 심리학(humanistic psychology)의 대표적인 인물이다. 그는 인간에게서 자신을 발달시키고 성장시키려는 욕구가 있음을 보았다. 인간은 균형을 유지하거나 좌절을 회피하는 것에만 관심이 있는 것이 아니라, 생존과 안전의 욕구를 뛰어 넘어 성장이나 자아실현에 관심을 갖는 소망하는 동물이라고 하였다.

그런데, 왜 인간은 자아실현을 하는 사람들이 극소수인가? 그는 그에 대하여 인간은 자신이 최악의 상태가 되는 것만큼이나 최고가 되는 것에 대한 두려움이 있다고 하였다. 이처럼 위대해지는 것에 대한 두려움(fear of one's greatness)을 요나 콤플렉스(Jonah complex)라고 이름 붙였다. 그는 인간들이 그런 상태에 처하는 이유는 자신의 잠재력이나 위대해짐에 따른 보상에 대한 몰이해, 사회의 고정관념, 안전의 욕구가 주는 강한 부정적 영향 때문이라고 하였다. 그는 자아실현에 성공한 사람들은 현실과 이상을 적절하게 조화한 사람들이라고 했다.

등)에서 오는데, 그 충족 방법은 비교적 여러 가지이다.

매슬로우의 욕구계층이론은 쉽게 이해할 수 있고, 논리적이라는 점에서 경영자들에게 많이 이용되는 것이다. 이 이론을 적용하기 위해서 경영자는 조직구성원의 욕구단계를 정확하게 파악하여야 한다.

(2) 허즈버그의 동기-위생이론

허즈버그(F. Herzberg)는 동기-위생이론을 제시하였는데, 이것은 2요인이론(two factor model)이라고도 한다. 매슬로우의 이론은 개인에 초점을 맞춘 반면, 허즈버그의 이론은 직무와 과업의 내용에 관심을 기울였다. 허즈버그는 구성원이 직무를 수행하면서 만족 또는 불만족을 느끼는데, 이것은 서로 다른 차원의 요인이 작용하고 있기 때문이라고 했다.

직무에 불만이 있는 구성원은 직무환경에 관심을 가지고 있으나, 직무에 만족하고 있는 사람은 직무 자체에 많은 관심을 가진다. 그래서 허즈버그는 직무에 만족을 주는 요인을 동기요인(motivators)이라 했고, 불만을 주는 요인을 위생요인(hygiene factors)이라 하였다. 그는 동기요인으로 성취감, 인정감, 도전감, 책임감 등을 들었고, 위생요인으로 회사정책, 감독, 임금, 작업조건 등을 들었다. 위생요인

허즈버그의 동기-위생이론

위생요인 불만족 ⟷ 중립	동기요인 중립 ⟷ 만족
위생요인은 충족시키지 못하면 불만을 갖지만, 충족시키더라도 종원업은 만족하는 것은 아니다.	동기요인은 충족시키면 만족하지만, 충족시키지 못하더라도 종업원은 불만을 갖는 것은 아니다.
회사정책, 감독, 임금, 작업조건	성취감, 인정감, 도전감, 책임감

이란 깨끗한 경우 병에 걸리지(불만족) 않을지는 모르나, 건강하게(만족) 되리라는 보장은 없는 의미에서 붙여진 이름이다.

오랫동안 기업은 종업원들의 결근, 이직, 불평, 생산성저하 등의 인사문제로 인하여 많은 어려움을 겪어왔다. 이런 기업들은 그 문제를 해결하기 위하여 주로 급여나 작업환경 같은 위생요인에 매달렸다. 그러나 허즈버그는 구성원의 동기를 유발하기 위해서는 동기요인에 관심을 기울여야 한다고 주장한다.

3. 동기유발 과정

경영자들은 동기유발요인뿐만 아니라 과정에도 큰 관심을 갖게 되었다. 사람들이 서로 다른 요인에 의하여 동기유발되고, 같은 요인에 의해서도 서로 다른 정도로 동기유발되는 이유를 알고 싶어한다. 이런 관심을 집약한 것이 과정이론(process theory)인데, 여기서는 브룸의 기대이론과 애덤스의 공정성이론을 살펴보고자 한다.

(1) 기대이론

종업원들은 자신의 과업을 수행하면서 스스로에게 다음과 같은 질문을 한다. ① 내가 노력을 하면 성공할 수 있을까? ② 성공을 하면 그것에 따른 보상이 있을까? ③ 그 보상은 나에게 가치가 있을까? 이러한 생각을 집약한 이론이 기대이론

기대이론모델

과업에의 동기유발	=	노력이 성공할 가능성	×	성공이 보상으로 이어질 가능성	×	보상의 가치

(expectancy theory)으로, 브룸(V. Vroom)에 의하여 개발되었다.

브룸은 성공가능성이 클수록, 보상가능성이 클수록, 그 보상이 종업원들에게 가치가 있을수록, 종업원들은 더욱 노력할 것이라고 하였다. 만일 3가지 요인 중 하나라도 빠지면 종업원이 열심히 노력할 가능성은 작아지고, 성과 또한 떨어지게 될 것이다. 예를 들어, 10일 안에 끝내야 하는 프로젝트가 있다고 하자. 그때 종업원들이 ① 10일 안에 끝낼 가능성이 없고, ② 기일 안에 끝나더라도 보상을 받을 가능성이 크지 않고, ③ 보상을 받더라도 그것이 자신들에게 별 가치가 없다고 느낀다면 동기유발은 잘 이루어지지 않고, 성과도 크게 기대할 수 없을 것이다.

기대이론은 경영자들이 종업원들에게 가능한 최상의 기대감을 주는 것이 얼마나 중요한 일인가를 보여주는 것이다. 따라서 경영자들이 종업원들에게 열심히 노력하면 과업을 성공적으로 마칠 수 있고, 과업이 성공하면 자신들이 가치 있다고 여기는 보상을 받을 수 있다는 확신을 주는 것은 매우 중요한 일이다.

(2) 공정성이론

애덤스(J. Adams)의 공정성이론(equity theory)은 자기가 제공한 공헌의 대가로 받은 보상이 공정한지 여부에 따라 동기유발 수준을 결정한다는 이론이다. 여기서 공정성은 종업원이 자신과 동일한 노력을 들인 다른 종업원의 성과를 자신의 것과 비교한 후 인식한다. 동일한 직무를 수행함에 있어 동료의 노력(타인투입)이 나의 노력(자기투입)이 같다고 생각되는데, 동료의 보상(타인산출)이 자신의 것(자기산출)보다 클 경우 사람들은 공정성을 느끼지 못할 것이다. 또한 동료가 자신보다 적게 노력하고 동일한 보상을 받는 경우에도 공정성을 느끼지 못한다. 이러한 상황을 식으로 나타내면 다음과 같다.

$$\frac{\text{자기산출}}{\text{자기투입}} < \frac{\text{타인산출}}{\text{타인투입}}$$

예를 들면, 나는 10시간 일하고 10만 원을 받았는데, 동료는 12시간 일하고 12만

원을 받았다면 공정하다고 생각할 것이다. 반면, 같이 10시간을 일했는데, 나는 10만 원을 받고 동료는 12만 원을 받았다면 불공정을 느낄 것이다. 그런 경우 종업원들은 다음과 같이 행동을 함으로 불공정에서 벗어나려 할 것이다.

노력의 감소

구성원들이 노력에 비하여 보상을 받지 못한다고 생각하고 노력이나 노동시간과 같은 자기투입을 감소시킨다.

자기의 투입 · 산출의 왜곡

투입을 변화시키지 않고도 생각을 바꾸는 것으로, 예를 들면, 동료가 자기와 같은 시간을 일했지만 업무능력이 뛰어나다고, 다시 말해 투입이 다르다고 생각하면서 동료를 비교 대상에서 제외시키는 것이다.

직장 이동

불공정성을 일으키는 직장을 떠남으로 불공정성의 근본을 제거한다.

공정성이론에 따르면 경영자는 보상의 종류나 양에 관심을 기울여야 할 뿐만 아니라 공정한 보상이 이루어지도록 노력해야 한다. 충분한 양의 보상이 이루어진다 하여도 그것이 공정하게 배분되지 않는 경우 종업원들을 동기유발시킬 수 없다.

공정성 회복 노력

부정적 불공정성 under-rewarded	긍정적 불공정성 over-rewarded
• 급여나 승진의 요구 • 시간과 노력의 투입 감소 • 적게 받은 이유를 합리화함 • 비교 대상의 변경	• 비교 대상의 급여나 승진의 요구 • 시간과 노력의 투입 증가 • 많이 받은 이유를 합리화함 • 비교 대상의 변경

Ⅲ. 의사소통

오늘날 많은 경영자들이 조직의 효과성을 높이고, 제품의 질을 향상시키기 위해서는 개방된 의사소통이 중요하다고 강조한다. 특히 환경이 급변하는 경우 경영자 혼자의 힘으로 조직의 목표를 달성할 수 없다. 경영자가 지시하면 그것에 복종하는 조직문화는 향상된 제품이나 경쟁력 있는 조직구조를 창출하기 어렵다. 개방된 의사소통은 조직 내 모든 구성원들의 아이디어가 원활히 흘러가도록 도와준다.

1. 의사소통의 과정

의사소통(communication)은 한 사람이 다른 사람에게 정보나 의사를 전달하는 과정이라고 정의할 수 있다. 의사소통이 가능하려면 송신자와 수신자 두 사람 이상이 참여하여야 하고, 전달될 정보가 있어야 하며, 그 정보가 실제로 전달되는 매체가 있어야 한다. 경영자는 다른 사람들과의 의사소통 과정을 통해서만 계획수립, 조직화, 지휘, 통제 등과 같은 경영기능을 제대로 수행해 나갈 수 있다. 그런 면에서 볼 때 좋은 경영자는 좋은 의사소통을 할 수 있는 사람이라고 하겠다. 의사소통이 이뤄지는 과정을 간단히 살펴보자.

의사소통의 과정

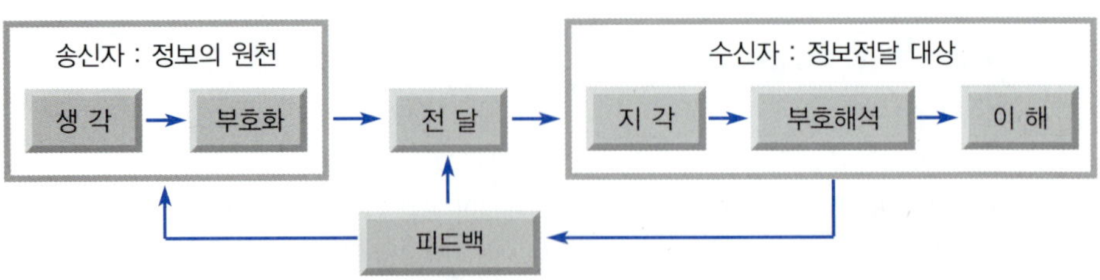

(1) 송신자

송신자는 상대방에게 전달하려는 정보에 대해 생각을 해야 한다. 예를 들어, 경영자는 종업원들에게 새로운 사업계획을 전달하겠다는 생각을 하게 된다. 다음으로 송신자는 자신의 생각을 체계적인 기호로 바꾸는 부호화(encoding) 과정을 거친다. 경영자는 자신의 전달할 생각을 글, 말, 도표 등으로 부호화한다. 부호화는 말이나 글과 같은 언어적 기호 외에도, 표정이나 몸짓으로 나타난다.

(2) 정보전달

정보를 전달하려면 송신자는 전달매체(medium)를 선택해야 한다. 예를 들면, 사장이 새로운 성과급제도를 영업사원들에게 전달한다고 가정하자. 영업사원들을 모아 놓고 회의를 통해 알릴 것인지, 자유로운 분위기의 간담회 형식을 빌어서 통보할 것인지, 이메일을 통해 알릴 것인지, 공식 문서를 통해 알릴 것인지를 결정해야 한다. 이런 매체의 선택은 새로운 성과급제도의 성패에 영향을 미칠 수 있다. 이는 매체의 성격에 따라 피드백 속도가 다르고, 의사 전달의 정확성이 달라지기 때문이다.

의사소통 매체

	언어 매체	문서 매체	비언어적 매체
구체적 사례	대면 대화 전화 연설이나 강의 화상 대화	인쇄된 공식 문서 편지 이메일 메모	접촉 눈맞춤 몸짓 거리나 공간
장점	즉각적인 상호작용에 의한 피드백이 가능함	정확한 의사전달로 기록이 남음	상황에 따라 강한 영향력을 미침

(3) 수신자

전달된 정보는 일단 수신자에 의해 지각되어야 한다. 지각(perception)은 주로 눈, 코, 피부 등의 감각기관을 통해 이루어진다. 문서를 보거나, 지시를 들으므로 정보를 지각하기도 하고 상대방의 얼굴 표정이나 몸짓을 봄으로써 필요한 정보를 지각하기도 한다. 지각 과정을 통해 입수된 정보는 수신자에 의해 해석된다.

수신자는 자신의 경험과 현재의 상황 등을 고려하여 전달된 정보의 의미에 대해 해석(decoding)한다. 수신자에 의해 해석된 정보가 송신자의 생각과 가까울수록 효과적인 의사소통이 이루어진다. 예를 들면, 경영자의 생각은 종업원들에 의하여 새롭게 해석된다. 일단 정보를 해석하고 나면 수신자는 정보의 의미를 이해하게 된다. 경영자의 지시를 듣거나 문서를 읽고 나서 그것이 뜻하는 바를 이해하거나 분위기나 경영자의 몸짓 · 표정 등을 보고 전달하고자 하는 바를 알아내는 것이 바로 이해 과정이라고 할 수 있다.

(4) 피드백

피드백(feedback)이란 송신자의 메시지에 대한 수신자의 반응이다. 피드백 과정에서 수신자는 원래 정보를 전달한 송신자에게 자신의 메시지를 전달하는 새로운 송신자가 된다. 이런 과정을 거쳐 의사소통 사이클이 형성된다. 그런데 피드백은 정보를 전달한 즉시 이뤄지는 것은 아니다. 예를 들어, 기업이 신제품에 대한 광고 메시지를 소비자들에게 전달한 경우 그것에 대한 소비자 피드백, 즉 구매 여부는 상당한 시간이 지난 후에 나타난다.

조직 내에서 의사소통에 대한 활발한 피드백이 이루어질 때 기업은 효과적으로 목표를 달성할 수 있다. 조직 내에서 원활한 피드백이 이루어지려면 개방적 분위기 조성이 필요하다. 이를테면 생산 과정의 문제점, 고객, 공급자, 경쟁자 등의 정보는 일선에서 일하는 종업원들이 가지고 있는 경우가 많다. 만일 경영자의 정책이 종업원들에게 전달되고, 그것에 대한 피드백이 충분하지 못한 경우 경영자는 의사결정을 하는데 중요한 정보를 상실할 가능성이 높다.

2. 의사소통의 흐름

(1) 공식적 의사소통

공식적 의사소통(formal channels of communication)이란 권한과 책임에 따라 확정된 조직구조에 따른 의사소통 유형을 말하는데, 하향적 · 상향적 · 수평적 · 대각적 의사소통 등이 있다. 하향적 의사소통은 상위 경영자의 생각을 부하들에게 전달하는 유형으로, 업무와 관련된 상급자의 지시가 이에 속한다. 이것은 정보가 체계적으로 전달되고 구성원들의 업무처리로 구체화되는 반면, 조직규모가 커지면 의사소통의 정확성이 떨어지는 문제점이 있다.

상향적 의사소통은 부하들의 생각을 상위의 경영자에게 전달하는 유형으로, 보고 · 제안 · 고충처리 등의 형태로 나타난다. 이 경우 부하들의 아이디어나 고충을 들을 수 있는 반면 정보의 정확성에 문제가 있다. 또 수평적 의사소통이란 조직의 동일 계층에 있는 사람이나 부문 간에 이루어지는 정보흐름 유형이다. 이것은 조직 전체의 목표달성을 위해 구성원들이나 부문들이 업무의 중복이나 불필요한 갈등을 줄이고 서로 협조하기 위해서 필요한 정보를 교환하는 의사소통이다.

대각적 의사소통이란 조직구조상 서로 다른 지위와 명령계통에 속하는 사람들 간의 의사소통이다. 영업담당사원이 자금부장에게 어느 정도까지 외상판매가 가능한지를 묻는 경우가 그것의 사례이다. 이 경우 의사소통이 빠르고 정확하게 이루어지는 반면, 의사소통의 중복이나 부서 간의 마찰 가능성이 있다.

(2) 비공식적 의사소통

비공식적 의사소통(informal channels of communication)은 공식적 의사소통

과 달리 조직 안에서 자연 발생적으로 이뤄지는 의사소통 유형이다. 과거 이런 비공식적 의사소통은 부정확한 소문들이 떠돌아다니는 경로로 받아들여져 크게 환영받지 못하였다. 하지만 최근에 들어 많은 기업들이 공식적 의사소통에서 얻을 수 없는 유익한 정보를 비공식적 경로를 통하여 얻기 시작했는데, 현장중심경영은 그러한 노력의 일환이다.

현장중심경영(management by wandering around)이란 여기 저기 돌아다니면서 종업원, 공급자, 다른 경영자, 고객들과 담소하면서 정보를 수집하는 것을 말한다. 현장을 돌아다니며 종업원들과 접촉하고 그들과 대화함으로써 경영자들은 최신의 정보를 꾸준히 얻을 수 있고, 종업원들과는 개인적인 인간관계를 구축할 수 있다. HP의 경영자들의 스케줄은 다른 구성원들과의 커피 대화(coffee talks), 의사소통 오찬(lunches), 그리고 복도 대화(hallway conversation) 등으로 가득 차 있다.

3. 리더십과 의사소통

드럭커는 의사소통이란 정보에 의미를 부여하는 과정이라 하였다. 그는 리더의 역할은 부하들에게 단지 정보만 제공하는 것이 아니라, 그들에게 의미 있는 방법으로 그것을 전달하는 데 있다고 하였다. 리더가 아무리 멋진 연설을 한다하더라도

한국야쿠르트의 비공식적 의사소통

야쿠르트 아줌마와 한국야쿠르트 직원 500여 명을 초청한 지난 8일 열린 LG와 롯데 경기에서 김혁수 대표이사가 시구를 했다. 김 대표는 “탁 트인 넓은 공간과 응원의 열기가 가득 찬 경기장에서 직원들과 응원을 하다 보니 자연스럽고 진솔한 소통이 가능해지는 것 같다”고 말했다. 또한, 직원들이 CEO와 함께 아침식사를 함께하는 ‘굿모닝 Talk Talk’도 인기를 끌고 있다. 매주 2회 진행되는 이 프로그램에는 직원들이 편안하게 이야기할 수 있도록 부서장들의 참석을 금지하고 있다. 한국야쿠르트는 이 같은 새로운 시도를 통하여 서로 공감하고 실천하는 기업문화를 형성해 가고 있다.

출처 : 아시아경제, 2013년 8월 12일

그것이 부하들에게 의미 없는 내용이거나 부하들의 욕구나 관심사에 맞지 않는 경우, 그 연설은 부하들에게 영향을 미치지 못한다. 따라서 효과적인 의사소통은 상대방의 욕구를 먼저 이해하는 것으로부터 시작된다.

(1) 적극적 청취와 현장중심경영

부하들의 욕구가 무엇인지 이해하는 방법 중 하나는 그들의 말을 듣는 것이다. 효과적인 의사소통은 말하는 것이 아니라 듣는 것에서 시작된다고 드럭커는 말하였다. 부하들의 말을 듣고 그들의 생각을 이해하지 않고는 리더들의 지시, 심지어는 격려까지도 허공을 치는 말이 될 것이다.

진정한 의사소통의 기초는 적극적 청취(active listening)에 있다. 적극적 청취를 통해 리더는 부하들과 지속적 상호작용을 할 수 있고, 그들의 의견을 들을 수 있으며, 대화를 계속할 수 있도록 관련된 질문을 계속할 수 있다. 적극적 청취는 현장중심경영(MBWA)의 실천 과정이다. 적극적 청취의 또 다른 이점은 부하들과의 신뢰관계를 형성시켜 준다. 리더가 진심으로 부하들의 관심사를 청취하려고 할 때 부하들은 리더의 지시나 격려를 진심으로 받아들이고, 리더의 영향력은 증대된다.

(2) 언행일치의 행동

적극적 청취와 의미있는 메시지는 효과적인 의사소통의 필수조건이다. 경영자의 언행(言行)일치는 또 다른 효과적인 의사소통의 요건이다. 예를 들어, 경영자가 혁신을 강조하면서 실제 종업원들의 혁신적 제안을 방어적 자세로 거부한다면 경영자의 혁신과 관련된 메시지는 의미없는 것이 될 것이다. 경영자가 자신의 말을 실천함에 따라 부하들과의 신뢰감이 형성되고, 효과적 리더십 상황이 조성될 것이다.

4. 갈등관리

조직 내의 개인이나 집단은 다른 개인이나 집단과 경쟁 · 긴장 · 대립 · 마찰 · 적대감정 · 좌절감 등을 겪게 되는데, 이때 대부분의 사람들은 심리적 갈등을 경험한다. 상사와의 갈등, 동료 간의 갈등, 노사 갈등, 남녀 사원 간의 갈등, 부문 간의 갈등 등과 같이 갈등은 그 종류도 매우 다양하다.

(1) 조직에서 갈등의 의미

조직 내에서의 갈등에 대한 관점은 크게 두 가지가 있다. 첫째, 관점은 갈등의 역기능적인 측면을 강조한 입장으로 갈등은 제거되거나 해결되어야 한다고 주장한다. 그러한 주장을 하는 사람들은 갈등은 상대방에게 적대감 · 부정적 태도 등을 갖게함으로 조직의 통합을 저해하고 조직내의 원활한 의사소통을 방해한다고 한다.

둘째 관점은 갈등이 바람직한 순기능을 수행하기도 하므로 경우에 따라서 일정한 한계 내에서 갈등을 조장할 필요가 있다는 입장이다. 이런 입장의 사람들은 조직내에 일정 수준의 갈등이 존재하면 미처 몰랐던 문제점들을 발견하여 그 해결 방안을 모색하게도 하고, 자신과 다른 정보를 입수함으로 정보의 질을 높일 수도 있으며, 갈등해결 과정에서 조직의 창의성이나 혁신을 촉진시킨다고 주장한다.

오늘날 대부분의 갈등이론은 갈등이란 조직 내에서 제거할 대상만은 아니고 신

갈등의 유형

기업에서의 갈등은 크게 두 가지로 분류할 수 있다. 한 가지는 조직 내의 각 사람이 양립할 수 없는 가치, 인식, 기대를 갖고 있을 때 발생하는 대인적 갈등(interpersonal conflict)이다. 이것은 긴장, 적대감, 분노 등의 감정을 수반하므로, 감정적 갈등(emotional conflict)이라고도 한다. 이런 갈등은 구성원 간의 반목을 조정하고, 직무만족을 해치는 요인으로 작용할 수 있다. 또 다른 갈등은 조직 내의 각종 의사결정 과정에서 나타나는 과업 갈등(task conflict)이다. 이런 갈등은 해야 할 일과 하지 말아야 할 일들을 구분하는 과정에서 발생하는 인지적(conflict) 갈등으로, 효과적인 의사결정을 촉진하고 구성원들의 업적에 크게 기여한다.

중한 진단과 검토가 필요한 변수라는 것에 동의한다. 조직 내의 갈등은 적절히 관리만 되면 조직에 순기능적이며 건설적일 수 있는 반면, 조직이 추구하는 목적이나 가치를 지원하지 못하거나 해치는 경우는 조직에 역기능적이며 파괴적일 수 있다.

(2) 조직 내의 갈등관리

갈등관리(conflict management)란 갈등제거를 목표로 하는 갈등해소(conflict resolution)와는 달리 갈등의 역기능적 측면을 제거하고 갈등의 순기능적 측면을 조장하여 조직의 목표달성에 기여하는 활동을 말한다. 따라서 갈등관리는 갈등이 지나치게 고조되었을 때 행하는 갈등해소활동과 갈등이 지나치게 낮은 경우 행하는 갈등조장활동으로 구성된다.

갈등이 조직에 문제를 일으키지만 그 정도가 미미한 경우에는 당사자 간에 해당 문제에 대한 언급을 회피(avoiding)함으로 갈등을 해소하기도 한다. 또한 대립되는 주장에서 부분적으로 양보하는 타협(compromising)을 통해 해소하기도 하며, 문제해결이 어려운 경우 권위에 의한 강제(forcing)를 통하여 해소하기도 한다. 반면에 갈등이 지나치게 낮아 조직이 침체되고 활력을 잃는 경우에 경영자는 조직분위기를 쇄신하기 위하여 갈등을 조장하기도 한다. 의사소통 방법을 의식적으로 변경하거나 외부 인력을 도입할 수 있고, 새로운 임금제도나 조직개편을 할 수도 있다.

연습문제

01. 권력은 크게 리더의 공식적 지위나 개인적 특성에서 나온다. 다음 중에서 리더 개인적 특성에 기인하는 권력에 속하는 것은?

① 합법적 권력　　② 보상권력
③ 강제권력　　④ 전문권력

02. 합법적 권력과 관련된 무관심권 범위(zone of indifference)에 대한 다음 설명 중 바르게 된 것은?

① 무관심권 범위란 리더의 말에 무관심한 영역을 말한다.
② 부하들이 리더를 신뢰할 때 무관심권의 범위는 줄어든다.
③ 리더의 공정한 의사결정을 부하들이 인정할 때 무관심권 범위는 줄어든다.
④ 우리나라와 같이 문화가 비교적 권위적인 기업에서는 그렇지 못한 경우보다 무관심권의 범위가 넓은 편이다.

03. 연예인들을 따라 머리에 색깔을 바꾸었다면 이러한 행동 변화는 다음 중 어떠한 권력에 의하여 발생한 것인가?

① 준거권력　　② 강제권력
③ 전문권력　　④ 보상권력

04. "아이아코카와 같은 저돌적인 성향의 경영자는 난세의 리더로, 이튼과 같이 팀 중심의 경영자는 불확실성이 큰 현대의 리더로 적합하다."와 같은 접근은 무엇에 가까운가?

① 특성이론　　② 행동이론
③ 상황이론　　④ 모티베이션이론

05. 다음 설명 중 틀리는 것은?(CPA수정)

① 매슬로우의 욕구단계설은 인간의 욕구를 계층별로 5단계로 분류하였다.
② 블레이크-무튼의 관리격자이론의 (9 · 1)형은 과업중심적 관리자이다.

③ 허즈버그의 위생요인이 동기부여를 시킨다.
④ 테일러 조직관은 강압적 지도자 모델이지만 수정이론의 조직은 Y이론에 의한다.

06. Maslow의 욕구 5단계설에 관한 설명으로 적합치 못한 것은?
① 충족된 욕구는 동기를 유발할 수 없다.
② 한순간에 여러 욕구가 동시에 작용하여 한 사람의 행동에 영향을 미친다.
③ 일반적으로 생리적 욕구가 충족되어야 상위의 욕구가 사람의 행동을 자극한다.
④ 하위의 욕구는 상위의 욕구에 비하여 충족하는 방법이 다양하다.

07. 다음 중 Herzberg의 2요인이론에 대한 설명으로 옳은 것은?
① 월급은 동기요인에 속한다.
② 성취감은 위생요인에 속한다.
③ 위생요인이란 충족시켜 주면 만족하고 그렇지 않으면 불만에 빠지는 것을 말한다.
④ 동기요인이란 충족시켜 주면 만족하고 그렇지 못한 경우 중립인 것을 말한다.

08. 모티베이션이론 중 공정성모델에 관한 설명으로 틀린 것은?
① 자기 노력과 보상을 비율과 타인과 비교하여 느끼는 감정 관련 모델이다.
② 모티베이션이론 중에서 내용이론에 속한다.
③ 자기의 (산출/투입)이 다른 사람보다 작다고 느끼면, 투입을 줄이려 할 것이다.
④ 계속 문제가 해결되지 않으면 조직을 이탈할 수도 있다.

09. 비공식적 의사소통에 대한 설명 중 바르지 못한 것은?
① 입사(入社)동기 모임에 의한 정보교환은 비공식적 의사소통이다.
② 공개된 통로가 아닌 자생적으로 생긴 통로이다.
③ 파벌의 원인이 되기도 한다.
④ 기업에서는 그 부작용으로 인하여 가능한 그 기능을 억제하는 것이 바람직하다.

10. 오늘날 일반적인 갈등이론에 입각하여 조직 내의 갈등에 관한 설명 중 적합한 것은?
① 갈등관리란 갈등해소와 같은 의미를 갖는 개념이다.
② 갈등이 적으면 적을수록 조직은 생동적으로 움직인다.
③ 갈등은 적절한 수준을 유지하면 조직의 목표달성에 도움이 된다.
④ 갈등은 스트레스를 유발하여 조직의 일체감을 저해하므로 제거해야 할 요소이다.

마무리 이야기

진정성 리더십

사람들은 카리스마적 리더들의 영웅적 행동에 대하여 환호한다. 그리고 그들이 완벽한 리더가 되길 바란다. 하지만 20세기를 종료할 무렵 몰아닥친 외환위기는 우리나라의 많은 기업들을 무너뜨렸다. 실패를 모르는 영웅이 되려했던 많은 경영자들이 분식회계와 같은 비도덕적 행동을 저지르고 몰락했다. 이런 영웅적 리더십에 대한 의문을 품고 상당수의 사람들이 새로운 리더십에 대한 관심을 가지게 되었다. 그 중 하나가 진정성 리더십(authentic leadership)이다.

진정성 리더십은 긍정의 심리학에 기초한 이론이다. 인간은 두 가지의 다소 상반된 자신을 인식한다. 하나는 자연스럽게 느끼는 나로, 열등감을 느끼고 실패에 두려워하는 나이다. 다른 하나는 다른 사람들이 기대하는 나, 혹은 집단 속에서의 역할로 인식하는 나이다. 누구나 이 둘 사이의 차이를 느끼고 살아가지만, 그 차이가 클수록 불안해지고 분열을 경험하게 된다. 이럴 때 솔직하게 자신을 드러내면, 당위(should be)에 대한 강박에서 자유로울 수 있고, 오히려 자신의 긍정적인 힘이 발휘될 수도 있다.

엔론이나 월드컴 등에서 벌어진 경영자들의 부도덕한 행동은 진정성 리더십에 대한 관심으로 이어졌다.

진정성 리더십은 리더 자신이 실수를 하기도 하고 두려워 할 수도 있는 사람이라는 것을 솔직하게 인정하는 데서 시작된다. 더불어 자신이 소중하게 여기는 핵심가치를 부하들과 공유함으로써 부하들의 지지적인 행동을 이끌어 낸다. 리더의 진솔함으로 부하들은 리더의 사소한 허점에 대한 논란을 접고, 긍정적인 자세로 리더와 공유하는 가치와 목표에 몰입하게 되며, 조직은 장기적으로 경쟁력을 갖게 된다. 진정성 리더십은 리더십 스타일보다는 개방되고, 정직하며, 진실된 리더의 진정성(authenticity)을 강조한다. 예를 들면, 리더가 목표에 집착하여 지나치게 지시적이라 할지라도, 그것이 리더의 진정성의 결과라고 부하들이 지각할 때 리더의 설득력은 강해진다.

07

CHAPTER

통제와 혁신

통제는 경영활동이 시작된 이래 줄곧 존재해왔다. 관료적 통제는 규칙에 따른 승진·보상·징벌 체계를 통하여 구성원들의 조직에 대한 충성심을 이끌어내고 그것을 생산성 향상으로 이어지게 하는 구조이다. 인간관계론자들에게 통제는 뚜렷한 경영기능이 아니었으나, 경영자로 하여금 통제시스템에 대한 비공식적 반응과 그 통제시스템이 노동자에게 어떠한 영향을 주는가를 알게 해주었다. 최근에는 조직목표와 경영자의 가치체계를 구성원에게 연계시킴으로써 구성원들이 조직에 몰입하고 헌신하게 하는 조직문화적 통제 방법이 주목을 받고 있다. 오늘날처럼 급격한 변화를 경험하는 기업이 환경에서 살아남는 방법은 변화와 혁신, 그리고 그를 자연스럽게 받아들일 수 있는 조직문화의 형성에 있다.

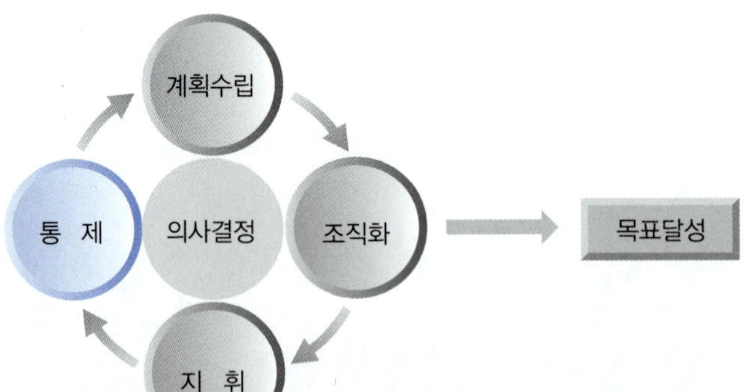
계획수립
통 제
의사결정
조직화
지 휘
목표달성

제7장 통제와 혁신

Ⅰ. 통제의 기초개념

1. 경영자와 통제

경영자가 업무성과를 측정하고 그것을 계획한 것과 비교하여 필요한 조치를 취하는 활동을 통제라고 한다. 경영자는 통제활동을 통하여 업무를 개선할 수 있고, 생길 수도 있는 문제를 예방하기도 하며, 급변하는 환경에 신속하게 대처하기도 한다

(1) 통제의 의미

경영자의 기능 중 하나인 통제(controlling)란 실제의 경영활동이 계획된 대로 진행될 수 있도록 감시하고, 또 그 계획으로부터 벗어나는 것을 사전에 예방하거나 수정하는 활동을 말한다. 경영자는 계획수립 과정에서 조직의 목표와 전략을 수립하고, 그것을 달성하기 위하여 조직구조를 설계하며, 인적 · 물적자원을 활용하여 조직의 목표를 달성한다. 이때 계획된 대로 집행될 수 있도록 경영자가 취하는 여러 관리활동이 곧 통제활동이다. 따라서 계획, 집행, 통제의 세 기능은 상호 유기적

으로 연결되어 경영관리활동의 핵심을 이루고 있다.

(2) 통제의 전제

통제절차는 성과측정치와 비교할 표준이 있음을 전제로 한다. 표준(standard)은 계획수립 과정에서 설정되는데, 시간표준 · 생산성표준 · 원가표준 · 품질표준 · 행동표준 등 여러 가지가 있다.

표준은 모호하고 일반적으로 정해져서는 안 되고, 명확하고 측정 가능한 것이라야 한다. 이러한 표준을 정할 때 특히 서비스를 제공하는 기업은 어려움을 겪는다. 이를 테면, 좋은 의료서비스의 표준, 좋은 교육의 표준 등은 쉽게 정할 수 없는 것들이다. 표준에 대한 명확한 정의를 내리기 어려움에도 불구하고, 각 기업은 자신들의 조직 상황에 적합한 표준을 만드는 노력을 계속하고 있다.

2. 통제의 절차

통제는 성과측정, 계획과의 비교, 수정조치라는 세 단계 과정을 거친다. 물론 통제절차는 측정치와 비교할 표준이 있음을 전제로 한다.

(1) 성과의 측정

성과에 대한 표준이 결정되면, 경영자는 일정 기간 동안의 실제성과를 측정하기 위하여 정보를 수집하여야 한다.

측정 방법

경영자는 관찰, 통계적 보고, 구두보고, 서면보고 등을 통하여 정보를 얻어 성과를 측정한다. 관찰을 통하여 기업은 종업원들의 얼굴표정, 목소리, 분위기 등을 살펴봄으로써 다른 방법으로는 쉽게 알아낼 수 없는 정보를 얻을 수 있다. 통계적 보고는 회계보고서, 도표, 그래프 등과 같은 계량적 보고서로서 객관적으로 성과를 측정할 수 있게 해준다. 구두보고는 회의 · 대화 · 전화 등을 통하여 이루어지고, 서면보고는 공식화된 문서를 통하여 정보를 전달한다.

측정 대상

통제 과정에서 측정 대상을 정하는 것이 측정 방법을 결정하는 것보다 더욱 중요하다. 측정 대상에 따라 구성원의 행동이 결정되기 때문이다. 예를 들면, 경영자가 판매부문의 성과를 매출액으로만 측정하면서 매출이익은 측정하지 않았다고 하자. 그러면 판매부문의 매출액은 증가하나 이익은 감소할 가능성이 있다.

성과를 측정할 때 표준설정 단계에서 사용하였던 단위 또는 평가기준을 이용하면 계획과 성과를 쉽게 비교할 수 있다. 측정단위는 주문처리횟수, 노동투입시간, 제품산출수량, 시설투자액, 제품매출액 등과 같이 가능하면 구체적이어야 한다. 그러면 관리자나 구성원들이 달성해야 할 목표가 명확해지고, 그들의 성과를 평가하거나 필요한 사후조치를 취하는 데 도움을 준다.

통제 과정

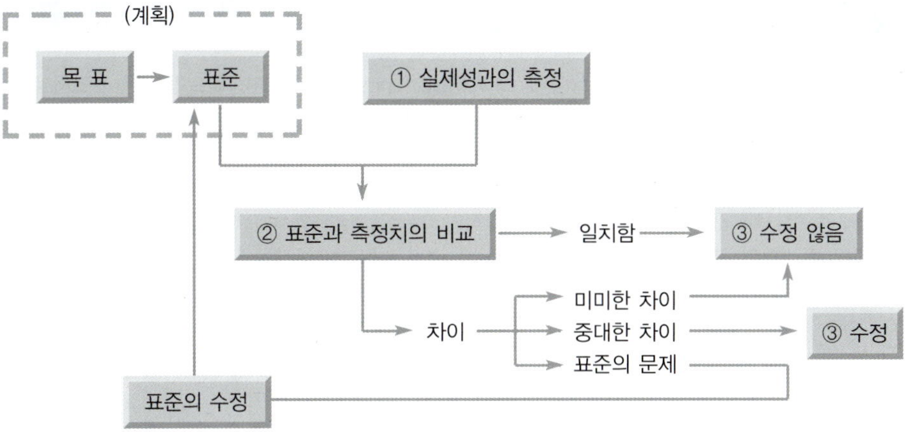

(2) 계획과의 비교

성과측정 후 원래의 계획(목표, 표준)과 비교 · 평가한다. 목표(표준)와 실적의 차이가 계산되면 그 차이의 원인을 분석해야 한다. 그 차이가 유리한 차이일 수도 있고 불리한 차이일 수도 있다. 불리한 차이는 실적이 목표에 미달하는 경우에 발생한다. 불리한 차이가 발생할 때에는 그 원인을 철저히 파악하여 목표를 달성하기 위해 필요한 수정조치를 취해야 한다. 유리한 차이에 대해서도 그 원인을 분석하여 기회를 좀더 적극적으로 활용할 수 있는 전략을 수립하는 것이 바람직하다.

또, 차이는 통제 가능한 차이일 수도 있고 통제 불가능한 차이일 수도 있다. 생산부서에 근무하는 종업원의 경우에 재료투입량의 과다로 인한 제품원가의 불리한 차이는 통제 가능한 차이일 것이나, 재료구입가격의 상승으로 인한 제품원가의 불리한 차이는 통제 불가능한 차이가 될 것이다.

(3) 수정조치

계획과 실적 간에 차이가 발생하면 경영자는 다음의 세 가지 중에서 하나를 선택하게 된다.

예외의 관리

통제를 위하여 해당 기간의 예산과 실적 및 그 차이(variance)가 비교 · 분석되고, 그것은 보고서로 작성된다. 이러한 보고서를 통하여 경영활동상의 문제점이 어디에 있었는가가 명확해지고, 해당 부분의 경영자는 새로운 대책을 강구하게 되어, 경영활동의 내용을 수정할 수 있게 된다. 보고서는 최고경영자로 하여금 자신의 권한을 하위경영자에게 위양할 수 있게 해준다. 최고경영자는 보고서에서 예산과 실적치의 중요한 차이에만 주의를 기울이고, 일상적인 내용은 하위경영자가 책임을 지고 수행하게 되는데, 이러한 형태의 경영개념을 예외의 관리(management by exception)라 한다. 예외의 관리를 통하여 최고경영자는 일상적인 업무를 하위자에게 위양하고 예외적이고 전략적인 업무만을 전념하게 된다.

수정조치를 취하지 않음

차이가 허용가능한 범위 안에 있거나, 경영자의 입장에서도 통제가 불가능한 차이라고 판단될 경우에는 특별한 수정조치를 하지 않는다.

수정조치를 함

불리한 차이가 발생하였고, 그 차이가 허용 가능한 범위를 벗어날 경우에 경영자는 계획한대로 목표에 도달할 수 있도록 필요한 수정조치를 취해야 한다. 수정조치로는 전략수정, 임금보상체계의 조정, 교육훈련의 강화, 직무의 재설계 또는 인원의 재배치, 공정의 개선 등이 있다.

목표(표준)를 수정함

목표나 표준의 달성을 위하여 주어진 여건에서 최선을 다하였다 하더라도 목표나 표준이 비현실적으로 높게 또는 낮게 설정되었을 경우에 차이가 발생한다. 또, 통제 불가능한 원인에 의하여 지속적으로 큰 차이가 발생할 경우도 있다. 이때에는 현재의 경영활동에 대한 수정조치보다는 표준 자체에 대한 조정이 필요하다.

3. 통제의 유형

경영자는 통제대상이 되는 활동이 시작되기 전에 통제를 실행할 수도 있고(事前통제), 활동이 진행되는 중에 통제를 실행할 수도 있으며(진행통제), 활동이 끝난 후에 통제를 실행할 수도 있다(事後통제).

(1) 사전통제

사전통제(preliminary control)란 경영활동 시작 전 과업수행 과정에서 일어나는 문제를 사전에 예방하기 위하여 실시하는 통제를 말한다. 예를 들면, 빙과류를 제조하는 기업이 금년 여름철의 주문 증가를 예상하고 고객의 주문에 적절하게 대응하기 위하여, 인원과 원재료를 보강하는 것이 한 예이다. 종업원의 적절한 교육훈련이나 효과적인 내부통제시스템의 구축 등도 사전통제의 또 다른 예이다.

사전통제는 활동이 진행 중이거나 종료된 후 발생하는 문제를 해결하는 것보다 훨씬 바람직한 일이다. 그러나 이러한 통제는 정확하고도 시의적절한(timely) 정보가 요구되는데, 그러한 정보는 쉽게 얻을 수 없는 경우가 종종 있다. 그 결과 경영자는 진행통제나 사후통제를 자주 사용한다.

(2) 진행통제

진행통제(concurrent control)란 경영활동이 진행되는 과정에서 이루어지는 통제를 말한다. 이것은 최종결과가 나타나기 전에 수정이 이루어지므로 수정비용이 적게 들며, 지체없이 적시에 통제가 이루어지는 이점이 있다. 가장 잘 알려진 진행통제 방법은 관리자가 직접 현장에 입회하여 업무를 감독하는 것이다. 최근 상당수의 기술적 장치는 진행통제가 가능하도록 설계된다. 예를 들면, 컴퓨터는 조작자가 잘못된 명령을 내렸을 때, 프로그램된 진행통제는 당신의 명령을 거부하고 그 명령이 왜 잘못되었는지를 알려준다.

통제유형

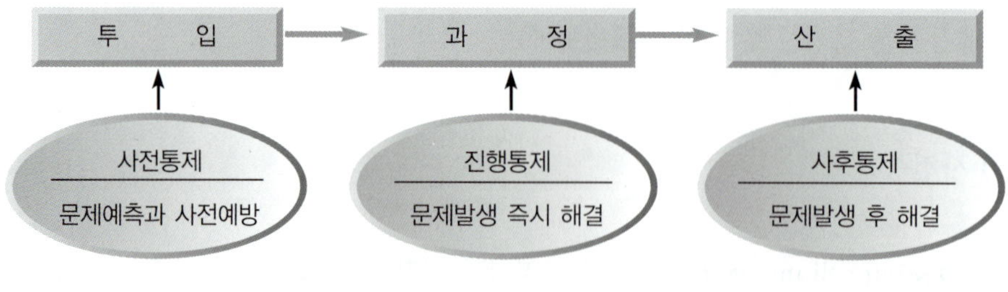

출처 : Robbins(1991), p. 468.

(3) 사후통제

사후통제(feedback control)란 경영활동이 완료된 후 이루어지는 통제로, 가장 잘 알려진 통제 유형이다. 달성된 성과가 계획과 어떻게 다른지를 확인하여 수행 과정에서 발생한 문제점들을 확인하고 필요한 조치를 취한다.

이미 집행이 완료되었기 때문에 사후통제는 결과를 변경시키거나 새로운 결과를 생성시킬 수 없다는 한계점이 있다. 그러나 사후통제는 계획과 집행이 어떻게 효과적으로 수행되었는지에 대한 정보를 제공해 주기 때문에 유사한 계획을 수립하는 데 도움을 준다. 또, 개인의 업적평가에 도움을 주는 정보를 제공함으로써 조직원에게 보상의 기준을 제시한다. 종업원은 자신의 업적을 검토함으로써 성취감을 확인하거나 오류를 성찰하는 등 스스로 동기유발의 수단으로 활용하기도 한다.

Ⅱ. 통제활동의 실제

기업의 규모가 작을 때에는 경영자의 관찰(observation)이 주된 통제의 수단이다. 경영자가 투입과 산출의 관계를 직접 보고, 만지고, 듣기도 하면서 구성원들의 행동을 직접 감독한다. 하지만 기업의 규모가 커지면 여러 가지의 통제기법을 활용하는데, 그 중에서도 가장 빈번히 사용되는 예산통제시스템, 내부통제시스템 등에 대하여 살펴보자.

1. 예산통제시스템

예산통제(budgetary control)란 예산을 활용하여 경영활동을 통제하는 모든 기법을 의미한다. 예산통제는 예산의 편성, 예산의 집행, 예산의 차이분석이라는 세 가지 절차를 통해 이루어진다.

예산편성

예산통제는 예산의 편성으로부터 출발한다. 예산을 편성할 때에는 분명한 성과 목표의 설정이 필요하다. 예산을 편성하려면 경영자들은 우선 고객의 욕구를 예측하여야 하고, 그것을 기초로 다양한 전략을 수립한다. 그 전략을 기초로 일별 · 주별 · 월별 현금흐름예산을 작성하기도 하고, 연간 수익예산 · 비용예산 · 이익예산 등을 수립한다. 예산은 기업 전체로 편성하기도 하고, 부문별로 편성하기도 한다.

예산집행

예산이 편성되면 이를 각 부문에 전달하고, 이를 근거로 각 부문은 업무를 집행한다. 이 때 회계담당자는 예산집행과 관련된 다양한 자료를 수집, 분석하여 성과보고서를 작성하게 된다. 성과보고서를 통하여 매출액, 비용, 이익 등의 정보를 얻을 수 있는데, 이것은 조직 · 부문 · 개인의 업적을 평가하는 기초 자료가 된다.

예산통제시스템

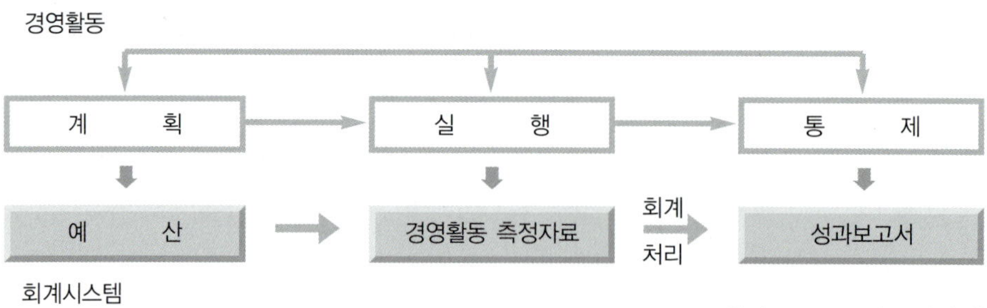

출처 : Hongren(1983) 수정

예산의 차이분석

예산통제의 최종 단계는 집행결과와 계획을 비교하여 그 차이를 분석하는 것이다. 차이가 발생한 원인을 밝혀야 하며, 필요한 경우에 수정 조치를 통하여 원래의 목표를 달성할 수 있는 방안을 강구한다. 예산의 차이분석은 차기 예산의 편성과 미래의 경영계획에 대한 기초 자료를 제공한다.

2. 내부통제시스템

내부통제시스템(internal control system)이란 기업 내 자산을 보호하고, 재무 및 회계기록의 신뢰성을 유지하며, 업무능률을 증진시키고, 규정된 경영정책을 준수하도록 하기 위해 채택되는 모든 계획과 조정 방법을 의미한다. 내부통제는 회계통제와 관리통제로 구별된다. 회계통제란 현금 · 상품 · 유형자산과 같은 물리적 형태의 자산을 횡령이나 파손 등으로부터 보호하고, 회계기록 및 증빙서류는 변조되지 않도록 안전하게 보존하며, 회계기록이 경영의사결정이나 외부보고의 목적을 위해서 신뢰성 있는 자료가 제공될 수 있도록 유지하는 활동을 말한다.

관리통제는 자원의 낭비와 업무의 중복 등을 억제하기 위해 비능률적인 업무절차를 제거하거나, 경영목적을 달성하기 위해 일상적인 업무지침을 규정하여, 이러한 방침이나 규정으로부터 이탈하는 것을 미리 예방하거나 적시에 발견하려는 노력을 의미한다. 조직 내에 다음과 같은 기본적인 통제요소들이 적절히 구비되어 있을 때, 내부통제는 원래의 목적을 효율적으로 달성할 수 있다.

효과적인 인원배치

내부통제환경에서 가장 중요한 요소는 사람이다. 종업원이 유능하고 신뢰할 수 있으면, 다른 통제요소가 결여되어 있더라도 내부통제의 유효성은 확보될 수 있다. 종업원의 자질과 능력은 고용, 훈련, 보상, 업적평가, 승진과 관련한 조직의 인사정책에 의해 직접적인 영향을 받기 때문에, 경영자는 이를 위하여 적절한 제도를 구

비해야 한다. 예를 들면, 증권회사가 신용불량 직원들을 고객과 직접 접촉하는 업무에서 배제하기로 한 것은 내부통제를 위한 인원배치의 한 방법이다.

적절한 업무분장

업무상의 이해관계가 상충되거나 상호 견제기능이 상실될 위험이 있는 업무는 서로 다른 사람이 집행하게 함으로써 부정과 오류를 사전에 예방해야 한다. 자산의 보관업무와 기록업무, 자산집행과 승인업무 등은 통제목적상 상호 분리시키는 것이 바람직하다. 예를 들어, 식당에서 종업원들이 돈을 받으면서 음식을 건네주는 것보다, 식권을 발행하는 사람과 그 식권을 받고 음식을 주는 사람으로 역할을 분담하면 음식 대금을 횡령할 가능성이 줄어든다. 이처럼 효과적인 내부통제시스템은 직무를 분리시킴으로써 종업원의 부정을 예방하게 될 것이다.

승인절차

특정한 자산이나 서류에의 접근은 적절한 승인절차를 통해 이루어져야 한다. 종업원이 회사의 경영방침에 반하여 임의로 자산을 취득하고, 이를 개인 목적으로 사용할 수 있다면 이는 통제절차상에 큰 문제가 있다는 것을 의미한다. 승인권한은 권한위양의 규정에 따라 하위경영자에게 적절히 위임될 수 있다.

내부통제제도의 예-불시 명령휴가제도

은행에 근무하는 김아무개 계장은 지난주 갑작스레 지점장으로부터 "하루 동안 휴가를 다녀오라"는 지시를 받았다. 창구에서 원화 및 외화 출납 업무를 담당해 온 김 계장은 바짝 긴장했지만, 지점장의 지시가 '불시 명령휴가제도'에 따른 것이란 설명을 듣고 가슴을 쓸어내렸다. 최근 금융사고로 곤욕을 치른 은행에서는 거액의 현금이나 양도성예금증서(CD) · 수표 등을 다루는 직원에게 불시에 1~3일간 휴가를 주고 그동안 다른 직원이 업무내용을 점검하게 하는 내부통제시스템을 가동 중이다. 이 은행은 불시 명령휴가제 외에도 동료직원이나 본인이 금융사고 내용을 신고하도록 하는 '내부고발 및 자진신고제'를 실시하고 있다. 금융사고의 특성상 가까이서 근무하는 동료가 이를 신고하도록 하면 예방효과가 크다는 데 착안한 제도로, 내부고발자는 비밀 보장은 물론 상금까지 준다.

출처 : 한겨레신문, 2005년 11월 23일.

문서화

정보전달, 업무집행의 정당성에 대한 증거자료, 책임소재의 명확화를 위하여 문서와 증빙서류가 적절히 유지되어야 한다. 최근 기업뿐만 아니라 정부 및 공공기관에서 전자문서를 기반으로 한 전자결재가 일반화되고 있고, 전자무역 · 전자계약 · 전자거래 등에 이르기까지 전자문서를 기반으로 한 활동들이 본격화되고 있다. 문서화 과정이 이처럼 디지털화하여 네트워크와 연결되고 있는 상황에서 전자문서와 관련된 문서보안이 새로운 내부통제의 요인으로 등장하고 있다.

물리적 통제

자산과 문서가 없어지거나, 정당한 목적 이외의 용도로 전용 또는 유용되거나, 불법 목적으로 변조되는 것을 방지하기 위한 적절한 통제장치가 필요하다. 자산 및 서류에 대한 물리적 보호장치가 필요하며, 분실되거나 파손된 문서를 재생하기 위한 백업 기록의 유지절차가 필요하다.

내부감사제도

내부감사란 독립적인 제삼자로 하여금 각 통제요소들을 지속적으로 감시하고 각 부문의 효율성을 측정하는 한편 경영활동과 관련된 각종 기록을 감사하는 것을 말한다. 사람들은 시간이 지남에 따라 내부적으로 정해진 절차를 망각하기 쉽기 때문에 조직에서는 내부감사제도를 채택하여 운용한다. 내부감사의 범위는 매우 광범위하며 회계감사에만 그치지 않고 회계기록을 발생시킨 경영활동 자체에 대해서도 감사하게 된다.

Ⅲ. 혁신관리

혁신이란 과거의 전통적인 것과는 전혀 다른 새로운 변화를 의미한다. 오늘날 격변하는 환경 속에서 끊임없는 혁신이 필요하며 변하지 않는 기업은 살아남기조차 어렵게 되었다. 혁신은 플라스틱 · 자동차 · 컴퓨터 등과 같은 신제품들은 탄생시켜서 사람들의 생활을 근본적으로 바꿔 놓았고, 카메라 · 복사기 · 회계소프트웨어 등과 같이 기업의 경쟁력을 높이는 수단이 되기도 하였다.

1. 혁신의 의미

혁신(innovation)은 내부이든 외부이든 간에 새로운 아이디어를 도입하고, 그것을 개발하여 실용화하는 전 과정을 말한다. 이러한 혁신은 새로운 제품이나 서비스, 새로운 생산공정, 새로운 조직구조나 관리시스템, 그리고 구성원을 변화시키는 새로운 계획이나 프로그램을 의도적으로 실행함으로써 기업의 중요한 부분을 변화시키는 것이다. 혁신은 신제품과 서비스에만 국한되지 않고 공정혁신, 경영혁신, 인적자원혁신 등이 포함된다.

코틀러(P. Kotler)는 혁신이 성공을 거두려면 조직 내에서 아이디어시장, 자본시장, 인재시장 등 세 가지 시장(market)을 개발하여야 한다고 하였다. 우선 기업은 아이디어를 권장하고 그것에 대하여 보상하여야 하고, 성공가능성이 높은 아이디어를 현실화할 수 있는 자금을 확보할 수 있어야 한다. 아울러 이런 아이디어를 실행에 옮길만한 인재를 끌어올 수 있어야 함은 물론, 이러한 아이디어 · 자본 · 인재 확보에 기여한 사람도 보상하여야 한다.

혁신은 산업구조를 변화시키는 엄청난 힘을 발휘하고, 새로운 사업을 창출하기도 한다. 순식간에 경쟁회사를 무너뜨리고, 시장을 장악할 수 있는 기회를 제공하기도 하지만 무리한 혁신을 감행하는 경우 도산에 이르기도 한다. 예를 들면, 디지털 카메라의 등장은 필름산업을 붕괴시키고 카메라 시장의 판도를 바꿔 놓았다.

2. 혁신의 유형

혁신에는 기술혁신 · 경영혁신 · 인적자원혁신 등이 있는데, 이러한 다양한 혁신은 서로가 밀접하게 연관을 가지고 한 혁신이 다른 혁신을 촉발할 가능성을 만들어 준다. 예를 들면, 종래의 전통적 조직구조에서 팀제를 도입(경영혁신)하면, 창의력을 발휘할 수 있는 여건이 조성되어 종업원들이 창의적 아이디어개발에 노력하게 되고(인적자원혁신), 제품에 대한 새로운 아이디어가 창출될(기술혁신) 가능성이 높다.

(1) 기술혁신

기술혁신(technological innovation)은 공정혁신과 제품혁신으로 구분되는데, 제품 혹은 서비스 및 생산 · 유통공정에 새로운 변화를 도입하여 이것을 실용화시켰을 때에 발생한다.

공정혁신

공정혁신(process innovation)이란 생산 · 유통의 효율성을 높이거나 생산량을 증진시키기 위하여 원재료, 장비, 작업 방법, 작업흐름, 정보흐름 등에 새로운 변화를 가져오게 하는 것을 말한다. 앞에서 언급한 포드(Ford)사가 컨베이어시스템을 도입한 것이 공정혁신의 좋은 예이다. 컨베이어시스템은 종래의 생산시스템에서 탈피하여 대량생산체제로의 이행을 가능하게 하였다. 최근 들어 생산업체들이 다양한 고객의 욕구를 충족시킬 수 있도록 종

새로운 컴퓨터개발이라는 제품혁신은 은행의 공정혁신을 가져왔다.

래의 소품종 대량생산체제로부터 다품종 소량생산시스템에 적합한 유연생산시스템으로 전환한 것도 공정혁신의 또 다른 사례이다. 공정혁신은 서비스산업에서도 발생할 수 있는데, 은행예금의 온라인화가 그 좋은 예이다. 과거에는 수납이나 지급업무가 은행창구를 통해서만 이루어졌으나, IT기술의 발달로 현금자동지급기가 설치된 곳이면 어디서든 서비스 제공이 가능해졌다.

제품혁신

제품혁신(product innovation)은 새로운 시장 및 고객을 창출하거나 시장점유율을 높이기 위하여 신제품 혹은 신서비스를 개발하거나 기존의 제품이나 서비스를 개선하는 것을 말한다. 종래의 비디오 테입을 대체하고 있는 DVD, 필름 카메라를 밀어내고 있는 디지털 카메라, 기존의 전화기를 대신하고 있는 휴대폰 등이 그 좋은 예이다. 제품혁신은 유형의 재화뿐만 아니라 서비스부문에서 발생하는데, 최근 일어난 중요한 혁신은 전자출판, 컴퓨터소프트웨어, 자동화 예금 등이 있다. 일반적으로 한 기업의 제품혁신은 다른 기업의 공정혁신에 영향을 미친다. 예를 들면, 컴퓨터와 통신기술의 혁신이 금융기관의 공정혁신으로 이어졌다.

(2) 경영혁신

경영혁신(administrative innovation)은 조직목표 달성을 위해 새로운 아이디어나 방법, 기술을 동원하여 조직구조, 정책, 제도 등을 획기적으로 변화시켜 재구성하는 활동이다. 충원, 자원분배, 조직구조, 권한, 보상 등에 있어서 새로운 방법의 채택 및 시행으로 나타난다. 경영혁신은 20세기에 들어 과학적 관리법과 더불어 가시화되었고, 그 중심에는 미국과 일본 기업이 있었다. 미국의 GE는 구조조정에 의한 사업구조 재편, 조직문화의 개편, 6시그마의 도입이라는 체계적인 경영혁신을 이룩하였다. 일본의 도요타는 JIT와 TQC 등을 비롯한 계속적인 경영혁신으로 세계 자동차업계에서 최고 이익률을 기록하였다.

경영혁신은 의도적 동기를 가지고 있지만, 우연히 혹은 환경변화에 수반하여 일어나기도 한다. 경영혁신기법은 시대에 따라 변화하며, 기업이 처한 상황마다 다르기 때문에 한 기업에서 성공적으로 사용된 경영혁신기법이 다른 기업에서도 똑같은 효과를 기대하기는 어렵다. 우리나라 기업들이 GE나 도요타의 경영혁신을 자신의 경영활동에 적용하려고 하지만, 그 성과가 미미한 경우가 많다.

(3) 인적자원혁신

혁신의 주체는 조직구성원이다. 인적자원혁신(human resource innovation)이란 구성원들이 변화의 주체가 될 수 있는 새로운 태도, 능력, 기업관 등을 갖도록 하는 일련의 활동을 말한다. 경영혁신이 조직구조나 관리방침 및 통제시스템 등 주로 관리상의 변화에 중점을 두는 반면, 인적자원혁신이란 조직구성원 개인의 변화에 초점을 맞춘다. 인적자원혁신을 위하여 경영자는 구성원들에게 업무지식이나 기술능력을 교육하기도 하고, 구성원들이 변화하는 환경에 효과적으로 대처할 수 있는 조직분위기를 조성하기도 한다.

3. 혁신유발요인

마무리 이야기에서 Seth Godin은 보랏빛 소를 키운 기업도 현실에 안주하는 순간 그 소는 누렇게 변해서 사람들의 눈에서 멀어진다고 했다. 혁신과 성장의 절박함을 비유로 표현할 말이다. 혁신이 성공하려면 구성원들의 창의성(creativity)이 발휘될 수 있는 분위기를 조성하여야 하는데, 타고난 창조적 구성원의 수는 그리 많지 않은 것이 현실이다. 일상적인 업무에 익숙한 대부분의 구성원이 창의성을 갖도록 하기 위해서는 조직구조, 조직문화, 인적자원관리 등을 바꿔야 한다.

(1) 조직구조

혁신과 관련된 광범위한 연구결과 유기적 구조(organic structures)가 구성원들의 창의성을 자극하는 데 보다 유리하다는 점이 밝혀졌다. 그 이유는 유기적 구조는 상황변화에 매우 탄력적으로 반응하면서 필요하다면 수시로 조직의 형태를 바꿀 수 있는 탄력성을 가지고 있으므로, 정형화하기 어려운 혁신활동에 적합한 구조이기 때문이다. 조직 내의 이용 가능한 자원이 충분한 경우 역시 혁신이 촉진된다. 그런 경우 경영자는 혁신과 관련된 지출을 감당할 수 있고, 혁신이 실패할 경우에 나타나는 충격을 감당할 여지를 갖게 된다. 또, 자유로운 부문 간의 의사소통 역시 혁신을 가로막는 장애를 제거하는 중요한 요인이다.

특히, 규모가 작은 조직이 혁신에는 유리한데, 규모가 커지면 직무와 구성원 간의 관계가 복잡해지고 그러한 문제를 해결하기 위하여 규정 · 절차 · 계층 등이 엄격해진다. 그런 과정을 거쳐서 형성된 관료제 하에서는 구성원들의 창의성이 발휘되기 어렵다. 3M은 분권화된 소규모의 유기적 조직을 가지고 혁신에 성공하였다. 3M은 구성원들에게 일하는 시간 중 15%를 업무와 상관없이 마음대로 활용할 수 있는 기회를 주었는데, 그러한 여유가 자유롭게 창의성을 발휘할 기회를 가져다주었고 기업의 성장에 기여하게 되었다.

(2) 조직문화

혁신적인 조직문화는 실험정신을 북돋아 준다는 점에서 비슷한 양상을 띠고 있다. 그들은 성공뿐만 아니라 실패에까지 보상을 하고, 실수에 대하여도 칭찬을 아끼지 않는다. 혁신적 조직은 다음과 같은 공통적인 문화적 특색을 지니고 있다.

미숙함과 실패에 대한 수용성

지나친 객관성이나 완벽함을 추구하는 경우 구성원들의 창의성을 제한하기 쉽다. 보통 아이디어의 창출 과정에서 제안되는 것들은 비현실적이고 때로는 어리석어 보이지만, 그것을 존중하고 인정하는 문화가 혁신을 촉진시킨다. 또한 결과가 좋지 않은 경우 문책에 대한 두려움이 없고 실수를 학습의 기회로 삼는 분위기가 확산되는 경우 구성원들은 자신의 창의성을 마음껏 발휘할 수 있게 된다.

다양성의 인정

개인이나 조직 간의 일치와 조화가 반드시 조직의 성과로 이어지지는 않는다. 경우에 따라서는 개인이나 부문 간의 갈등이 있음을 인정하고, 목표에 도달하는 방법이 다양하다는 점을 인정할 때, 구성원들의 창의성은 발휘되고 그것이 혁신으로 이어질 가능성이 높다.

개방성

조직은 자신에게 영향을 미치는 환경의 변화를 세심히 살피고 그것에 신속하게 대처하여야 한다. 또한 구성원들이 제안한 아이디어를 열린 마음으로 받아들이고, 소비자들의 요구와 불만을 소중히 여기며, 동료나 다른 부문에게도 마음을 여는 개방적인 분위가 요구된다.

혁신의 상징 3M

1902년 철도원 출신 2명, 의사, 변호사, 푸줏간 주인 등 5명으로 시작된 3M은 2005년 7월 비즈니스위크에 의하여 애플사에 이어 2번째로 혁신적인 기업으로 선정되었다(삼성전자는 세계 12위로 선정됨). 3M이 오늘날과 같은 세계적 기업으로 성장하게 된 데는 헌신적인 사람들과 그들만의 독특한 조직구조, 조직문화를 가지고 있었기 때문이다.

3M 본사 산하에 소규모의 기구와 수많은 사업부로 구성되고, 사업이 성장함에 따라 사업부는 또 다시 분할되며, 부문은 하나의 기업처럼 독립성을 가지고 운영된다. 이것은 조직의 비대화로 인한 관료제의 폐해를 사전에 방지하고, 자율성과 다양성을 보장하여 환경변화에 유연하게 대처하겠다는 의도이다.

'아이디어를 죽이지 말라' 라는 구호는 3M 조직문화의 핵심을 말해주는 것이다. 이것은 아이디어가 많을수록 혁신에 성공할 가능성이 높아진다는 생각에서이다. 또한 그들은 누구나 이해할 수 있는 아이디어는 평범이라는 벽을 넘지 못하고, 기상천외한 아이디어가 성공한다는 사실을 경험을 통해 터득했기 때문이기도 하다. 3M에서는 아이디어를 상식(常識)이라는 흉기로 죽이지 않도록 여러 종류의 제도를 마련하고 있다. 아무리 새로운 아이디어라도 확실한 이유가 없는 한 최고경영자라도 무시할 수 없는 것이 3M의 원칙이다.

(3) 인적자원관리

혁신적인 조직에서 인적자원관리상의 특징은 구성원들의 훈련과 개발에 적극적이고, 안정적인 고용정책을 실시한다는 점이다. 3M은 매출액의 6% 이상을 연구개발비로 투자하고, 경기변동에 따라 종업원들을 고용하거나 해고하지 않는다. 불황의 경우에도 그들은 조기퇴직에 따른 수당을 지급하거나 임시직에게 맡기던 일을 정규직에게 맡김으로써 정리해고를 하지 않았다. 훈련받은 구성원들은 혁신으로 이어지는 생생한 지식을 보유하게 되고, 안정적인 고용환경을 통하여 실패에 대한 두려움 없이 창의성을 발휘할 수 있게 된다.

연습문제

01. 다음 중 통제활동의 구성요소라 볼 수 없는 것은?
① 표준의 설정
② 성과의 측정
③ 목표치의 수정
④ 표준과 측정치의 비교

02. 컴퓨터에 잘못된 명령을 입력하였을 때, 컴퓨터는 작동을 멈추었다. 새로이 제대로 된 명령을 내리면 작동이 재개된 경우 그것은 어떤 통제유형에 해당하는가?
① 사전통제
② 진행통제
③ 사후통제
④ 입력통제

03. 예외의 관리에 대한 설명으로 적당한 것은?
① 하위경영자가 전략적인 일에 관심을 갖게 된다.
② 하위경영자가 일상적인 일에서 벗어날 수 있게 해준다.
③ 최고경영자가 계획과 실적의 중요한 차이에 주의를 기울인다.
④ 모든 조직구성원들이 예외적 사항에 관심을 갖는 데 중요한 의미를 둔다.

04. 통제행위 중 수정조치에 대한 설명으로 적합하지 않은 것은?
① 유리한 차이의 원인은 밝히지 않아도 된다.
② 표준이 달성 불가능한 것이면 표준을 수정할 수도 있다.
③ 표준과 실제측정치 간의 차이가 미미한 경우 수정하지 않아도 된다.
④ 표준과 실제측정치 간의 차이가 중대한 경우 직무를 재설계할 수도 있다.

05. 다음 중 통제행위로 볼 수 없는 것은?
① 각 부문별로 하루하루의 매출액을 측정하였다.
② 현재의 실적과 환경적 요인을 감안하여 새로운 매출목표를 증액하였다.
③ 우리나라가 고령화사회로 진입함에 따라 실버타운을 설립하기로 결정하다.
④ 매출액이 예상보다 증가하여 그 원인을 밝히기 위하여 부문경영자와 면담하였다.

06. 기업에서 예산시스템을 실행하는 이유로 적합하지 않은 것은?
① 업적평가를 돕기 위하여
② 경영자의 계획수립을 돕기 위하여
③ 각 부문의 활동을 조정 통합하기 위하여
④ 목표를 달성하지 못한 사람들을 해고하기 위하여

07. 내부통제의 목적으로 관계 없는 것은?
① 자산의 보호
② 회계자료의 신뢰성 확보
③ 경영능률의 증진
④ 원만한 인간관계 유지

08. 회사의 구내식당에서 음식을 담아주면서 돈을 받지 않고, 식권을 사서 그 식권을 내고 음식을 받게 된다. 그러한 경영 방식은 내부통제제도의 관점에서 볼 때 다음 중 어떤 통제요소에 해당하는가?
① 효과적 인원배치
② 적절한 업무분장
③ 승인절차
④ 내부감사제도

09. 3M은 분권화된 유기적 조직을 바탕으로 혁신에 성공하여 세계적 기업으로 성장하였다고 한다. 그 성공 원인에 대한 다음 추정 중 바른 것을 고르면?
① 분권화 조직은 관료제를 도입하기에 용이하기 때문이다.
② 분권화 조직은 대량생산의 이점을 살리기에 유리하기 때문이다.
③ 유기적 조직은 권한이나 역할이 확실하게 규정되어 있기 때문이다.
④ 유기적 조직은 새로운 환경에 능동적으로 적응할 수 있기 때문이다.

10. 혁신적인 기업에서 쉽게 찾아볼 수 있는 문화라고 여겨지는 것은?
① 조직 전체가 실수에 대하여 관대하다.
② 다양성보다는 전체적인 조화와 일치를 선호한다.
③ 조직구성원들이 상식적이고 안정적인 일을 선호한다.
④ 조직 각 부문 간의 갈등은 해로운 것으로 받아들여진다.

마무리 이야기

Purple Cow

호주의 멜버른 시내를 벗어나 교외로 나가면 광활한 초원에 누런 소들이 풀을 뜯고 있다. 우리나라에서는 볼 수 없는 이 멋진 광경도 30분만 계속 보고 있으면 졸음이 오기 시작한다. 만일 그때 소떼 가운데 보랏빛 소가 있다고 가정하자. 사람들은 감았던 눈을 뜨고 그 광경에 놀라워할 것이다. 세스 고딘은 '보랏빛 소가 온다(Purple Cow)'라는 책에서 예외적이고, 새롭고 흥미진진한 상황을 리마커블(remarkable)이라고 표현하였다.

요즘과 같은 공급과잉 시대에 살아가는 우리는 슈퍼마켓에서 냉동 케이스에 담긴 무수히 많은 그만그만한 아이스크림 중에서 무엇을 먹을까 고민한다. 직장인들은 점심시간에 무엇을 먹으러 어떤 식당에 갈 것인가를 고민한다. 이런 상황에서 그저 그런 따분한 제품이나 서비스로는 간신히 현상 유지를 하거나 문을 닫기 마련이다. 세스 고딘은 혁신을 '보랏빛 소를 키우라'는 말로 대신한다. 그는 기업에서 보랏빛 소를 키우지 못하는 이유를 두려움 때문이라고 결론내리고 있다. 우리는 누런 소에 너무 익숙해져 보랏빛 소를 키우는 데 따른 위험을 쉽게 받아들이기 어렵다.

하지만 세스 고딘은 다른 기업이나 사람과 비슷하게 현재의 삶에 안주하는 것이 오히려 위험한 길(safe is risky)이라는 사실을 일깨워 주고 있다. 평범하게 시간을 보내면 리마커블 해질 수 없고, 그 사람의 생은 결국은 실패로 끝날 것이기 때문이다. 그런 의미에서 세스 고딘은 리마커블의 반대말이 '나쁘다(bad)'나 '보통이다(mediocre)' 혹은 '서툴다(poorly done)'가 아니라 '아주 좋다(very good)'라고 한다.

리마커블 한 보랏빛 소를 키운 유명한 기업들도 '아주 좋다(very good)'고 현재 상태에 안주하여 혁신을 멈추는 순간, 그 소는 금세 누런 소가 되는 경우는 비일비재하다. 그에 따르면 몇 년전만 해도 리마커블했던 스타벅스는 이제는 지루하다. 혁신과 통찰력의 폭발 덕분에 스타벅스는 전 세계 수천개 매장으로 성장했으나, 또 다른 보랏빛 소를 발견하지 않는 한 과거의 성장률을 유지할 가능성이 낮다. 현재의 이익에 만족하여 재투자는 하지 않고 위험도 무릅쓰지 않는다면 결과는 뻔하다. 그는 첫 번째 보랏빛 소에서 얻은 이익은 점차 사라져갈 것이므로, 그것을 대체할 새로운 보랏빛 소를 만들어낼 환경을 조성하는 것이 중요하다고 주장한다.

경영관리의 활용

3부

08

CHAPTER

인적자원관리

인적자원관리는 기업 속의 사람을 관리하는 기능이다. 그런데 사람들은 근본적으로 기계와 달리 감정이 있고, 사회적 · 도덕적 · 인격적 존재라는 특질을 가진다. 인적자원에 대한 모집 · 선발 · 훈련 · 관리는 오랜 역사를 가지고 있다. 일반적으로 인사관리라 하는 이 관리기능은 시간이 지날수록 그 적용범위가 더욱 확장되었다. 초기 공장시스템은 농부들로 하여금 공장으로 가도록 설득하고, 산업기술을 그들에게 가르쳤다. 인사관리는 여러 해 동안 최고경영자의 책임 하에 있었으나, 1900년경에 이르러 별도 조직기능으로 역할을 하기 시작했다. 1920년대부터 기업들은 노조운동에 대처하고, 노동자들의 회사에 대한 충성심을 높이기 위하여 여러 가지 복지정책을 수행하였다.

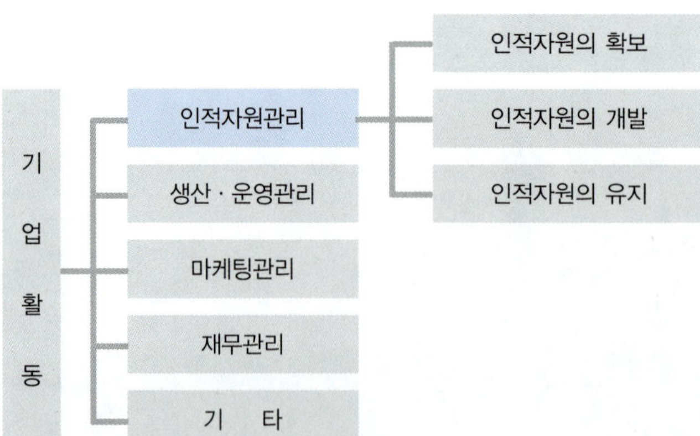

기업활동
인적자원관리
생산 · 운영관리
마케팅관리
재무관리
기 타
인적자원의 확보
인적자원의 개발
인적자원의 유지

제8장 인적자원관리

Ⅰ. 인적자원관리의 기초개념

1. 인적자원관리 과정

인적자원관리(human resources management)란 조직구성원들의 능력과 잠재력을 최대한 활용하여, 기업의 목표달성에 최대한 기여하도록 하는 동시에, 구성원

인적자원관리 과정

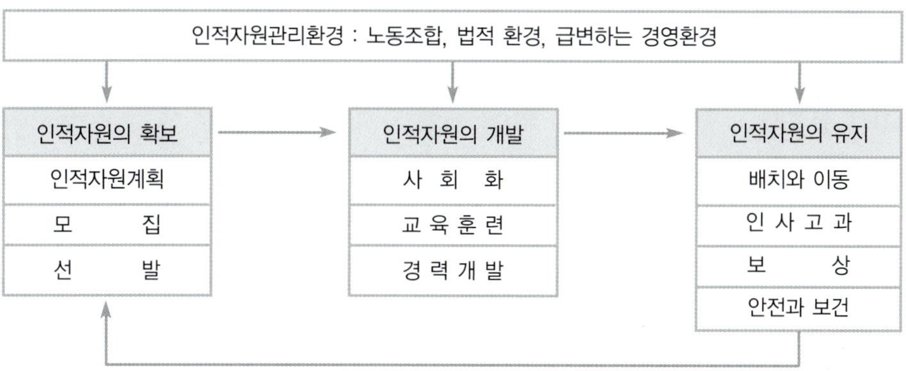

들이 직무에 만족하도록 지원하는 기능 내지 활동을 말한다. 인적자원관리활동은 ① 조직활동에 적합한 인적자원의 확보, ② 확보된 인적자원의 개발과 적응, ③ 장기적으로 높은 성과를 지속하는 인적자원의 유지 등으로 크게 분류할 수 있다.

조직활동에 적합한 구성원을 확보하기 위하여 인적자원계획을 세우고, 인적자원을 모집하며, 모집된 사람들 중에서 적합한 사람을 선발하게 된다. 이러한 과정을 통하여 조직은 유능한 인적자원을 확인하고 선택하게 된다. 선발을 한 후 조직은 구성원을 적응시키기 위하여 사회화 과정과 훈련 · 개발 과정을 거친다. 인적자원관리의 마지막 단계는 구성원들의 업적을 평가하는 일이다. 업적평가를 통하여 필요하면 구성원의 행동을 수정하고, 높은 수준의 성과를 지속적으로 유지하게 된다. 이 단계에는 업적평가뿐만 아니라 보상과 복리후생활동 등도 포함된다.

인적자원관리활동은 다양한 외부환경의 영향을 받는다. 노동조합, 법적 환경변화, 감량경영 등의 외부환경은 전반적인 기업활동에 영향을 미친다. 이러한 외부의 영향은 인적자원관리활동에도 영향을 미치고, 궁극적으로는 조직구성원들에게 영향을 미친다.

2. 인적자원관리환경

인적자원관리에 관한 전략을 수립하려면 관련된 환경변화를 분석하여야 한다. 여기서는 인적자원관리와 관련되는 환경요인 중 몇 가지를 살펴보고자 한다.

(1) 노동조합

과거에는 경제적 약자인 노동자가 사용자와 대등한 입장에서 계약을 맺기가 어렵기 때문에, 경영자들은 노동자를 임의로 통제할 수 있었다. 이런 이유에서 노동자들은 자신의 권익을 보호하기 위하여 집단적이고 조직적인 운동을 벌여 왔는데, 그 결실로 나타난 것이 노동조합이다. 기업은 노동조합과의 단체교섭(collective bargaining)을 통하여 임금, 노동시간, 노동환경, 노동강도 등을 결정하게 된다. 노사 간의 단체교섭이 제대로 되지 않으면 파업(strike)이나 불매운동 및 공장폐쇄 등과 같은 쟁의가 발생하여 노사관계가 악화되고 생산이 중단되는 사태까지 발생하게 된다.

하지만 모든 기업활동이 교섭의 대상이 되는 것은 아니다. 노동자의 신상에 직접적인 영향을 미치지 않는 문제는 주로 교섭의 대상이 되지 않고 경영자가 독자적으로 결정하게 되는데, 이러한 것을 일컬어 경영권(management rights)이라고 한다. 예를 들면, 어떤 종류의 제품을 생산할 것인지, 그것의 가격을 얼마로 할 것인지, 매장을 어느 곳에 설치할 것인지와 같은 결정은 노동조합과 협상할 필요가 없는 문제이다.

(2) 법적 환경

법적 환경 때문에 경영자는 자신의 의도대로 종업원을 채용하고, 승진시키고, 해고하지 못한다. 이러한 법적 환경은 고용상의 차별이나 불공정행위를 방지하는 역할을 하지만, 그만큼 경영자의 인적자원관리에 대한 재량권에 제약을 가하는 요인이 되기도 한다. 우리나라의 경우 인적자원관리와 관련이 있는 법률은 노동관계법으로 근로기준법, 노동조합법, 노동쟁의조정법 등이 있다. 이 밖에도 남녀고용평등법, 장애인고용촉진법, 기타 많은 법률들이 인적자원관리활동에 영향을 미친다.

근로기준법은 근로계약, 임금, 근로시간과 휴식 등과 같은 근로조건의 최저기준

노동쟁의의 형태

단체교섭이 순조롭지 못하여 타결되지 못할 때에는 근로자 쪽은 단체행동권 행사에 들어가게 된다. 노동쟁의 형태에는 파업, 태업, 불매운동이 있고, 사용자는 이에 대응하여 직장폐쇄를 할 수 있다. 파업이란 노동자들의 집단적 노동거부행위를 뜻하며, 태업이란 노동자들이 고의적으로 작업태만, 불량품 생산으로 노동능률을 저하시키는 행위를 말한다. 또, 불매운동이란 노동자들이 자기 회사 제품을 사지 않는 운동을 의미한다.

을 정하고 있다. 노동조합법은 근로자의 단결권, 단체교섭권, 단체행동권 등을 통해 근로자의 근로조건이나 지위를 향상시킬 목적으로 제정된 법이다. 노동쟁의조정법은 노동관계의 공정한 조정을 도모하고 노동쟁의를 예방 또는 해결하기 위한 법이다. 남녀고용평등법은 고용에 있어서 남녀의 평등한 기회 및 대우를 보장할 목적으로 제정한 법이고, 장애인고용촉진법은 장애인의 고용촉진과 직업재활 및 직업안정을 도모할 목적으로 제정한 법이다.

(3) 급변하는 경영환경

경영활동을 둘러싼 환경이 급변함에 따라, 기업은 조직을 보다 작은 단위로 분리함으로써 유연성을 갖는 것이 보다 유리하다. 기업이 유연성을 갖기 위한 노력은 다음과 같이 요약할 수 있다.

업무체계개선(reengineering)

절차와 규칙으로 가득찬 관료주의조직을 근본적으로 개선하여 모든 사업활동을 과정(process)중심으로 재편하는 것을 말한다. 구체적인 실천 방안은 고객만족을 통한 기업목표를 달성하기 위하여 소수의 인원으로 유연한 팀을 만드는 것이다. 이것을 통하여 기업은 비용을 절감할 수 있고 고객의 요구에 신속히 대처할 수도 있다.

나이키의 아웃소싱전략

나이키의 공동 설립자인 나이트와 바우어만은 1957년 오레곤대학의 육상 선수와 코치로 처음 만났다. 창업 당시에는 일본의 스포츠화를 수입 · 판매하였으나, 바우어만이 독자적 디자인을 개발하여 아시아 여러 나라로부터 제품을 주문생산하기 시작하였다. 그는 코치 시절 선수들의 운동화를 자신이 직접 만들어 줄 정도로 운동화 디자인에 일가견을 갖고 있었기 때문이다. 이렇게 시작된 아웃소싱을 통한 생산전략은 이후 나이키의 성공요인으로 톡톡히 작용하여 오늘날까지 계속되고 있다. 나이키는 기업의 모든 역량을 디자인, 연구개발, 마케팅분야에 집중하여 그들의 핵심역량을 더욱 강화시키고 있다.

사업재구성(restructuring)

기업의 미래 모습(vision)을 사업구조재건을 통해 실현하려는 경영기법이다. 미래 환경이 변화할 때 살아남기 위하여 무엇을 생산할 것인가라는 문제의식 때문에 생겨난 개념으로, 전략적 제휴나 기업인수 · 합병 등을 통하여 구체화된다. 한편 일본에서는 개념이 변형되어 경영합리화, 사업축소 등의 명분으로 사용되었다.

아웃소싱(outsourcing)

경리, 인사, 신제품개발, 영업 등의 업무설계와 계획 및 운영을 외부에 위임하는 인력활용의 형태를 뜻한다. 아웃소싱을 제대로 활용하기 위해서는 먼저 회사의 전체 활동 중 부가가치가 높으면서 사업성공의 관건이 되는 요인을 찾아 여기에 핵심역량을 집중하고, 나머지 활동들을 해당 분야에 가장 경쟁력 있는 외부기업을 통해 아웃소싱하는 것이다.

Ⅱ. 인적자원의 확보

1. 인적자원계획의 수립

인적자원계획(human resource planning)이란 경영자가 조직의 목표를 효과적으로 달성할 수 있는 적절한 인적자원을 확보하려는 계획수립 과정을 말한다. 인적자원계획이란 조직의 궁극적 목표를 인적자원관리의 차원에서 구체화하고, 재해석하는 것을 의미한다. 인적자원계획은 인적자원의 현재 상황을 평가하고, 미래의 수요를 분석하여 그 수요를 충족시키기 위한 계획을 수립하는 과정으로 이루어진다.

(1) 인적자원의 현황 평가

경영자는 인적자원의 현황을 분석하여 인적자원계획을 수립한다. 이러한 분석을 위하여 가장 먼저 할 일은 현재의 인적구성을 파악하는 일이다. 현재 구성원들의 학력, 훈련상황, 외국어 구사능력, 기능 등을 파악하게 되면 경영자는 조직활동에 이용 가능한 구성원들의 자질과 기능이 어떠한지를 알게 된다.

현황을 분석하는 다른 측면은 구성원들이 수행할 직무를 파악하는 일이다. 직무란 작업의 종류와 수준이 비슷한 것들의 집합이다. 구성원들이 어떠한 일을 하고, 또 그들이 하는 일이 각 구성원에게 적합한 것인지 여부를 파악하는 직무에 대한 분석은 기업경영에서 매우 중요하다. 직무분석(job analysis)이란 직무에 대한 정보를 수집 · 분석하여 각 직무수행에 필요한 지식, 기술, 능력, 책임 등을 명확히 하는 과정이다. 직무분석을 통해 직무별로 필요한 정보를 얻은 후, 직무기술서와 직무명세서를 작성해야 한다.

직무기술서(job description)

특정 직무를 수행하는 데 따르는 의무와 책임을 규명하고 기술한 것으로 무엇을, 어떻게, 왜 수행하는지 기록하는 것이다. 이것은 직무 자체의 특성을 기술하는 데 중점을 두고 있다.

직무명세서(job specification)

특정 직무를 수행하는 데 요구되는 자격요건을 규정한 것으로 성별, 연령, 체중, 신장, 교육정도, 기술수준 등 인적 요건에 중점을 두어 작성된 서식이다.

이러한 직무분석을 통하여 얻어진 정보는 직무와 사람을 유기적으로 결합시키는 인적자원관리의 기초적이고 필수적인 것이다.

(2) 미래 수요의 예측

미래의 인적자원에 대한 수요는 조직의 전략에 따라 결정된다. 조직에서 생산하고자 하는 재화나 서비스를 결정하고 그것에 대한 수익목표를 수립하게 되면, 경영자는 그러한 조직의 목표를 수행하는 데 필요한 인적자원의 크기와 구성요건을 결정하게 된다. 반대로 인적자원을 고려하여 조직의 목표를 결정하는 경우도 있다. 예를 들면, 수익성이 큰 분야를 진출하려고 하여도 적합한 인적자원이 부족한 경우, 기업은 자신의 목표를 수정할 수밖에 없다. 하지만 일반적으로는 조직의 목표를 결정하고 난 후 인적자원에 대한 수요를 결정하게 된다.

인적자원의 현황을 분석하고 미래의 수요를 예측한 후, 경영자는 인적자원의 크기나 구성요건 등 전반적인 문제점을 파악하게 된다. 그리고 미래의 수요예측이나 인적자원의 공급을 고려하여 다양한 인적자원 프로그램들을 수립하여 실행하게 된다. 이처럼 인적자원계획은 인적자원에 대한 현재의 필요성에 관한 정보뿐만 아니라, 미래의 종업원의 필요성이나 이용가능성에 대한 정보도 제공하게 된다.

2. 모집

모집(recruitment)이란 자격을 갖춘 자원자집단을 만들어 가는 과정이다. 모집의 대상은 기업 내부의 인력과 외부의 인력으로 크게 나눌 수 있다.

인적자원의 주요 모집원천

원 천	장 점	단 점
조직 내부	적은 비용, 종업원 사기향상	제한된 공급
광고	폭넓은 선택	다수의 부적합한 지원자
교육기관	넓고 집중화된 지원자	지원수준의 한계
종업원 추천	조직의 필요에 적합한 지원자	종업원의 다양성 위축

(1) 내부모집

내부모집이란 기업 내부에서 승진이나 전보 등의 과정을 거쳐 필요한 인력을 충원하는 것을 말한다. 일반적으로, 기업 밖에서 적합한 사람을 찾는 것보다 내부에서 찾는 것이 효과적인 경우가 많다. 그 이유는 외부모집에 비하여 비용이 적게 들고, 종업원의 사기향상에도 도움이 되기 때문이다. 그러나 내부모집의 경우에는 대상이 제한적이라는 문제점이 있다.

(2) 외부모집

외부모집이란 조직의 성장이나 기술의 변화 등으로 내부의 인력만으로 충분하지 못한 경우, 조직의 외부로부터 인력을 충원하는 것을 말한다. 외부모집은 광고를 통한 공개모집, 직업훈련소나 학교를 통한 추천형식의 모집, 종업원의 추천에 의한 방법 등을 활용할 수 있다. 외부모집의 장점은 기존 인력이 갖추고 있지 않은 전문적인 능력을 기대할 수 있다는 점이다. 그런데 외부모집 중 공개모집은 부적절한

면접 방식의 다양화

- 실무 대처능력이 가장 중요 : 현대자동차는 올해 처음으로 부문별로 특성화된 실무형 면접을 실시했다. 일반사무, 영업관리, 생산관리, 연구개발 등 희망분야별로 지원자들을 나눠 실무자들이 현장에서 필요로 하는 지식이나 소양을 갖췄는지를 집중적으로 질문하였다. 특히 실무면접에서는 면접관들이 지원자의 학력, 학점, 출신지역 등을 전혀 알 수 없도록 하는 '블라인드 면접'을 실시해 실무능력 평가에만 전념하도록 했다.
- 이색면접 통해 창의력 평가 : 최근 대기업 면접의 또 다른 특징은 급변하는 경영환경에 대처할 수 있는 창의적인 사고능력을 평가하기 위해 독특한 이색면접을 도입하는 곳이 많았다. 샘표식품은 서류전형을 통과한 지원자들을 대상으로 구직자 4명이 1조를 이루어 1시간 동안 주어진 재료로 요리를 만든 뒤 면접관들에게 작품의 주제와 특징을 설명하는 '요리면접'을 실시하기도 했다. 요리면접에서 중요한 것은 요리실력이 아니라 똑같은 재료로 누가 창의적인 요리를 만들었는지, 팀작업에서 누가 리더십을 발휘했는지 등 창의력과 리더십이라는 것이 회사 관계자의 설명이다.

출처 : 연합뉴스, 2002년 12월 2일 기사 중에서.

사람이 다수 지원한다는 단점이 있고, 교육기관을 통한 모집이나 종업원 추천에 의한 모집은 지원자의 폭이 제한된다는 문제점이 있다.

3. 선발

필요한 인력을 채용하려면 내부의 적합한 인력이나 모집에 응한 지원자 중에서 직무요건에 알맞은 사람을 선발해야 한다. 선발(selection)이란 채용 후 가장 성공적으로 자신의 직무를 수행할 지원자를 예측하는 과정이다. 예를 들면, 마케팅업무를 수행하는 종업원을 선발하는 경우, 어떤 지원자가 매출액을 증가시킬 가능성이 높은지를 예측하게 된다.

인력을 선발할 때에는 선발도구가 필요한데, 가장 많이 쓰이는 것이 선발시험과 면접이다. 선발시험은 직무수행에 필요한 능력을 판정하기 위한 것으로 이에는 성취도검사, 적성검사, 지능검사 등이 있다. 그리고 면접은 선발시험만으로 알 수 없는 지원자에 대한 구체적인 사항을 점검할 수 있는 중요한 선발도구이다.

선발도구가 효과적인 것이 되려면 그것이 어떤 방법이든 신뢰성과 타당성을 갖고 있어야 한다. 신뢰성(reliability)이란 선발도구를 통해 나타나는 결과가 안정적이어야 한다는 것을 의미한다. 평가결과가 안정적이라는 것은 두 명 이상의 평가자가 동일한 평가를 한다는 것을 의미한다. 또한, 타당성(validity)이란 선발도구에 의한 측정치가 지원자의 직무성과를 얼마나 잘 예측할 수 있는 것인가를 나타내는 것이다. 예를 들면, 힘든 하역작업을 하는 종업원을 체력검사를 통하여 선발하였다면, 그것은 미래 성과를 예측할 수 있는 것이므로 타당성 있는 도구라고 할 수 있다.

Ⅲ. 인적자원의 개발

기업은 종업원들의 선발이 완료된 후 종업원들의 직무수행능력을 향상시키기 위하여 인적자원의 개발을 시작한다. 인적자원의 개발에는 사회화, 교육과 훈련, 경력개발 등이 포함된다.

1. 사회화

새로운 조직구성원은 조직의 가치, 규범, 행동패턴 등을 배워서 조직에 적응하게 된다. 사회화(socialization)란 한 개인이 조직의 성원으로 기능하는 데 필요한 태도, 가치, 규범을 습득해 가는 과정을 의미한다.

경영자는 새로운 구성원들과 조직, 새로운 담당자와 직무를 연결시키는 사회화 과정에 관심을 둔다. 하지만 동료 작업자나 고객 등의 영향은 조직의 통제범위를 벗어나는 것들이 많다. 예를 들면, 신입사원들에게 손님들에게 친절하라고 교육시켜도 선배사원들이 고객을 사무적으로 대하는 것을 보고 그것이 최선이라고 배울 수도 있다. 따라서 조직은 새로운 구성원들이 조직의 분위기를 익히고, 올바른 태도를 익히며, 조직에 대한 공헌의식을 가지게 하려고 사회화 과정에 개입하고 통제를 시도한다.

부모가 자녀들의 사회화에 일부만 통제할 수 있는 것과 마찬가지로 조직도 그들 구성원의 사회화에 일부분만을 통제할 수 있다. 조직이 구성원을 사회화하는 수단으로 이용하는 것 중 하나가 오리엔테이션 프로그램이다. 오리엔테이션(orientation)이란 조직의 성원으로 선발된 사람들에게 직무나 조직을 소개하는 과정이다. 이것을 통하여 조직은 새로운 구성원들에게 자신의 역할, 업적평가, 조직의 목표와 문화, 의사소통경로 등을 소개하게 된다.

2. 종업원훈련

오늘날 많은 기업들은 경쟁에서 살아남기 위하여 경영혁신과 기술혁신을 계속하고 있다. 이러한 변화에 적응하기 위하여 기업은 종업원들을 훈련시키고 있다. 종업원훈련(employee training)이란 종업원의 업무수행능력을 향상시키기 위하여 그들의 기능, 지식, 태도, 행동을 변화시키는 과정을 말한다. 종업원훈련은 그 대상에 따라 신입사원과 기존사원에 대한 훈련으로 구분되고, 교육훈련 장소별로는 현장훈련과 현장외훈련으로 나누어진다.

대부분의 훈련은 직장 내에서 이루어진다. 직장 내에서 이루어지는 훈련을 일컬어 현장훈련(on-the-job training : OJT)이라 하는데, 보통 부서의 책임자가 주관하여 현장실무에 관한 교육을 실시하는 것이다. 그것의 특징은 실제적이며 비용이 적게 들고, 일을 하면서 교육훈련을 시킬 수 있다. 하지만 현장훈련은 훈련 도중 업무에 지장을 줄 수도 있고, 업무상 오류가 발생할 가능성도 높아진다.

습득할 기술이나 직무 중에는 현장에서 습득하기에는 너무 복잡한 것이 있다. 그런 경우 훈련은 직장 밖에서 이루어지는데, 이것을 일컬어 현장외훈련(off-the-job training)이라고 한다. 이것은 보통 자기 회사의 상사가 아닌 제3자에 의해 훈련이 실시된다.

종업원훈련의 사례

현장훈련

직 무 순 환 : 종업원들이 다른 직무를 경험할 수 있도록 수평적 이동을 가능하게 함으로써 다양한 과업을 접할 수 있도록 함.

견 습 : 경험이 많은 숙련자, 코치 등과 함께 직무를 수행함으로써 실무적인 훈련을 받음.

현장외훈련

강 의 : 전문적 · 대인적 · 문제해결적 기능을 전달하는 강의.

시청각 교재 : 다른 훈련기법으로는 쉽게 전달할 수 없는 전문적인 기술을 비디오나 필름을 통해 보여줌.

모 의 훈 련 : 실제 직무를 수행하면서 훈련하는 것으로 사례분석, 실증적 연구, 역할연기 등이 있음.

3. 경력개발

조직을 둘러싼 환경이 급변하고 있기 때문에, 조직이 종업원들에게 요구하고 기대하는 능력도 계속 달라지고 있다. 그런 이유에서 기업은 종업원들의 능력과 잠재력을 최대한 발휘할 수 있도록 격려하고, 그 과정에서 조직의 목표달성에 필요한 능력개발을 하는 과정을 경력개발(career development)이라고 한다.

경력관리는 개인적 차원에서 보면, 개인이 능력을 발휘하고 개인의 욕구가 충족된다는 점에서 볼 때에 매우 중요하다. 그리고 조직적 차원에서 보면 불확실성에의 적응력을 높여 주고, 종업원으로 하여금 적당한 시기에 적당한 직무를 맡게 하여 조직의 유효성을 증대시킬 수 있기 때문에 중요하다.

경력개발은 조직에 필요한 유능한 인재를 유인하고 유지시키는 수단으로 이용된다. 그러나 최근 고용환경이 크게 바뀜에 따라 경력관리의 중심이 되어온 정규직의 고용과 더불어 비정규직의 채용, 필요에 따른 경력직의 채용 등 고용의 형태가 다양해지고 있다. 따라서 기업이 주체가 되어 구성원들의 경력을 설정해 놓고 이에 따라 경력을 관리하는 시대는 지나가고, 점진적으로 구성원 스스로가 설정하고 직무를 인식해 자신의 경력을 구축하는 자기주도형 경력개발로 바뀌고 있다.

새로운 고용환경과 경력개발

애플은 사원들에게 평생직장을 제공하는 것은 불가능하다. 5년이나 10년의 고용을 보장하는 것도 불가능하다. 2년도 무리다. 애플이 약속할 수 있는 것은 얼마를 근무하든 근무하고 있는 기간 동안 항상 배울 수 있고 도전적인 직무를 제공하는 것 뿐이다. 그리고 애플을 떠날 때는 주변의 노동시장에서도 세계의 노동시장에서도 애플에 있지 않았을 경우에 비해 분명히 유리한 입장에 설 수 있다는 점이다.

출처 : 애플컴퓨터의 前회장 존 스컬리.

Ⅳ. 인적자원의 유지

1. 배치와 이동

기업이 선발된 인력을 적절한 직무에 배속시키는 것을 배치(placement)라고 한다. 종업원들이 기업에 대해서 만족감을 갖고 직무에 충실하기 위해서는 직무수행에 필요한 자격요건과 각 직무담당자의 직무수행능력 및 적성을 고려하여 적절히 배치해야 한다. 일반적으로 배치를 하기 전에 기업은 빠른 적응을 위하여 교육훈련을 시킨다.

이동(transfer)은 일단 배치된 종업원을 필요에 따라 현재의 직무에서 다른 직무로 재배치하는 것을 말한다. 이동은 승진과는 달리 동등 직급에서 임금의 변동 없이 자리를 바꾸는 것을 의미한다. 이동은 구성원들의 직무영역을 확대하고, 부서별 인력 수급을 위하여 이루어진다. 이동은 기업의 입장에서 보면 생기있는 분위기를 조성하게 되고, 본인에게는 자신의 경력을 형성하고 삶의 보람을 느끼도록 해준다.

2. 인사고과

경영자의 중요한 역할 중 하나는 조직구성원들이 조직의 목표달성을 위하여 행동하도록 유도하는 것이다. 구성원들이 조직의 목표달성에 기여한 정도, 다시 말해 업무수행상의 업적이나 잠재적 능력을 평가하는 과정을 인사고과(performance appraisal)라 한다. 인사고과는 종업원들이 직무를 성공적으로 수행했는지 여부를 판단하고 그것을 승급 · 배치전환 · 임금관리 · 교육훈련 등의 자료로 활용하기 위하여 실시한다.

(1) 인사고과의 방법

인사고과요소에는 직무지식, 협동성, 근면성, 책임감, 직무태도, 직무능력 등이 있다. 인사고과 중 몇 가지를 살펴보자.

서열법(ranking method)

종업원의 근무성적이나 능력에 대하여 순위를 정하면서 그들을 평가하는 기법이다. 이 방법은 사용이 간편하다는 장점이 있으나, 평가대상 인원이 너무 많거나 적은 경우에는 사용하기 어려운 문제점이 있다.

평정척도법(rating scale method)

종업원의 능력이나 업적을 연속척도(예를 들면 우수, 보통, 불량)나 비연속척도(예를 들면 수, 우, 미, 양, 가)에 의해 절대평가하는 기법이다. 이 방법은 각 평가요소를 분석적으로 평가할 수 있다는 장점이 있는 반면, 평가요소의 구성과 선정이 어렵다는 단점을 갖고 있다.

강제할당법(forced distribution method)

수, 우, 미, 양, 가 등으로 등급을 만들어 놓고, 종업원을 각 등급에 따라 10%, 20%, 40%, 20%, 10%씩 할당시키는 기법이다. 이 방법은 후술하는 고과자의 중심

인사고과

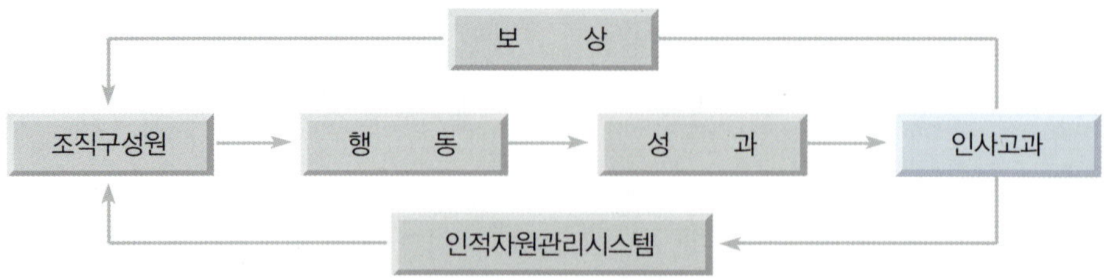

화 경향이나 관대화경향과 같은 오류를 방지할 수 있으나, 종업원의 업적이 강제 분포 비율과 일치하는지가 의심스럽다.

(2) 인사고과의 새로운 경향

종전에는 인사고과는 상급자가 하급자를 평가하는 하향식 인사고과가 주를 이루었다. 최근 기업들은 목표지향적 행동을 유도하기 위한 다양한 인사고과 방법들을 선보이고 있다. 부하가 상급자를 평가하는 상향평가, 동료들끼리 서로 평가하는 동료평가, 외부전문가를 동원한 외부평가 등이 대표적 사례이다.

인사고과의 유형이 무엇이든 간에, 그것이 성공을 거두기 위해서는 평가의 공정성과 객관성이 뒷받침되어야 한다. 다시 말해 직무분석, 목표관리 등과 같이 인사고과의 전제가 되는 각종 인적자원관리시스템들의 기능이 제대로 작동하여야 한다. 또한 올바른 평가에 필요한 조직문화의 정비도 인사고과 성패의 중요한 요인이다.

(3) 인사고과에서의 오류

인사고과와 같이 타인을 평가하는 경우 일반적으로 발생하는 오류는 무엇인가 알아보자. 이러한 오류가 발생하는 이유는 평가자가 평가에 필요한 자료를 충분히 수집하지 않고, 자신이 이미 가지고 있는 지각의 틀(perceptual sets)을 사용하여 편하게 평가하기 때문이다.

현혹효과(halo effect)

종업원의 한 가지 면만 보고 이와 관련하여 다른 면까지 평가함으로써 생기는 오류를 말한다. 예를 들면, 용모가 수려하니 성실성도 갖고 있을 것으로 판단하는 것이 이에 속하는 오류이다. 현혹효과가 작용하는 경우 아무리 많은 평가기준을 인사고과에 삽입하여도 별 의미가 없다. 왜냐하면 평가자는 사실상 한 가지 기준을 가지고 평가를 하는 것과 마찬가지이기 때문이다.

상동적 태도(stereotyping)

출신 지방이나 인종, 수행하고 있는 직무 등으로 종업원을 유형화하여, 판에 박힌 듯이 그들과 동일하게 평가하는 데에서 생기는 오류를 말한다. 원래 스테레오타입(stereotype)이란 인쇄를 하기 전에 만드는 연판(鉛版)을 말하는데, 현재 이 용어는 지각상의 오류를 뜻하는 말로 주로 사용된다. 예를 들면, 평가자가 일본 사람과 10여분 이야기 한 다음 그 사람의 인상이 정직하게 보인다고 할지 모른다. 이러한 평가는 평가자의 머릿속에 일본인들은 정직 · 근면하다는 고정관념을 가지고 있기 때문일 수도 있다.

관대화경향(positive leniency tendency)

종업원을 실제보다 높거나 후하게 평가하는 데에서 생기는 오류를 말한다. 예를 들면, 교수가 A를 남발하는 것도 이에 속하는 오류이다. 관대화경향이 생기는 이유는 평가결과가 나쁜 경우 그 이유가 평가자의 지도력 부족으로 인식될까 염려하기 때문이다. 간혹 평가자가 평가 방법을 이해하지 못하였거나, 종업원에 대한 관찰을 소홀히 한 경우에도 관대화경향이 나타난다.

중심화경향(central tendency)

고과자가 적당히 중간 정도 또는 '보통'으로 평가하는 데에서 생기는 오류를 말하며, 이것은 평가자가 평가내용을 이해하지 못했거나 평가에 관심이 없는 경우에 발생한다.

3. 보상

종업원들은 노동력을 투입하고, 기업은 그를 통하여 제품과 서비스를 생산한다.

기업은 투입된 노동에 대하여 대가를 지급한다. 이때, 기업에 공헌한 대가로 종업원에게 지급되는 것이 보상(compensation)이다. 보상에는 임금 · 상여금 · 부가급 등 금전적인 것과 도전감 · 책임감 · 안정감 · 성취감 등 비금전적 보상 모두를 포함한다. 이러한 보상은 개인의 노력에 대한 대가이기도 하지만 인적자원의 확보 · 유지를 위한 투자이기도 하다.

(1) 임금

기업은 임금을 통하여 종업원들을 모집하고 유지하며 동기부여를 하는 반면, 종업원들은 생계비와 개인적 목표실현을 위하여 필요한 주요 소득원이다. 또 기업의 입장에서 보면 임금은 비용(제품원가)으로 가능한 적게 지급하길 원하지만, 종업원들은 임금을 통하여 그들의 삶의 질을 개선하려 하기 때문에 높은 임금을 원한다. 이러한 이유에서 임금은 노사문제의 중요한 쟁점사항이 되고, 기업경영에서는 매우 중요한 요인으로 취급된다. 임금은 노동의 질과 양에 따라 다르게 지급되는데, 임금(급여)제도는 연공주의적 보상체계(연령급, 근속급)와 능력주의적 보상체계(직무급, 성과급)가 있다.

연공급

연공급이란 연공서열(근속연수, 연령, 학력 등 인적 요소)에 의해 결정되며, 보통 근속연수가 많아짐에 따라 기본급 정액은 많아진다. 연공급에도 직무급적 성격을 절충하는 것이 일반적이며, 우리나라와 일본 같은 동양적 전통에서 생성되어 연공

경제적 보상의 유형

임금(급여)	기본급, 직책급, 여러 가지 수당
인센티브시스템	집단성과급제도, 이익분배제도, 스톡옵션
부가급	유급휴가 · 휴식시간 등 비보상적 급여, 복리후생

서열형 인사관리의 핵심을 이루고 있다.

직무급

직무급이란 직무분석을 기초로 직무의 난이도나 위험도 등에 따라 차등지급하는 임금체계이다. 이 제도는 '동일노동, 동일임금(equal pay for equal work)'의 이상을 실현할 수 있는 합리적인 임금체계이다. 동일한 일을 담당하는 한 아무리 근속 연수가 많더라도 원칙적으로 임금이 증가하지 않는 것이 특징이다.

직무급은 미국과 유럽에서 발달한 제도이나, 우리나라는 1997년 외환위기를 계기로 임금체계가 기존의 연공서열 위주에서 벗어나 직무급쪽으로 급격히 바뀌고 있다. 요즘 거론되는 연봉제 역시 직무급의 일종인데, 미국기업의 경우 연봉제라는 말 대신에 직무성과급제라고 하는 경우가 많다. 그것은 직무급을 기본으로 기본연봉이 결정되어 있고 경영성과에 따라 성과급이 추가적으로 지급되기 때문이다.

(2) 부가급

부가급(fringe benefit)이란 비보상적 급여와 복리후생적 성격을 띤 프로그램 등을 말한다. 기업이 종업원들에게 제공하는 부가급에는 휴식시간 · 점심시간 · 휴가 등과 같은 非작업시간에 대한 보수, 질병 · 부상 · 실업 등과 같은 직무수행과 관련된 위험으로부터 보호할 수 있는 보험가입 지원, 식당 · 기숙사 · 사택 · 생필품판매

보상의 근거와 유형

보상의 근거	연령 · 근속	개인성과	집단성과	
	기본연봉	성과연봉	단기 인센티브	장기 인센티브
보상의 유형	기본급 후생급	piece-rate lump-sum	수익배분제 이익배분제	종업원지주제도 스톡옵션

장 등과 같은 각종 서비스제공 등이 이에 속한다.

(3) 인센티브제도

인센티브제도(incentive system)란 종업원들의 동기부여를 위해 지급하는 보상시스템이다. 실제성과에 대한 자극수단으로 제공하는 인센티브제도는 개인성과급과 집단성과급이 있다.

개인성과급

개인성과급에는 연봉제를 비롯하여 자동차나 카드 판매실적 등 객관적인 성과에 비례하여 지급하는 방식(piece-rate), 우수한 성과를 낸 사람들에게 일정액의 보너스를 지급하는 방식(lump-sum) 등이 있다. 그 밖에 우수한 인력을 확보할 목적으로 지급하는 보너스, 퇴직을 막기 위하여 지급하는 보너스, 특별한 성과나 기여에 대하여 수시로 지급하는 보너스 등도 개인성과급에 포함시킬 수 있다.

카페테리아식 복리후생제도

엘지유통 직원들의 월급명세서에는 다른 회사와는 다른 항목이 하나 더 있다. 바로 개인별 복지 잔여포인트 항목이다. 이 회사 직원들은 회사로부터 연간 일정액의 복리후생 포인트(1포인트당, 1,000원으로 환산)를 지원받는다. 이렇게 쓰고 남은 잔여포인트가 월급명세서에 찍혀 나오는 것이다. 개인별 선호도에 따라 안경구입, 그룹사 제품구입, 도서구입 등은 물론 주유대금, 기념일 외식, 한약 및 보약구입비 등 항목 등을 추가해 선택의 폭을 크게 넓혀 운영하고 있다.

직원 개개인이 자신의 처한 상황이나 취향에 따라 사내 복지프로그램을 고르는 선택형 복리후생제를 도입하는 기업들이 늘어나고 있다. 이것은 식당에서 음식을 주문하듯이 원하는 것을 선택할 수 있기 때문에 카페테리아(Cafeteria)식 복지제도로 불리는데, 현재 선진국에선 이미 보편화된 방식이다. 특히 자녀 학자금 융자나 대학원 등록금 지원 등의 경우 자녀가 없거나 진학을 하지 않는 사람은 혜택을 받고 싶어도 받을 수 없는 단점이 있었지만 이 제도는 모두 공평하게 정해진 범위 내에서 공평한 지원을 받게 되므로 직원들이 더욱 반기는 편이다.

출처 : 한겨레신문, 2002년 11월 15일 기사 중에서.

집단성과급제도

집단성과급제도란 종업원 각 개인에게 성과급을 주는 것이 아니라, 종업원을 몇 개의 집단으로 구분하여 각 집단에 대하여 지급하고, 각 집단은 다시 일정 비율로 각 개인에게 분할지급하는 제도이다.

이것은 경영자와 종업원의 상호협동을 근거로 노동정착을 장려하거나 작업능률을 자극하기 위하여 임금 이외에 기업이익의 일부를 종업원에게 지급하는 제도이다. 이것을 통하여 경영자는 협동정신과 능률향상을 꾀하게 된다.

집단성과급은 경영활동에서 나타나는 생산성 향상, 원가절감, 시간절감 등과 같은 과정지표를 활용하는 수익배분제(gain sharing)와 경영활동의 결과 나타나는 이익이나 매출액을 기준으로 지급하는 이익배분제(profit sharing) 등이 있다.

종업원지주제도

종업원지주제도(employee stock ownership plan)란 회사가 종업원에게 근무하는 회사의 주식을 사거나 보유하도록 편의를 제공해 주는 제도이다. 종업원지주제도는 회사에 안정된 주주를 많이 확보해 주고 종업원에게는 적은 돈으로 자사주를 매입하여 회사의 판매나 경영실적에 따라 이익배당을 받게 해 준다.

엔론의 회계부정과 스톡옵션

지난해 12월 처음으로 불거진 회계부정사건인 엔론 스캔들은 그 회사만의 문제가 아니었다. 미국 유수의 기업들도 비슷한 문제를 가지고 있다는 것이 드러나자 금융시장이 불안정해지고, 다우존스지수가 지난 연말 대비 20% 가까이 하락했고, 나스닥은 무려 35%나 급락하였다. 미국의 경우 1990년대 후반의 주식가격이 급등할 때 전문경영인들은 스톡옵션을 대량으로 받기 시작했다. 때문에 CEO들은 회계장부 조작에 대한 유혹을 받을 수밖에 없다. 주가가 오르면 자신이 가진 스톡옵션 가격이 오른다. 과거 미국 기업경영은 이른바 소유와 경영의 분리라는 원칙을 세우고 그 위에서 급성장했다. 스톡옵션은 결과적으로 이 소유와 경영의 분리원칙을 어기는 행위라는 공감대가 형성되고 있다.

출처 : 주간조선, 2002년 8월 8일 기사 중에서.

스톡옵션

스톡옵션(stock option; 주식매입선택권)이란 기업이 임직원에게 자기회사 주식을 미리 약정한 가격으로 일정한 수량을 일정한 기간 내에 매매할 수 있는 권리를 주는 것을 말한다. 기업의 성과가 좋을 경우 스톡옵션을 행사한 사람은 시세차익을 얻을 수 있으므로, 업적달성 정도에 따라 지급하는 일종의 성과급 성격의 보수이다. 미국에서는 20세기 초반부터 일반화되어온 제도이나 우리나라에서는 비교적 최근에 제도화되었다.

(4) 승진

승진(promotion)이란 보다 많은 책임과 권한을 갖는 직급으로 이동하는 것을 말한다. 승진은 합리적인 기준에 의하여 이루어져야 하는데, 주로 사용되는 기준이 연공서열주의와 능력주의이다. 연공서열주의는 근속 연수에 따라 승진결정이 이루어지는 것으로, 근속연수가 많을수록 조직에 공헌이 크다는 가정이 전제된다. 반면 능력주의는 직무 성과를 높일 수 있는 능력에 따라 승진결정이 이루어지는 것이다.

우리나라의 경우 전통적으로 연공, 직급, 학력, 성 등을 중시하던 연공서열주의에서 벗어나 성과에 대한 기여나 역량의 발휘 정도를 중시하는 능력주의로 나가고 있다. 이런 능력주의의 대두는 마무리 이야기에서 볼 수 있듯이 여성들의 경영진으로의 진출을 활발하게 하고 있다.

4. 안전 · 보건관리

경영자들은 종업원들이 불필요한 위험에 노출되지 않고, 유해한 환경에서 일하지 않도록 할 법적 책임이 있다. 이러한 안전과 건강(safety and health)에 대한 관심은 기업활동은 궁극적으로는 인간의 생명을 무엇보다 귀중하게 여긴다는 기업의 사회적 책임이라는 점에서 중요한 일이다. 더욱이 그것들에 대한 관심은 산업재해를 예방함으로써 산업재해로 야기되는 생산 손실을 사전에 예방함으로써 경영합리화를 도모한다는 현실적 필요에서 나타난다. 또 산업재해가 많이 발생하는 기업은 그 기업이 만든 제품이나 서비스의 이미지까지 문제가 되므로, 경영자들은 산업재해 예방을 통해 기업의 사회적 신뢰성을 유지하고 확보하여야 한다.

우리나라의 경우 1998년도 산업재해보상보험법 적용사업장 215,539개소에 종사하는 근로자 758만 명 중에서 51,514명(사망 2,212명)이 재해를 입어 재해율 0.68%를 기록하고 있다. 산업안전보건법에 따르면 경영자는 이 법에서 정하는 산업재해예방을 위한 기준을 준수하며, 당해 사업장의 안전 · 보건에 관한 정보를 근로자에게 제공하고, 근로조건의 개선을 통하여 적절한 작업환경을 조성함으로써 근로자의 생명보전과 안전 및 보건을 유지 · 증진하도록 하여야 하며, 국가에서 시행하는 산업재해예방시책에 따라야 한다고 규정하고 있다.

안전은 작업장에서의 사고를 방지하는 데 초점을 맞추고 있다. 안전 못지 않게 중요한 것은 종업원이 안심하고 일할 수 있는 건강한 작업환경을 유지하는 것도 중요한 일이다. 종업원들이 매일 두통에 시달리고, 눈물을 흘리며, 호흡곤란을 겪고 있을 정도로 열악한 환경에서 작업을 한다면 그 기업은 그렇지 못한 경우보다 생산성이 저하될 것이다. 장기적으로는 유능한 종업원들의 이직도 늘어날 것이다.

연습문제

01. 인적자원관리의 기능이라 할 수 없는 것은?

① 채용관리　② 임금관리
③ 재고관리　④ 노사관계관리

02. 다음은 직무분석의 내용을 설명한 것이다. 옳지 못한 것은?(CPA수정)

① 특정 직무의 내용과 성질을 체계적으로 조사 · 연구하여 조직에서의 인사관리에 필요한 직무정보를 제공하는 과정을 말한다.
② 직무수행에 필요한 지식, 능력, 책임 등의 성질 · 요건을 명확히 하는 과정을 말한다.
③ 직무분석이 먼저 이루어지고 다음에 직무평가와 인사고과의 순서로 진행된다.
④ 직무명세서는 직무분석을 통하여 얻어진 직무에 관한 제자료와 정보를 직무의 특성에 중점을 두고 기록 · 정리한 문서이다.

03. 특정 직무를 수행하는 데 요구되는 성별, 연령, 체중 등 인적 요건에 중점을 두어 작성된 서식은?

① 인적자원목록　② 직무기술서
③ 직무명세서　④ 인사고과표

04. 외국인 종업원을 채용하는 경우 피면접자가 프랑스 사람이므로 감성이 풍부할 것이다라고 결론을 내렸다면 그것은 어떠한 오류에 해당하는가?

① 현혹효과　② 상동적 태도
③ 중심화경향　④ 관대화경향

05. 종업원 훈련에 대한 설명으로 올바른 것은?

① 강의는 현장훈련(OJT)의 하나이다.
② 견습은 현장외훈련(off JT)의 하나이다.
③ 현장과 직접 관계 없는 직업윤리교육 등은 off JT가 적합하다.
④ 환경변화가 극심하면 훈련을 잠시 중단하는 것이 효과적이다.

06. 인사고과에 대한 설명으로 올바른 것은?

① 직무와 직무담당자의 적합성 여부를 파악하는 것

② 직무담당자의 업적을 평가하는 것

③ 직무간의 중요도를 비교하는 것

④ 직무담당자의 직무에 대한 태도를 조사하는 것

07. 인사고과의 목적이 아닌 것은?(쌍용그룹)

① 공정한 인사　　② 승진, 배치전환

③ 능력개발　　④ 사원의 신규채용

08. 임금체계의 유형 중 직무급에 대한 설명으로 잘못된 것은?(비서검정)

① 직무분석과 직무평가를 기초로 한다.

② 기업에 대한 귀속의식이 확대되어 기업의 고용을 안정시킨다.

③ "동일노동에 대하여 동일임금을 지급한다"는 원칙에 입각하고 있다.

④ 전문기술인력의 확보가 용이하다.

09. 연공서열에 따른 임금수준결정 방식의 문제점으로 제기될 수 있는 것은?(비서검정)

① 종업원이 스스로 성과를 향상하려는 노력을 하지 않는다.

② 임금기준의 설정이 지나치게 복잡하다.

③ 조직의 귀속의식이 희미해진다.

④ 임금결정이 주관적인 판단에 의존한다.

10. 다음 중 보상과 관련된 인센티브제도에 속하지 않는 것은?

① 연공급　　② 집단성과급

③ 이윤배분제　　④ 스톡옵션

11. 스톡옵션에 대한 설명으로 적합한 것은?

① 경영성과에 대한 보상으로 활용되는 비교적 단기적 인센티브에 속한다.

② 경영자가 자신의 실적을 과대포장하는 것을 막을 수 있는 제도적 장치이다.

③ 경영성과가 뛰어나면 주가가 상승하므로 경영자에 대한 인센티브제도로 활용된다.

④ 일정한 요건이 갖추어지면 기존의 주주들에게 일정가액으로 주식을 매입할 수 있는 권리를 주는 제도이다.

마무리 이야기

유리천정과 능력주의 인사

유리천정(glass ceiling)은 관행이나 편견 등으로 소수민족이나 여성과 같은 사회적 약자 계층이 조직의 고위직으로 승진을 하지 못하는 현상을 말한다. 실제로 2007년 여성부의 발표에 따르면 조사대상 341개 기업 중 부장 이상 여성 관리자가 없는 곳이 절반을 넘고, 여성 임원이 한 명도 없는 곳도 74%에 이른다고 한다. 미국이나 유럽과 같은 나라들도 우리보다 사정은 낫지만 유리천정이 여성들의 승진 기회를 가로막고 있다.

국가별 여성 임원 비율(%)

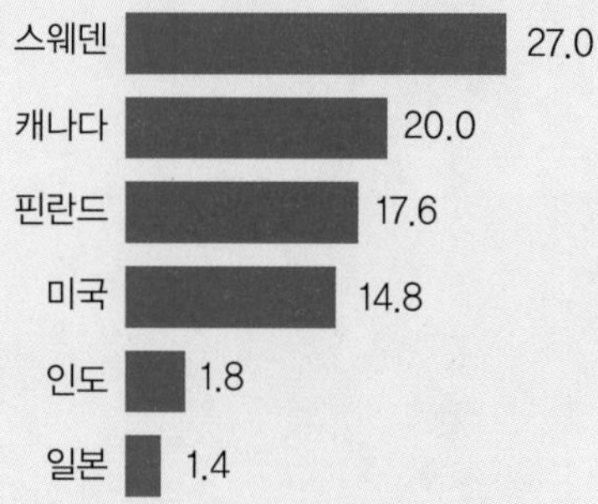

자료 : 리콜라스테예리&어소시에이츠(세계 300대 기업 대상)
한국경제(2006.9.28) 재인용

이런 문제를 타결하기 위하여 노르웨이의 경우 2006년부터 공기업 이사의 40%를 여성을 임명하도록 의무화했고, 2008년부터는 상장기업에도 이를 적용하고 있다. 2010년 프랑스 하원은 상장기업과 공기업의 이사 40%를 여성으로 채우는 '여성임원쿼터제' 법안을 통과시켰다. 스페인과 네덜란드 역시 비슷한 법안을 통과시켰고 벨기에, 영국, 독일 등도 법제화를 준비 중이다.

아직 시작단계이나 우리나라 기업의 여성 임원도 점차 늘어나고 있다. 대기업의 여성 임원 진출은 1995년 삼성그룹에서 이뤄졌다. 여성의 임원 진출은 1990년대 후반에 주춤하다가 2000년 들어 서비스업종을 중심으로 본격적으로 이어지기 시작했다. 대한항공 등 여성중심의 업종에서 두각을 나타내기 시작했다. 2세대 임원은 대개 2000년대 시작과 함께 외국계, 금융권에서 봇물을 이루게 된다. 삼성그룹은 2010년 정기 임원 인사에서 총 6명에 대한 여성 임원 인사를 실시했고, 특히 처음으로 여성 부사장을 배출하였다. 삼성은 글로벌 기업으로서 다양성 관리를 강화, 외국인과 여성 인력에게 승진 문호를 대폭 개방하는 미래지향적이고 성과주의적인 인사의 틀을 마련했다고 자평했다.

여성이 남성에 비해 생산성이 낮은지 여부는 아직 합의된 정설이 없다. 매킨지 보고서에 따르면, 미국 내 여성 관리자 비율 상위 10% 기업은 1996~2000년 주주 총수익률이 해당 산업의 평균 대비 약 12배에 달한 반면, 하위 10% 기업들은 0.4배에 그쳤다. 나이키는 여성 고객을 전담하는 여성부서를 신설해 회사 수익의 20%에 달하는 수익을 올리기도 했고, 시티뱅크 등 선도기업들은 이미 여성 인력과 여성 관리자 비율을 높여서 기업 성과를 높이고 있다.

자료 : 한겨레21(2006.01.31), 한국경제(2006.9.28), 파이낸셜뉴스(2010.1.14) 등

09

CHAPTER

생산 · 운영관리

기업이 그 목표를 달성하려면 무엇보다도 소비자가 원하는 좋은 품질의 제품이나 서비스를 공급할 수 있어야 한다. 아무리 유통경로, 광고, 인적판매, 자금지원과 같은 여러 전략적 요소들이 효과적으로 운영된다 하더라도 제품이 부실하면 기업은 궁극적인 목표를 달성할 수 없다. 이런 관점에서 좋은 제품은 기업의 존속과 성장을 위한 필요조건이다. 생산 · 운영관리는 바로 소비자가 원하는 좋은 품질의 제품과 서비스를 신속히 개발 · 생산하는 활동이다. 물론 아무리 좋은 제품이라 하더라도 기업의 다른 활동이 제대로 이루어지지 않는다면 큰 의미가 없을 수도 있다. 이런 관점에서 생산활동은 기업성공의 충분조건이라고는 할 수 없다.

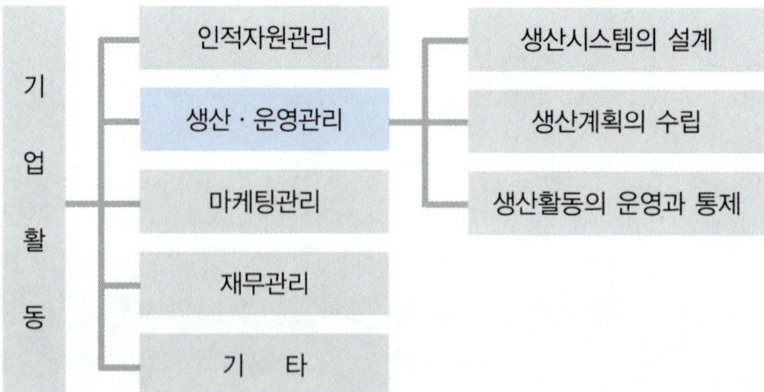
기업활동
인적자원관리
생산 · 운영관리
마케팅관리
재무관리
기 타
생산시스템의 설계
생산계획의 수립
생산활동의 운영과 통제

제9장 생산 · 운영관리

Ⅰ. 생산 · 운영관리의 기초개념

1. 생산과 생산 · 운영관리

생산이란 공장에서는 이루어지는 유형의 재화인 제품을 생산하는 것으로 생각한다. 물론 공장에서 이루어지는 생산은 분명히 생산의 가장 전형적 형태이다. 그러나 생산을 無에서 有를 창조하는 것이 아니고 경제적 가치의 창조라는 측면에서 정의한다면, 생산시스템은 공장뿐만 아니라 보다 광범위한 영역의 조직을 포함하게

생산시스템의 예

생산시스템	투　입	시스템요소	산　출	변환기능
공　장	원재료	설비, 작업자	제　품	제작, 조립
식　당	배고픈 고객	재료, 주방장	만족한 고객	조리, 서비스
학　교	학　생	책, 교수	행동 변화	교　육
병　원	환　자	의사, 의료기기	건강한 사람	치　료
백 화 점	구매고객	상품, 점원	판　매	고객의 유인

출처 : 곽수일 · 김능진, 생산관리, 한국방송통신대학, 1990, p. 3 수정.

된다. 이런 의미에서 생산은 투입요소들을 바라는 산출로 변환(transform)시키는 과정이라 정의할 수 있다.

생산의 정의에서 변환이란 공장에서의 제조뿐만 아니라 수송 · 교환 · 저장 등의 내용이 포함된다. 수송은 물품의 장소를 바꿈으로써 장소적 가치를 창조한다. 예를 들면, 사막의 모래는 큰 가치가 없으나 우리나라 건설현장에 수송하면 큰 가치를 갖게 될 것이다. 저장은 물품의 시간적 가치를 창출한다. 옛날 서빙고에서 겨울철에 한강의 얼음을 잘라 보관하였는데, 그 이유는 겨울에는 얼음의 가치가 없으나 그것을 여름까지 보관하면 가치를 갖게 되기 때문이다.

생산활동을 제조분야에만 국한시키지 않고 보다 넓은 범위를 포괄하는 개념으로 본다면, 서비스업에서도 생산관리를 담당하는 사람은 쉽게 찾을 수 있다. 앞의 표에서 생산시스템과 투입, 산출에 관계되는 요소들의 예를 공통적인 요소끼리 분류하여 제시하였다. 이런 의미에서 은행, 보험회사, 항공사 등의 서비스업종은 물론이고, 학교나 병원에서도 생산관리는 필요할 것이다. 이러한 조직들은 제조업의 경우와 마찬가지로 소비자에게 가치 있는 서비스를 제공하기 위해 생산공정을 보유하고 있고, 시설의 입지와 규모 · 설비배치와 같은 문제도 발생하게 마련이다.

오늘날의 생산관리는 유형의 제품뿐만 아니라 서비스와 같은 무형의 재화의 생산도 포함하는 개념이므로, 생산(production)이란 개념만 가지고는 전부를 효과적으로 나타낼 수 없다고 하여 운영(operation)이란 말을 추가하여 사용하게 된 것이

생산시스템의 구조

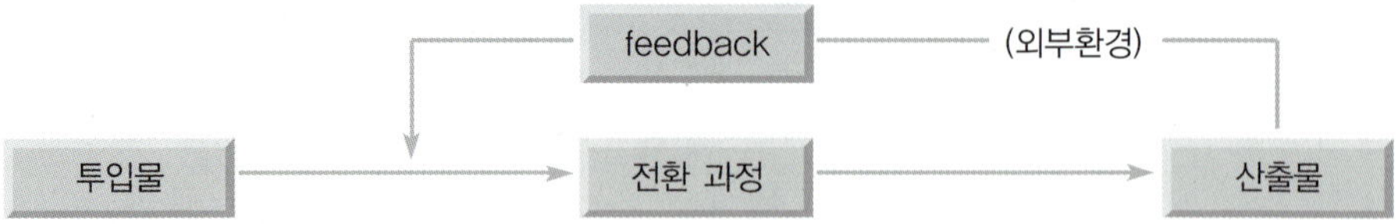

산출물에 관한 정보는 생산관리의 목표에 입각하여 피드백시킨다. 여기서 생산부서의 목표가 외부환경에 따라 생산성향상일 수도 있고, 품질향상일 수도 있으며, 유연성향상일 수도 있다. 혹은 제품이나 서비스의 공급에 걸리는 시간의 단축과 설계소요시간의 단축도 생산부문의 목표가 될 수 있다.

다. 이러한 생산 · 운영관리(production and operations management)는 제품이나 서비스를 생산하는 생산시스템의 설계와 운영에 관한 의사결정을 담당하는 활동이다.

2. 생산 · 운영관리의 목표

전통적으로 생산관리는 생산성 향상에만 초점을 맞추었다. 하지만 최근 생산활동은 생산성 향상에 의한 낮은 원가뿐만 아니라 높은 수준의 품질, 최소의 투자, 신제품 도입, 높은 유연성 등과 같은 다양한 요구에 직면하게 되었다. 생산관리부서가 생산성, 품질, 유연성 등을 모두 향상시킬 수 있다면 가장 바람직하다. 그러나 생산부서가 이러한 모든 것들을 동일한 가치로 평가하여 동시에 달성하기는 현실적으로 불가능하다. 예를 들면, 고객들의 요구가 저렴한 가격인 경우 생산부서의 주요 목표는 생산성이고, 품질은 고품질보다 적정한 수준의 품질을 추구하는 것이 바람직하다. 만일 기업이 경쟁전략으로 차별화를 추구하는 경우 생산부서는 생산성보다는 품질이나 유연성을 우선 추구하여야 한다. 이처럼 생산관리부서의 목표는 기업 전체의 목표나 전략과 일관성을 유지하여야 한다.

일본 기업의 생산성

일본 기업의 인적자원관리는 종신고용제와 연공서열이라는 독특한 관행에 기초하고 있다. 이것은 미국 경영자의 입장에서 볼 때 자유시장의 논리에 위배되는 것이고, 장기적으로는 경쟁에서 패배할 수밖에 없는 구조이다. 미국 경영자들은 그러한 관행이 일본의 독자적인 문화에 기인한다고 생각하는데, 그것은 종신고용제를 잘못 이해한 것이다. 일본도 과거에는 미국과 마찬가지로 필요에 따라 고용하고 해고하는 인사정책이 일반적이었다. 종신고용제는 일본의 문화적 산물이라기보다 기업가의 논리적 사고에 근거한다. 고용을 보장받은 종업원은 자신들의 생산성이 늘어나 기업의 인력이 남게 되더라도 해고당하지 않는다는 확신이 있다. 그러한 확신에 근거하여 종업원들은 마음껏 새로운 기술을 도입하여 생산성을 향상시킬 수 있게 된다.

출처 : Certo(1997), p. 478.

(1) 생산성 향상

소비자는 저렴하고 쉽게 구입할 수 있는 제품을 선호하기 때문에 경영자는 생산과 유통의 효율(생산성) 개선에 노력을 집중한다는 것이 생산성 향상 전략이다. 朴사장은 하루 30만 원 이상의 이익을 남기려면 개당 원가 5,000원의 피자를 10,000원씩에 60개 이상씩 판매하여야 한다. 가격을 올리지 않고 이익을 많이 남기려면 朴사장은 원가를 줄이든지 아니면 판매량을 증가시켜야 한다. 그 이유는 생산성이란 다음과 같은 산식으로 계산되기 때문에 투입량(재료 원가나 임금)을 줄이거나 산출량(생산량)을 증가시키면 생산성은 증가한다.

$$\text{생산성} = \frac{\text{산출물}}{\text{투입물}}$$

아담 스미스는 그의 분업이론에서 핀을 생산하는 데, 한 사람이 전 공정을 모두 담당하는 경우 20개 정도도 만들기 힘들었지만, 생산 과정을 여러 공정으로 나누어 10사람이 분업을 하였더니 하루에 48,000개씩의 핀을 생산할 수 있다고 하였다. 10명의 사람을 독립적으로 일을 시키는 것보다 240배[=48,000개/(20개×10인)]의 생산량이 증가한 것이다. 이러한 분업은 산출물을 증가시키고, 투입물을 감소시키므로 생산성을 향상시키는 대표적 사례이다. 테일러의 과학적 관리법, 포드(H. Ford)의 T형 자동차 생산, 마무리 이야기에서 언급한 도요타자동차의 원가절감 전략 등도 모두 생산성우위의 전략에 기초한 것이다.

이러한 생산성우위의 전략은 생산성이란 지표에 의한 문제를 가지고 있다. 생산성은 어떻게 얼마나 생산되었는지에 대한 지표를 제시할 수 있으나, 그 생산물이 고객에게 얼마나 팔렸는지 혹은 팔리지 않아 재고로 남았는지, 팔린 것이 얼마나 고객을 만족시켰는지에 대한 정보는 제공하지 못한다. 따라서 이러한 생산성우위의 전략은 수요량이 생산량보다 많은 경우에 적합한 것이다.

(2) 품질향상

소비자들은 품질, 성능이 우수한 제품을 좋아하기 때문에 조직은 제품의 품질개선에 최선을 다한다는 것이 품질향상전략이다. 朴사장의 경우 피자의 품질을 높여 고객을 만족시키기로 전략을 수립하는 것이 그 예(例)이다. 품질이란 정확하게 정의내리기 어렵지만 상품이나 서비스에서 사람들이 얻기를 원하는 효용이라 정의할 수 있다. 품질 좋은 피자는 맛이 좋아야 하고, 자동차는 잘 달려야 하고, 송곳은 구멍이 잘 뚫려야 하고, 병원은 병을 잘 고쳐야 한다. 朴사장이 피자의 품질을 향상시키면 고객은 만족하게 되고, 더욱 완벽하게 피자전문점의 고객이 될 것이다.

품질에 집착하는 사람들이 범하기 쉬운 실수는 고객의 욕구가 아닌 제품의 품질에만 초점을 맞추는 일이다. 피자가 아무리 맛이 있다 하더라도 사람들의 입맛(욕구)이 바뀌면 朴사장의 피자전문점을 외면하게 될 것이다. 보다 나은 쥐덫의 가설(the better mousetrap hypothesis)을 가지고 설명해 보자. 이것은 Ralph Waldo Emerson의 "경쟁자보다 품질이 좋은 쥐덫을 생산하기만 하면 모든 소비자들이 스스로 몰려와 구매할 것이다"라는 주장으로, 제품의 품질에 집착하는 오류를 의미

생산성과 품질 - 함께 잡기 어려운 두 마리 토끼

일본 자동차 도요타는 2008년 세계 최대의 매출을 기록하였다. 도요타의 린 생산 방식(lean production system)은 자동차업계의 '교본' 처럼 받아들여졌다. 이런 도요타가 뿌리째 흔들리고 있다. 가속페달 결함 문제가 미국을 비롯한 세계 곳곳으로 확산하면서 도요타가 2009년 판매한 수량보다 많은 수백만 대의 자동차가 리콜 대상에 올랐다.

최근의 리콜 사태는 원가절감을 통한 생산성 향상 전략이 도리어 '품질저하' 라는 부메랑이 되어 돌아온 것이다. 전임 와타나베 사장이 2005년 도요타의 지휘봉을 맡고 나서 가장 강력하게 추진한 것이 바로 원가절감이었다. 구매부문에서 잔뼈가 굵은 와타나베 사장은 마른 수건도 더 짜내는 방식으로 부품단가 인하를 독려했다.

싼 부품을 찾다보니 협력업체들도 전 세계로 다변화할 수밖에 없었다. 이번에 문제가 된 부품은 시티에스(CTS)가 중국공장에서 만든 부품이다. 도요타의 대규모 리콜 사태가 급격한 팽창, 공급선 다변화로 말미암은 품질관리의 허술함, 도요타식 납품단가 후려치기 등이 복합적으로 작용했다는 분석이 나오는 것은 이 때문이다.

출처 : 한겨레신문, 2010년 1월 31일 기사.

한다. 쥐덫이 아무리 좋다 하더라도 고객들은 쥐덫을 외면할 수도 있다. 사람들이 원하는 것은 쥐를 없애는 것이지, 쥐덫은 그 수단에 불과하다. 오늘날 대부분의 고객들은 쥐덫을 사용하는 번거로움을 피하기를 원한다. 이러한 환경변화에 대처하기 위해서는 쥐덫의 품질을 고집할 것이 아니라 다른 방법, 예를 들면 쥐를 퇴치하는 용역을 제공하는 회사로 변신하는 등 새로운 대안을 모색하여야 할 것이다.

(3) 유연성 향상

품질 좋고 저렴한 제품도 소비자를 만족시키지 못한다면 기업은 발전을 이룰 수 없다. 고객의 욕구가 급격히 변화하거나 주문량이 일정하지 않은 경우, 이런 변화를 효율적으로 대처할 수 있는 능력을 유연성(flexibility)이라고 한다. 朴사장의 경우 고객을 만족시키기 위하여 욕구의 변화에 따라 신속하게 제품을 바꿀 능력도 갖추고, 생산 방법을 변경시킬 수 있는 능력도 갖추며, 서비스시간을 줄이는 능력을 갖출 수 있다.

과거 소품종 대량생산에서 다품종 소량생산으로 전환한 것도 유연성전략의 일환이고, 아웃소싱을 통한 외부에서의 생산 방법도 마찬가지이다. 미국의 도미노피자는 맛이나 가격보다 주문한지 30분 이내에 배달되는 것으로 고객을 만족시킨 기업이다. 오늘날 기업은 생산성, 품질, 유연성의 개념이 모두 중시되고 있지만, 고객의 창조라는 기업목표에 맞추어 유연성이 가장 많이 요구되고 있다. 하지만 생산성, 품질 또한 탄력성에 못지 않게 중요한 개념이다.

이 3가지를 동시에 만족시키는 기법 중 하나가 유연생산시스템(flexible manufacturing system : FMS)이다. 이것은 전자, 기계, 컴퓨터 등의 첨단기술을 활용하여, 주문생산의 유연성(탄력성)과 대량생산의 생산성을 동시에 추구하려는 기법이다.

3. 생산 · 운영관리 과정

(1) 생산시스템의 설계

기업이 생산을 하려면 주체가 되는 생산시스템이 있어야 한다. 생산시스템은 보통 기업이라고도 하는데, 기업 안에 있는 생산적 기능을 총괄하는 개념으로 생산시스템이라고 한다. 생산시스템은 효과적으로 생산활동이 수행될 수 있도록 만들어야 한다.

생산시스템이 일단 만들어지고 나면 쉽게 옮기거나 고치거나 바꿀 수 없다. 이처럼 잘못 만들어진 생산시스템은 그 영향이 매우 오래 가기 때문에 설계 과정부터 조심스럽게 접근해야 할 필요가 있다. 생산설계에서는 어떤 제품이나 서비스를 어떤 설비와 인력을 통하여 생산할 것인가에 관한 의사결정을 내려야 한다.

(2) 생산활동의 계획

생산시스템이 일단 만들어지면 실질적인 생산활동을 시작하게 된다. 생산시스템을 만드는 일은 중요한 일이기는 하나 일상적으로 하는 일은 아니다. 그것과 비교하면 생산활동의 계획은 생산시스템이 그 기능을 멈추지 않는 한 계속된다는 점이 다르다.

생산활동의 계획은 수요예측에서 시작된다. 대부분의 현대적 생산시스템의 생산형태는 주문생산이 아니라 계획생산이므로 언제, 얼마의 양을 생산해야 할 것인가 하는 생산계획을 수립하는 일은 수요예측의 결과가 있어야 시작될 수 있다.

(3) 생산활동의 운영과 통제

생산시스템을 설계하고 계획을 수립한 후 기업은 생산활동을 수행한다. 그리고 생산이 계획한 대로 진행되고 있는지 여부를 확인할 필요가 있다. 즉, 생산성과를 측정하고 이를 생산계획과 비교할 필요가 있다. 만일 생산성과가 계획에 미치지 못하고, 생산 방식이 의도된 대로 움직이지 않는다면, 이를 원래 궤도에 올려놓는 노력이 필요하다.

Ⅱ. 생산시스템의 설계와 생산계획

생산시스템의 설계는 우선 어떤 제품을 어떤 기술로 만들 것인가 하는 데서부터 시작된다. 다음에는 물적 설비를 어디에 어떤 방법으로 자리잡게 할 것인가 하는 문제를 해결해야 한다. 또 생산에서 어쩌면 가장 중요한 요소일 수도 있는 인적자원의 관리문제가 있다. 그들에게 어떤 일을 맡길 것이며 일을 시킬 때의 구체적 기준은 어떤 것을 삼을 것인가 하는 것을 결정하는 일이 뒤따르게 된다.

1. 생산시스템의 기본 유형

현대조선과 삼양라면은 모두 제조업체이나 생산형태가 다르다. 현대조선은 선박을 주문받아 고객의 요구에 맞추어 선박을 제조한다. 반면에 삼양라면은 동일하거나 비슷한 유형의 제품을 대량생산한다. 생산시스템의 형태는 기업마다 다를 수 있지만 주문생산시스템과 연속생산시스템으로 크게 나눌 수 있다. 실제로 회사들은 생산시스템을 두 가지 유형 중 하나만을 취하는 것은 아니고 양자의 요소를 혼합하고 있는 경우가 많다.

(1) 주문생산시스템

소규모 제조기업에서 많이 볼 수 있는 생산형태로, 주로 고객의 주문에 따라 공작기계 · 특수산업설비 · 선박 등을 생산하는 형태이다. 이 경우 설계도면에 따라 소량의 제품을 만들어내므로, 원자재에 대한 구매계획을 세우기도 어렵다. 또 주문에 따라 생산에 필요한 가공공정이 전혀 다를 수도 있으므로, 실제 생산에 들어가기 전에는 제품생산에 걸리는 시간을 정확히 파악하기 힘들다.

여러 종류의 제품이 제조되므로 자재나 제조 중에 있는 제품의 이동 방법이 서로 다르므로, 컨베이어와 같은 자재이동 통로를 만들 수 없고, 지게차 · 크레인 · 트럭 등이 이동에 이용된다. 범용기계설비가 주축을 이루고 있으므로, 수요의 변동 · 제품설계의 변경 또는 작업순서의 변동 등에 대해 손쉽게 대응할 수 있다. 또한 여러 품목을 동시에 생산할 수 있기 때문에 설비가동률이 높고, 기계설비의 투자액이 상대적으로 낮다.

(2) 연속생산시스템

자동차 · 화학약품 · 비료 · 시멘트 등과 같이 같은 종류의 제품을 대량생산하는 산업에서 흔히 볼 수 있는 제조형태이다. 20세기 초 포드자동차회사가 종래의 주문생산시스템에서 탈피하여 대량생산할 수 있도록 컨베이어시스템을 도입한 것이

주문생산시스템과 연속생산시스템

	주문생산시스템	연속생산시스템
특 징	주문에 의한 개별생산	시장조사에 의한 대량생산
생산계획	제품 다양성으로 어려움	제품 균질화로 다소 쉬움
중점사항	생산을 위한 주문의 확보	생산된 제품의 판매
설비투자	설비의 범용화로 적게 듬	많은 설비투자
예	선박, 비행기, 기계제조	자동차, 가전제품, 정유

연속생산시스템의 시작이다. 연속생산시스템은 일단 원자재가 투입되면 막힘이 없이 완제품에 이르기까지 거의 자동적으로 생산이 이루어지므로, 생산계획 및 일정계획을 효율적으로 수립할 수 있다. 이 경우 원자재의 대량구입과 대량생산에 따라 원가를 절감할 수 있고, 분업으로 인하여 노동이 분화되며, 특수 목적에만 이용할 수 있는 기계의 설치가 가능하다. 반면, 고정장비와 설비 등에 대규모 투자가 요구되고 표준화된 제품을 판매경로를 통하여 고객에게 전달하며 고객의 구매를 늘리는 데 역점을 두어야 한다.

2. 생산계획의 수립

생산계획이란 수요예측을 기초로 언제 어떤 제품을 얼마만큼 생산할 것인지를 결정하는 과정이다. 효율적으로 수립된 생산계획은 생산능력의 증감 시기와 양을 결정하게 되어, 앞으로 필요한 인적 · 물적자원의 확보에 관한 정보와 생산할 수 있는 물량에 관한 정보를 제공하여 재무계획과 마케팅계획의 수립을 용이하게 한다.

(1) 수요예측

수요예측은 생산, 마케팅, 재무 등 기업의 모든 활동을 계획하는 데 기본이 된다. 제품과 서비스의 생산은 마케팅을 통한 유통과 소비를 전제로 해야 하기 때문에, 기업은 수요에 대한 정확한 예측을 바탕으로 생산계획을 수립하고 집행해야만 재고의 지나친 증가 또는 부족, 잔업시간의 무리한 연장, 기계설비의 비효율적인 이용 등의 결과를 사전에 예방할 수 있다.

수요예측은 예측하는 사람의 주관적 판단에 근거하는 방법, 과거의 기록에 의해 미래를 예측하려는 방법, 변화의 원인을 파악하여 예측하려는 방법 등의 세 가지가 있다. 어떠한 종류의 수요를 예측하려 하는가, 또 어떠한 상황에서 예측하려 하는가에 따라서 세 가지 중 어느 방법이 가장 적절한 기법인가가 결정된다.

(2) 총괄계획

총괄계획이란 수요의 변동에 생산능력을 적응시키는 작업으로, 생산시스템의 능력을 총체적으로 파악하여 생산율 · 고용수준 · 재고수준 등을 전반적인 관점에서 결정하는 것을 말한다. 총괄계획은 대체적인 생산비용을 결정하게 되므로 특히 중요하다. 많은 수리적인 모형이 효과적인 총괄계획을 만들기 위해서 개발되어 있는 것도 그 때문이다.

수요예측의 정확도가 떨어지는 계획 초기의 총괄계획은 작업자 · 생산모델 · 제품 등을 개별적으로 구별하여 고려하지 않고, 제품과 생산공정의 특징에 따라 하나 또는 몇 개의 제품그룹으로 나누어 계획을 수립하게 된다.

(3) 일정계획

일정계획이란 누가, 언제, 무엇을, 어떤 기계로, 얼마만큼 생산할 것인가를 결정하는 구체적인 실행계획이다. 일정을 계획하고 통제하는 기법은 생산형태에 따라서 조금씩 다르다. 일정계획은 사용가능한 인적 · 물적자원이 한정되어 있다는 전제로 처리해야 할 작업들의 순서를 결정하는 과정이다. 일정계획은 총괄계획과는 달리, 계획 대상 기간이 하루에서 1주일 정도로 상당히 짧다. 따라서 일정계획은 매일매일 해야 할 작업들을 선정하고, 이들의 작업순서를 결정하는 것을 주된 내용으로 한다.

3. 입지와 배치의 결정

입지결정이란 생산조업을 하는 데 필요한 설비와 건물을 위치시킬 장소를 결정하는 것을 뜻한다. 배치결정이란 보유하고 있는 기계, 설비, 건물을 물리적으로 조화시키는 것을 말한다. 특히 입지는 일단 결정되면 바꾸기가 어렵기 때문에 신중한 결정이 필요하다.

(1) 입지결정

입지결정은 노무비, 용수비, 운송비 등 생산원가의 상당한 부분에 영향을 미칠 뿐만 아니라 제품의 품질수준이나 판매활동에도 큰 영향을 미친다. 그런 이유에서 공장입지를 결정할 때는 그것이 신설공장이든 기존공장의 확장이나 이전이든 간에, 장기적인 관점에서 입지요소를 고려해야 한다.

(2) 배치의 결정

설비의 배치를 하려면 우선 생산공정을 결정하고, 이에 필요한 기계설비를 선정하며, 이들을 합친 생산시스템의 효율성을 높일 수 있도록 배치를 결정해야 한다. 설비를 배치하는 기본적 유형에는 다음과 같은 것이 있다.

공정별 배치

주문생산시스템에서 흔히 볼 수 있는 배치형태로, 같은 기능을 수행하는 기계설비가 한 작업장에 모여 있는 배치형태이다. 이러한 배치형태는 제품의 종류가 다양하고 1회 생산량이 적은 다품종 소량생산시스템에 알맞으며, 일반적으로 여러 가

입지선정 요소

시장에 인접한 위치	· 전체 원가 중 수송비 비중이 큰 제품 (예) 벽돌공장 · 쉽게 상하는 제품 (예) 우유공장
원자재공급	· 가공 후 부피나 무게가 줄어드는 제품 (예) 펄프
수송수단	· 수로, 철도, 자동차, 항공 등의 운송시간 · 비용 고려
노동력 공급	· 교육수준, 임금, 노사관계 등을 고려
기후	· 과거에 비하여 그 중요도가 점차 떨어짐

지 용도로 사용할 수 있는 범용기계설비의 배치에 이용된다. 병원을 예로 들면, 진단기계를 한곳에 모아 놓고 환자를 이동시키는 것을 볼 수 있다.

제품별 배치

연속생산시스템에서 주로 볼 수 있는 형태로, 일반적으로 생산라인이라 불리는 생산시스템에서 볼 수 있는 배치형태이다. 제품별 배치에서는 특정 품목을 생산하는 데 필요한 기계설비가 작업순으로 배치되어 있어, 표준화된 제품을 반복생산하는 경우에 주로 이용된다. 제품별 배치에서는 생산순서별로 기계설비가 배치되어 있기 때문에 작업장 간의 이동시간이 짧아지고, 대기시간 역시 현격히 줄어든다.

4. 작업인력의 관리

연속생산시스템이든 주문생산시스템이든 간에 실제공정의 관리와 통제는 사람의 손에 의존하게 마련이다. 따라서 생산활동을 이끌어 가는 개별작업자의 작업 방법과 작업 범위, 그리고 이들을 둘러싸고 있는 작업환경의 설계는 설비의 배치만큼이나 중요한 일이다.

새로운 배치 방식

대량생산의 상징인 컨베이어시스템이 퇴조하고 있다. 소비자의 다양한 취향과 갈수록 짧아지는 제품수명에 맞춰 다품종 소량생산에 적합한 셀 방식을 도입하는 공장이 늘고 있다. 셀 방식은 소수 인원이 팀을 짜 하나의 완제품을 만들어내는 것이다. 제품의 조립 · 검사 · 포장 등이 한곳에서 이루어진다.
1997년 7월 '바로 만들터'라는 생산시스템을 개발한 LG전자의 경우 생산라인의 총길이가 55m에서 35m로 짧아졌다. 라인당 작업인원 수는 35명에서 15명으로 줄었다. LG는 소비자의 취향에 맞는 맞춤생산이 가능하도록 하여 재고를 거의 제로(0) 수준까지 낮추는 등 연간 50억 원 이상의 비용절감을 하고 있다. 해외기업으로는 미국의 컴팩, 일본의 NEC가 PC와 모니터 라인에 1인생산체제인 셀 방식을 도입하고 있는 것으로 유명하다.

출처 : 동아일보, 1998년 5월 6일 기사 중에서.

(1) 직무설계

일반적으로 직무란 개개인이 수행해야 할 작업을 의미한다. 직무설계는 이들 개개인이 수행해야 할 작업과 그 책임범위를 설정하고, 이러한 작업들을 효율적으로 수행하기 위한 방법과 그에 수반되는 작업환경의 설계까지 포괄하는 광범위한 개념이라 할 수 있다. 직무설계(job design)의 목적은 작업의 기계적인 측면과 방법론적인 요소를 적절히 결합시키고, 인간의 능력을 개발 · 확장시킬 수 있는 기회를 제공함으로써 단기적으로는 생산성을 향상시키며, 장기적으로는 더욱 가치있는 인적자원을 축적하고자 하는 데에 있다고 볼 수 있다. 직무설계와 관련된 몇 가지 개념을 소개하면 다음과 같다.

직무단순화(job simplification)

직무를 작고 단순한 것으로 이루어지도록 설계한 것으로, 포드사의 컨베이어시스템이 대표적 예이다. 이것은 작업자들이 직무를 쉽게 익혀 생산성이 높아지는 효과가 있는 반면, 작업자들이 쉽게 지루함을 느껴 직무에 대하여 불만을 가지기 쉽다.

직무확대(job enlargement)

작업자가 맡아 처리하는 직무를 보다 다양한 일로 구성해 주는 것으로, 직무단순화의 문제점을 해결하기 위하여 등장하였다. 이 방법은 직무의 폭은 넓어졌으나 재량권이 커진 것은 아니므로 작업자들의 직무만족을 크게 향상시켜 주지 못한다.

직무충실화(job enrichment)

작업자에게 직무의 폭을 넓혀줄 뿐만 아니라 직무에 관한 권한을 보다 많이 허용하여 직무에 대한 자율성과 책임감을 갖도록 설계한 것이다. 이 방법은 일에 대한 주인의식을 갖게 하여 직무만족을 크게 하는 효과를 가져온다.

(2) 작업환경

작업환경은 조명 · 습도 · 온도 · 소음 등의 환경적 요소뿐만 아니라, 작업장 또는 작업대의 구조까지를 포괄하는 개념이다. 효과적인 작업환경의 설계는 자재나 기계의 미숙한 조작에서 오는 부상이나 사고를 미연에 방지해 줄 수 있으며, 작업자의 건강과 능률에 직결되어, 결과적으로 생산성에 큰 영향을 끼치게 된다.

Ⅲ. 생산활동의 운영과 통제

1. 자재투입관리

제조기업에서 원자재와 부품의 소요량은 생산계획에 의해 결정된다. 자재를 과다하게 보유하면 자금이 묶이게 되고, 자재가 부족한 경우에는 작업중단이 발생하기도 한다. 따라서 원가절감 및 생산의 원활화를 실현하기 위해서도 자재를 합리적인 방법으로 자재를 조달하고, 조달된 자재를 생산 과정에 효율적으로 투입하는 자재 투입관리가 이루어져야 한다.

(1) 자재매입관련 결정

자재구입과 관련된 결정은 매입수량과 시기에 중심을 둔다.

매입수량

1회의 매입수량이 많으면 주문하고 운반하는 데 드는 비용은 절약되나, 오랫동안 보관하게 되어 보관비용이 많이 들고 자금사정이 나빠질 우려가 있다. 또 보관하는 동안에 가격하락이나 자재가 훼손될 가능성이 있다. 반대로 1회의 매입수량이 적으면 자금사정이 좋아지고 보관비용이 많이 들지 않는다. 그러나 품절이 되어 제조상 어려움을 겪을 염려가 있고 주문과 운반비용이 많이 들게 된다.

매입시기

매입시기는 1회의 매입수량, 자재의 종류, 재고능력, 자금능력 등을 검토하여 결정하여야 한다. 생산에 많이 필요한 자재는 정기적으로 매입하고, 품절이 될 우려가 있을 때는 수시로 주문할 필요가 있다. 매입처의 재고가 줄어들어 가격이 높아지거나 상품을 구할 수 없을 가능성도 있기 때문이다.

(2) 자체생산 · 구매결정

필요자재를 자체생산할 것인가 아니면 구매할 것인가의 결정은 제조기업들에게 대단히 중요하다. 필요로 하는 원자재나 부품을 전량 자체생산하거나 전량 외부에서 구입, 즉 아웃소싱할 수도 있다. 또는 필요자재의 일부는 자체생산하고, 다른 일부는 아웃소싱할 수도 있다. 그러므로 어느 정도를 자체생산 또는 구매할 것인가는 단위당 잠재구매원가와 단위당 잠재생산원가의 비교 및 생산계획, 작업량, 고용수준 등에 미치는 영향을 기준으로 결정해야 한다.

2. 재고관리

재고(inventory)란 미래의 생산에 사용하거나 또는 판매를 하기 위해 보유하는 원자재, 재공품(미완성품), 완제품, 부품 등을 포함할 뿐 아니라 조직의 운영을 위해 보유하는 소모품(예 : 사무용품)까지도 포괄하는 개념이다.

(1) 재고자산의 보유 목적

기업은 다량의 재고자산, 즉 재료, 재공품(미완성품), 제품(판매업의 경우 상품)을 보유하고 있다. 자산 중 재고자산이 차지하는 비중이 매우 높으므로 경영자는 재고자산관리에 관심을 두게 되는데, 경영자가 재고를 유지하는 이유는 다음과 같은 위험을 피하기 위해서이다.

첫째, 부문관리자들은 기계고장과 같은 만일의 사태에 대비하여 일정액 이상의 재공품을 보유하려 할 것이다. 예를 들어, A社는 가공부–조립부 순으로 공정이 진행된다고 가정하자. 가공부의 기계가 고장나 생산이 중단되었다 하더라도 가공부가 재고를 보유하고 있다면 조립부에서는 재고를 가지고 생산을 계속할 수 있을 것이다.

둘째, 생산설비의 배치에 많은 시간과 원가가 소요되기 때문에 재고가 발생한다. 한 번 기계가 배치되면 경영자는 가능한 많은 제품을 생산하려 할 것이고, 필요한 양보다 많은 생산이 이루어져 재고가 발생할 가능성이 있다. 이것은 기업이 기계배치원가를 가능한 많은 제품에 부담시켜 단위당 기계배치원가를 최소화하려는 노력이다.

셋째, 재료공급자나 고객에 대한 불확실성이 재고를 보유하게 한다. 재료공급자가 적시에 재료를 공급하지 못하면 기업은 생산에 지장을 받게 될 것이다. 이런 사태에 대비하여 기업은 일정액 이상의 재료를 보유하게 된다. 고객의 수요를 실제보다 낮게 평가한 경우에 재고가 없으면 판매를 하지 못하게 되는데, 판매기회 상실

재고보유의 최소화

델 컴퓨터는 통신판매로 유통혁명을 일으키며 일약 컴팩, 휴렛팩커드에 이어 세계 제3위의 컴퓨터회사가 되었다. 델社는 인터넷 판매에서 고객이 요구한 규격대로 컴퓨터를 만들어 배달하는 고객 직접 주문 제작 방식을 도입했다. 델 컴퓨터는 주문이 들어오는 순간부터 부품조달과 조립에 들어간다. 이런 이유에서 델社는 부품이나 상품을 쌓아둘 필요가 없고, 관련된 원가절감으로 낮은 가격으로 제품을 공급할 수 있게 되었는데, 그것이 델社의 중요 경쟁력이 되었다.

은 공헌이익 감소와 고객들의 불신으로 이어진다.

이 같은 이유로 인하여 기업은 재고를 보유하게 되는데, 재고자산의 과다한 보유는 불필요한 유지비를 증가시키고 재고자산을 진부화시킬 가능성이 있다. 예를 들어, 컴퓨터 조립회사인 甲社가 자금을 빌려 제품을 필요 이상으로 생산하여 보관하고 있다고 하자. 그런 경우 甲社는 과다한 이자비용을 부담하게 되고, 새로운 기종이 나올 때까지 판매되지 않으면 제품이 구식화될 위험성이 있다. 아울러 보유와 관련된 창고임차료 · 보험료 · 파손비 등의 추가적 비용이 발생할 수도 있다.

(2) 재고관리비용

기업이 보유하는 재고자산은 고객에게 인도할 상품구입이 지연되거나, 생산에 차질이 발생할 경우 등 예측하지 못한 상황에 대비하여 기업의 영업활동을 원만하게 유지하는 데 완충역할을 한다. 그러나 재고자산을 유지하는 데는 많은 비용이 소요된다. 그 비용을 구분하면 다음과 같다.

주문비용

주문과 관련해서 직접적으로 발생되는 비용으로 구매처 및 가격의 결정, 주문에 관련된 서류작성, 물품수송, 검사, 입고 등의 활동에 드는 비용을 가리킨다. 일반적으로 재고관리에서 주문비용이나 생산준비비용은 주문량 또는 생산량의 크기와 관계없이 항상 일정하게 발생하는 비용으로 간주한다.

재고유지비용

재고를 유지 · 보관하는 데 드는 비용이다. 재고유지비용 중 가장 직접적인 것은 창고운영비용으로 창고 · 건물의 감가상각비, 광열비, 냉 · 난방비, 보수비 등이 이에 속한다. 이 외에도 보관물품을 위하여 지급하는 보험료와 세금도 유지비용에 포함된다. 소비자의 취향이 바뀌어 제품의 가치가 떨어지는 진부화, 신선도를 유지해야 하는 제품에서 볼 수 있는 변질, 사고나 절도 등으로 발생하는 감량 등도 유지비용에 포함된다.

생산변동에 따른 비용

청량음료는 생산과 판매는 여름철에 집중되고 겨울에는 급격히 판매량이 하락한다. 이런 경우 청량음료회사가 여름철에 많은 양을 생산하다 가을 이후 생산량을 급격히 줄이면서 종업원을 감원한다면, 다음 해 여름 다시 인원을 충원하는데 따른 종업원들의 채용 · 교육 · 해고 등의 비용이 증대한다. 이런 이유에서 청량음료회사에서는 비수기에도 생산을 어느 정도 유지하면서 재고를 누적하여 생산량의 변동폭을 줄인다.

기회비용

재고를 유지함으로써 포기해야 하는 다른 투자로부터의 수익을 의미한다. 기회비용은 현금이나 유가증권 등의 유동자산으로 가지고 있지 않고 재고형태로 자금이 묶임으로써 생기는 것이다. 이러한 비용은 현행 회계제도로는 파악할 수 없는 것이나, 경영자들의 의사결정 과정에서는 신중히 고려되는 요인이다.

어떤 기업이든 간에 재고자산이 총자산에서 차지하는 비중은 작지 않으며, 이 비중이 크면 클수록 자금의 운영 폭이 줄어들게 되어, 결국 기업의 이익을 감소시키는 결과를 초래한다. 한편 재고가 부족한 경우에도 위에서 제시한 문제점이 있다. 따라서 효율적인 재고관리는 기업운영에 필수적인 요소가 된다.

(3) 적시생산시스템

경영자는 재고자산 보유로 인한 유지비용을 가능한 줄이기 위하여 재고자산을 낮은 수준으로 유지하거나 재고를 없애는 방법을 찾으려고 노력한다. 이러한 노력의 일환으로 출현한 것이 적시생산시스템(just-in-time production system)이다. 적시생산시스템은 특별한 생산 방법이라기보다 낭비를 제거하려는 개념으로 받아들여지고 있다.

적시생산시스템은 고객의 요구가 있을 때 언제든지 적시에 상품이나 제품을 제공하고, 회사에서 재고를 보유하지 않는 것을 의미한다. 적시생산시스템을 이상적으로 운영하기 위해서는 매일 매일 그날의 수요를 정확히 예측하여 필요한 상품만을 구입하거나 또는 필요한 제품만을 생산한다. 매일 작업의 종료시점에 제품의 생산을 위하여 구입한 원재료의 재고, 생산 중인 재공품, 판매를 위하여 대기하는 제품의 재고는 없게 된다. 그러기 위해서는 원재료의 구입 과정, 제품의 생산 과정, 제품의 판매 과정 등이 동시에 시작하여 동시에 끝나야 한다. 이런 이유에서 적시(just-in time)라는 용어가 나오게 되었다.

적시생산시스템을 운영하는 회사는 과다재고로 인한 비용을 줄이기 위하여 재고 흐름의 풀접근법(pull approach)을 이용한다. 풀접근법은 마지막 조립단계에서 직전 작업장에게 필요한 부품과 재료의 정확한 양을 요구하고, 그 직전 작업장으로부터 필요한 양만 제공받는다. 각 작업장은 다음 공정의 요구에 의해서 필요한 양만 생산하여 제공하므로 어느 시점에서도 재고가 쌓이지 않는다. 이리하여 모든 작업장은 마지막 조립단계에 의하여 반응하고, 마지막 조립단계는 고객의 주문에 의하여 반응한다.

온도예측을 통한 적시생산시스템 운영

제일모직은 날씨 변화에 신속히 대응키 위해 하루 단위로 생산하고 유통시키는 JIT 생산시스템을 도입했다. 겨울철 날씨가 따뜻할 것으로 예측해 파카의 비중을 줄이고 가볍고 활동적인 겨울 상품을 늘려 겨울 제품의 재고를 크게 줄였다. 의류업체인 이랜드도 온도별로 일일 판매량 데이터를 분석해 매일매일 각 제품의 출고량을 조절한다.

편의점에서 파는 찐빵은 영하 4도, 캔커피는 영하 6도에서 가장 잘 팔린다는 것이 현장 관계자들의 설명이다. 대기업들만 온도마케팅을 벌이는 건 아니다. 떡볶이를 판매하는 한 상인은 "떡볶이가 가장 잘 팔리는 온도는 영상 0~1도라며 이같이 적당한 추위가 지속되는 기간에는 떡, 고추장 등 음식 재료를 평소보다 더 많이 준비해서 나온다"고 말했다.

출처 : 한국경제신문, 2005년 2월 5일.

3. 품질경영

기업활동이 세계화되고 경쟁이 격심해짐에 따라, 세계적 수준의 품질을 갖춘 제품이나 서비스는 기업의 생존에 필수적 요인이 되었다. 어떤 기업의 경영자는 품질은 세계 무대에 진출하는 티켓과도 같다고 하였다. 물론 품질만으로 기업의 생존과 번영의 충분조건은 되지 못하나, 품질이 문제가 되면 세계무대에서 경쟁의 대상도 되지 못할 것이다.

품질(quality)은 사용에의 적합성(fitness of use)으로 정의된다. 좋은 품질의 제품이나 서비스는 그것의 성능이나 가격 등이 소비자들의 필요에 부응하는 것이다. 기업이 지속적으로 좋은 품질의 제품을 제공하면 소비자의 기업에 대한 신뢰감이 높아지고, 이에 따라 같은 품질의 제품이라도 높은 가격을 받을 수 있게 된다.

(1) 전통적인 품질관리

전통적 품질관리(quality control)는 관련된 활동이 설계도에 나와 있는 대로 제조하였는지를 검사하는 데 초점을 맞춰왔다. 이것을 통하여 기업은 제품의 균일성을 확보하여, 고객에게 품질에 대한 최소한의 신뢰를 확보하게 된다. 전통적 품질관리에서는 통계적 기법이 흔히 쓰이는데, 관리도기법과 표본추출검사가 이에 속한다.

일본의 품질관리

1920년대부터 미국 학자들은 체계적이고 과학적인 품질관리이론을 만들어냈다. 그 당시 세계 최고품을 만들며 생산성에만 몰두하고 있던 미국 기업들은 품질관리의 개념을 받아들이지 않았다. 품질관리로 비용이 많이 들고, 불량품을 개선할 때마다 공정에 차질을 빚어 생산성이 떨어진다는 이유에서이다.
그때 개발된 품질관리 개념이 제2차세계대전 이후 일본으로 건너갔다. 그 결과 일본 기업들은 총체적 품질관리(TQC : total quality control)를 체계화시켰고, 조잡한 상품의 대명사로 여겨지던 일본 제품을 세계적 품질을 자랑하는 제품으로 끌어 올리게 되었다.

관리도는 공정 간의 변동을 측정하는 통계적 품질관리(SQC : statistical quality control)의 중심도구라면, 표본추출검사는 제품의 합격 여부를 판단하는 기법이다. 이런 기법들은 제2차세계대전 때 군수품의 대량생산 과정에서 널리 이용되었고, 종전 후 민간기업에 널리 보급되었다.

관리도(control chart)

1920년대 슈와트(W. Shewhart)에 의하여 산업계에 도입된 기법이다. 예를 들어, 한 공정에서 생산하려는 샤프심의 길이가 70mm라고 가정하자. 하지만 실제로 생산된 심의 길이는 약간의 차이가 있게 마련이다. 이때 이 공정에서 생산되는 심의 길이를 지속적으로 측정하면 측정치의 평균값, 오차가 허용되는 관리의 상한선과 하한선의 값을 파악할 수 있다. 실제공정에서 추출된 표본을 측정한 결과, 그 측정치가 관리상한선과 하한선 내에서 움직이면 공정을 조정할 필요가 없다. 그러나 측정값이 관리상한선이나 하한선을 벗어나는 경우에는 공정에 이상이 발생했다고 보고, 적절한 조치를 취해야 한다.

표본추출검사(sampling inspection)

완제품이나 외부구입 원자재의 품질을 표본을 통해 추정하는 방법이다. 검사대상 제품의 수가 너무 많거나, 검사 자체가 제품을 상하게 하는 경우에 일부를 표본으로 추출하여 검사한다. 표본에 포함된 불량품 개수가 일정 수준을 넘으면 전체를 모두 불합격시키며, 불합격수준에 미치지 않으면 전체를 합격으로 판정한다.

전통적 품질관리는 불량품의 발생이나 결함으로 인한 손실이나 기업이미지의 손상을 방지하기 위한 소극적이고 방어적인 특징을 가지고 있다. 이 경우 품질관리의 주된 목적은 품질에 의한 경쟁력의 우위라기보다는 경쟁자와 동등한 수준 정도의 품질을 확보하여 시장을 유지하는 데 있었다.

(2) 현대적 품질경영

고객에게 품질에 대한 최소한의 신뢰를 확보하려는 전통적 품질관리에서 벗어나 품질을 전략적 측면에서 고려하기 시작한 것은 1980년대 이후의 일이다. 품질전략이란 품질의 우위를 통해서 경쟁력을 확보하려는 여러 활동을 의미한다. 기업이 지속적으로 좋은 품질의 제품과 서비스를 제공하고 고객이 그것을 인정하게 되면 같은 품질의 제품이라도 높은 가격을 받을 수 있다. 예를 들면, 일본산 가전제품은 높은 가격에 판매되고 있으나, 한국산은 품질이 일본제품에 비하여 크게 뒤지지 않음에도 불구하고 매우 싼 값으로 팔리고 있다. 이러한 점은 품질이 강력한 전략요인이 될 수 있음을 보여준다.

기업 내부의 품질검사가 중심이 되는 전통적 품질관리는 전략적 측면에서는 문제가 많다. 내부적으로 정한 제품의 품질표준에 부합된다 하더라도, 고객이 그 품질에 대하여 문제를 제기한다면 기업은 경쟁력을 상실하게 될 것이다. 이러한 관점에서 기업은 고객을 중시하고 항상 고객의 욕구에 관심을 기울임으로써 경쟁사에 앞서서 고객지향적 제품을 개발하고, 기업경영의 모든 과정을 통해서 품질을 종합적으로 향상시켜 나가야 한다.

품질을 경쟁우위요소로 하기 위한 중요한 개념은 혁신과 지속적 개선이다. 혁신을 위해서는 환경변화에 적절히 대응하고자 하는 전략의 수립이 필요하고, 일단 혁신이 이루어지고 나면 지속적 개선을 통하여 제품품질과 업무의 질 또는 사람을 포

품질경영의 발전 과정

	전통적 품질관리	현대적 품질경영
관심사	품질결함으로 인한 부정적 영향방지	품질전략에 의한 경쟁우위 확보
강조점	검사와 통제에 의한 제품의 균일성 확보	개발에서 서비스까지 전반적 고객 만족
품질에 대한 관점	기술적 문제로 해결해야 할 과제	경영상의 문제로 경쟁요인
도구	측정과 통계적 도구	전략적 계획과 목표설정

함한 자원의 질을 향상시키는 것이 필요하다. 이러한 노력들은 제조부문에서만 이루어지는 것이 아니라, 최고경영자를 비롯한 全社的 품질경영(TQM : total quality management)으로 전개되고 있다.

6시그마 경영

6시그마란 1백만 건 중 3.4회의 불량률(99.99966%)이 나는 것을 말하는 통계용어로, 거의 완벽함을 의미한다. 불량이란 결점이 있는 부품, 신생아를 간호사의 실수로 바닥에 떨어뜨리는 것, 대학에서 성적표의 누락 등 거의 모든 것들을 망라한다. 품질경영 수단으로서의 6시그마 경영은 제품과 서비스의 품질은 물론 주문, 생산, 유통 등 기업활동 프로세스까지 무결점으로 달성하겠다는 것이다. 6시그마는 모토롤라에서 처음 시작되었고, GE의 잭 웰치 전 회장이 6시그마를 통해 경영합리화에 성공함으로써 세계적 관심을 모았다. 우리나라에서는 1996년 GE로부터 6시그마 개념을 도입한 LG전자가 이 운동을 통해 상당한 비용절감을 이룬 것으로 알려졌고, 삼성그룹 산하 기업에서는 6시그마 자격증 취득을 인사고과에 활용하고 있다.

연습문제

01. 경영활동 중 생산에 대한 설명으로 적합하지 않은 것은?
① 경영활동에서 생산은 제조에 의한 가치창조에 국한하므로, 수송은 생산에 의한 가치창조라 할 수 없다.
② 생산관리라는 용어는 서비스생산을 포괄하기에는 적합하지 않은 관계로 생산 · 운영관리라는 용어로 불리운다.
③ 생산부문의 목표는 환경에 따라 전략적으로 결정된다.
④ '보다 나은 쥐덫의 가설'은 제품의 품질에 집착함으로 생겨나는 오류이다.

02. 생산관리 책임자의 결정사항이 아닌 것은?(비서검정)
① 생산계획의 수립　② 품질관리의 문제
③ 생산설비 및 입지의 결정　④ 생산기능공의 임금결정

03. 유연생산시스템에 대한 설명 중 옳지 않은 것은?(CPA)
① 다품종제품의 생산에 적합하다.
② 무인운전을 지향한다.
③ 유연성과 생산성을 동시에 달성할 수 있다.
④ 초기투자비가 적다.
⑤ 필요량을 가공함으로써 공정품의 재고가 감소한다.

04. 다음 중 총괄계획의 전제가 되는 것은?
① 일정계획　② 자재소요계획
③ 수요예측　④ 인원배치계획

05. 생산제품의 종류가 많고, 적은 양만 생산하는 다품종 소량생산에 적합한 배치 유형은?
① 공정별 배치　② 제품별 배치
③ 혼합형 배치　④ 고정식 배치

06. 직무설계에 대한 다음 설명 중 바르게 된 것은?
① 직무충실화는 양을 늘리는 수평적 확대이다.
② 직무확대는 직무충실화에 비하여 전문적 지식을 요구한다.
③ 직무충실화는 직무 자체의 동기부여적 측면을 강조한다.
④ 직무확대는 종업원들이 보다 많은 책임과 자주성을 갖게 한다.

07. 재고를 보유하는 목적으로 올바르지 않은 것은?
① 일단 설치한 기계나 설비로 가능한 많은 양을 생산해야 하므로
② 적시생산체제에 대비하기 위하여
③ 기계고장과 같은 만일의 사태에 대비하기 위하여
④ 고객의 불확실성으로 인하여

08. 재고 및 재고관리에 관한 설명 중 틀린 것은?(비서검정)
① 재고관리의 주요 과제는 적시적량의 재고수준을 유지함으로써 생산과 판매활동을 원활하게 하는 것이다.
② 재고는 계획의 오차 및 수요와 공급 간의 예상하지 못했던 불규칙적인 변동을 조정하는 기능을 수행한다.
③ 재고유지비란 재고품을 보충하는 데 소요되는 비용을 말한다.
④ 재고관리는 주문 빈도와 주문량 결정의 문제가 따른다.

09. 전통식 재고이론과 비교할 경우 적시생산시스템이 가지는 재고개념의 차이는?(CPA)
① 재고는 악(惡)이므로 가능한 없어야 한다.
② 최소의 재고를 유지하기 위한 것이다.
③ 재고는 많을수록 좋다.
④ 생산에 필요한 재고를 충분히 보유하여 공정균형을 이룩한다.
⑤ 생산일정계획과 무관하게 재고량의 수준결정이 가능하다.

10. 총체적 품질경영에 대한 설명으로 바르지 못한 것은?
① 품질을 경쟁우위의 요소로 생각한다.
② 기업 전체가 고객만족을 위한 품질경영을 추구한다.
③ 고객만족을 위하여 검사와 품질보증을 중요한 수단으로 한다.
④ 품질을 환경변화와 관련된 전략적 요인으로 생각한다.

마무리 이야기

린 생산 방식의 위기

제1차 오일쇼크 이전 자동차 생산업체들은 컨베이어벨트를 통한 각 제조공정 단계별로 필요한 부품을 쌓아두고 자동차를 조립하였다. 이런 생산 방식에 의문을 품은 도요타는 불필요한 재고로 인한 손실에 착안하여 각 공정별로 필요한 것만 제때에 갖다 쓰도록 하는 생산 방식으로 바꿔 나갔다. 이후 필요한 물건을, 필요한 시점에, 필요한 만큼만 생산하는 적시생산시스템(just-in-time production systems)이 도요타 생산 방식의 핵심으로 자리하게 된다.

나아가 이 생산 방식은 1980년대 매사추세츠공과대학(MIT) 연구진에 의해 린(lean) 방식으로 일반화하여, 우리나라를 비롯한 세계 여러 생산 공장의 교본이 되었다. 린(lean)이란 다이어트로 날렵한 몸매를 유지한다는 의미에서 붙여진 말로, 제조공정의 거품을 제거해 공정 전반에 걸친 비용을 절감하는 생산 방식이다. 공정 간의 재고를 최소화하는 생산지시표인 '간반'(kanban), 스스로 머리를 짜내 품질과 효율과 안전성을 향상시키는 '가이젠'(kaizen · 개선)은 일본어 발음 그대로 세계적으로 통용될 정도였다.

하지만 도요타는 창사 이래 최대 위기를 맞고 있다. 세계 최고의 자리에 오른 2008년 바로 그해 70년 역사상 처음이자, 창사 이래 최대 적자를 냈다. 이어서 최근에는 가속페달관련 문제로 인한 잇단 리콜로 '품질의 도요타' 신화에 치명타를 입고 있다. 추산되는 리콜 차량만도 760만 대. 심지어 1,000만 대를 웃돌 것이라는 이야기도 흘러나오고 있다. 도요타 사태를 바라보는 전문가들은 지나친 원가절감이 도요타의 위기를 불렀다고 지적한다.

비용을 절감하고 생산 공정을 단축하기 위해 종래 일본 중소기업을 통해 조달했던 부품들을 전 세계의 현지 회사들로부터 조달했다. 또한 여러 종류의 생산라인에 공통의 부품과 디자인을 사용하고, 납품업체 숫자를 줄였으며, 납품규모를 대형화시켰다. 이처럼 부품을 현지화하고 공통화함으로써 실현된 원가절감효과는 단기적으로 가격경쟁력과 판매에 유리하게 작용하여 도요타를 세계 1위의 자동차 업체로 올려놓았다. 하지만 해외 현지로부터 조달된 부품의 품질관리가 본국 공장에서만큼 완벽할 수는 없었고, 부품 공통화는 효율성은 증대시켰지만 어느 한 차종에 문제가 생기면 여러 모델 차종의 문제로 그대로 번져 나갔다. 결국 도요타의 생산 방식은 원가절감을 통한 생산성을 향상시켰으나, 일본 자동차의 장점인 품질과 안전에는 문제를 발생시켰다.

자료 : 대전일보 2010년 2월 5일자, 조세일보 2010년 2월 2일 기사

10

C H A P T E R

마케팅관리

아침에 이동전화에서 들려주는 알람소리를 듣고, 눈을 뜨면 콜드체인시스템으로 배달된 우유를 마시고, HD TV로 전해지는 생생한 뉴스를 본다. 자동차를 타고 회사에 출근을 하고, 퇴근하고는 문화센터에서 운동을 하며, 인터넷을 통하여 주말여행에 관한 계획을 짠다.

이처럼 기업의 마케팅활동은 소비자들로 하여금 과거 우리 조상들이 상상할 수도 없는 생활수준을 제공해 주었다. 그러나 부정적인 측면도 있는데, 예를 들면, 소비중독도 하나의 어두운 측면이다. 소비중독은 상품에 대한 생리적이거나 심리적인 의존현상을 말한다. 더욱이 지나친 소비는 산림파괴, 공기오염, 수질오염 등 사회에도 악영향을 미칠 수 있다.

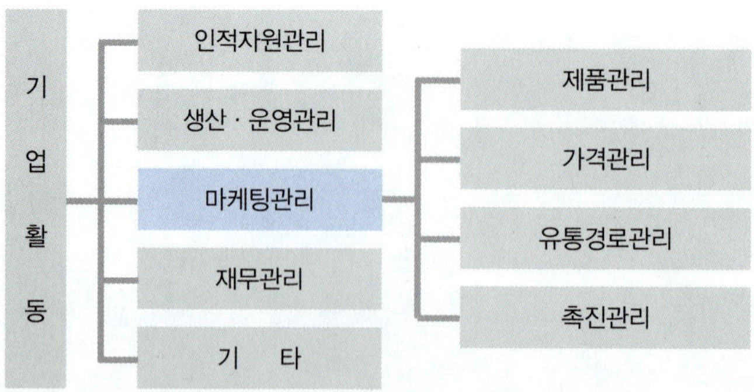
기업활동
인적자원관리
생산 · 운영관리
마케팅관리
재무관리
기 타
제품관리
가격관리
유통경로관리
촉진관리

제10장 마케팅관리

Ⅰ. 마케팅의 기초개념

광복과 한국전쟁 이후 우리는 극심한 물자 부족을 경험하였다. 그렇게 생산만 하면 판매가 보장되는 수요 초과 상황에서 기업은 생산에 필요한 자금을 조달하는 것이 가장 큰 과제였다. 하지만 지금은 공급 초과와 무한경쟁의 상황으로 변했고, 마케팅은 기업의 사활이 걸린 중요한 요인이 되었다.

1. 마케팅의 의미

기업의 입장에서 마케팅을 정의해보자. 마케팅(marketing)이란 고객의 욕구를 충족시키기 위하여 기업이 가치를 창출하여, 그것을 고객과 교환하여 이익을 얻는 활동을 의미한다.

(1) 마케팅의 본질

13세기 기독교 신학자 토마스 아퀴나스는 마케팅에서 말하는 가치에 대해 언급

했다. 진주는 기본적인 생명 유지를 위해서는 가치가 거의 없다. 반면에 쥐는 살아 있는 생명으로서 본질적 가치가 있다. 하지만 시장에서 매겨지는 가격, 즉 소비자가 느끼는 상대적 가치는 그 반대다. 소비자는 진주를 통해 욕구를 충족시키므로 가치가 있다고 생각하고, 쥐는 그렇지 않으므로 가치가 없다고 생각한다. 그런 의미에서 마케팅에서 말하는 가치는 욕구가 충족된 사람이 느끼는 상대적이고, 주관적인 중요도(relative and subjective importance)라고 정의할 수 있다.

원시시대 인간은 욕구를 충족하기 위하여, 가치를 창출하기 위하여 사냥과 채집에서 목축과 경작으로 발전하였다. 같은 집단 내에서 필요한 재화를 스스로 만들어 쓰는 자급자족(self-production)시스템이다. 그런데 생산 방법이 발달하고 집단 사이의 왕래가 많아짐에 따라 소비하고 남은 생산물을 다른 집단과 교환하게 되었다. 이렇게 시작된 교환(exchange)시스템은 사회구성원으로 하여금 자기가 잘 생산할 수 있는 재화나 서비스에 집중하여, 사회 전체적으로 총 산출물을 증가시킨다. 기업이 창출한 재화나 서비스를 고객이 소유한 금전과 교환하는 것, 즉 가치의 교환이 마케팅의 본질이다.

(2) 마케팅과 판매

마케팅을 잘 이해하려면 그것과 구별되는 판매의 특징을 파악하는 것이 필요하

분업과 교환

스미스(A. Smith)는 말한다. "누구도 개가 시장을 만들고, 다른 개가 가진 뼈와 자기가 가진 뼈를 교환하는 것을 본 사람은 없다." 이처럼 그는 교환이 학습된 것이 아니라 타고난 본능이라고 하였다. 그는 분업과 교환은 모든 경제활동의 근간인데, 그것이 균형을 이루게 하는 것은 보이지 않는 손(invisible hand)이라 했다. 그것은 교환 당사자들의 자기 이익극대화 노력을 말하고, 그것은 사회 전체의 이익도 극대화시킨다고 했다. "저녁 식사를 먹을 수 있는 이유는 푸줏간 주인의 자비심도, 빵집 주인의 사랑 덕분이 아니다. 그들 각자가 자기 이익을 챙기려는 이기심 덕분이다."

다. 판매(selling)는 제품이 존재할 때부터 시작하여, 판매가 완료되는 끝나는 단기적 활동이다. 반면, 마케팅은 제품이 나오기 전부터 시작하고, 판매 이후까지 이어지는 장기적 활동이다. 그런 의미에서 드럭커(P. Drucker)는 마케팅의 목표는 판매행위를 쓸모없게 만드는 데 있다고 주장하였다.

판매는 매출증대에 의한 이익을 목적으로 하고, 판매를 수단으로 하며, 제품 자체에 초점을 둔다. 반면에 마케팅은 고객의 만족을 목적으로 하고, 통합적 마케팅을 수단으로 하며, 고객욕구에 초점을 맞추는 것이 판매와 차이점이다. 통합적 마케팅(total marketing)이란 연구개발, 엔지니어링, 조달, 생산, 운송, 대금회수 등의 기업활동이 마케팅을 중심으로 통합된 것을 말한다.

	출발점	초점	담당 부서	목적
판매	생산 이후	제품	판매부	매출증대를 통한 이익창출
마케팅	생산 이전	고객의 욕구	기업 전체	고객만족을 통한 이익창출

(3) 마케팅의 확장

세계적 기업들은 마케팅 개념을 일찍이 파악한 회사들이다. 마케팅은 소비재 생산 기업으로부터 생산재 생산업체로 확산되었고, 은행과 같은 서비스부문으로 확산하였다. 또한 마케팅개념은 정부와 학교 같은 비영리조직, 해외시장을 대상으로 하는 글로벌 마케팅에도 적용되고 있다.

서비스 마케팅

서비스 마케팅이란 유형재화와 대비되는 개념으로 운송, 호텔, 은행, 보험, 렌터카 등과 같은 서비스분야에 적용되는 마케팅활동이다. 서비스란 만져 볼 수 없고, 생산과 소비가 동시에 행해지고, 질이 고르지 않으며, 저장할 수 없다는 특성을 가지고 있다. 그러므로 서비스업체는 이러한 특징으로 생기는 문제들을 극복할 수 있는 전략을 개발해야 한다.

비영리 마케팅

비영리 마케팅이란 대학, 병원, 정부, 박물관, 종교단체, 음악당 등과 같은 비영리조직이 수행하는 마케팅활동이다. 영리기업의 마케팅 목표는 보다 많은 고객들이 많은 제품을 사게 하여, 시장에서 유리한 지위와 충분한 이익을 확보하는 데 있다. 비영리조직은 이익을 목표로 하지 않지만, 오늘날 대학은 신입생 부족으로 존폐 위기에 놓여 있고, 병원은 치열한 경쟁 구도로 돌입했으며, 자선단체는 자금조달에 애를 먹고 있다. 이런 상황에서 영리기업의 마케팅 원리와 기법은 비영리조직의 운영에 크게 활용되고 있다.

글로벌 마케팅

글로벌 마케팅은 해외시장을 대상으로 하여 수행하는 마케팅을 말한다. 글로벌 마케팅을 통하여 삼성전자와 LG전자의 제품은 세계적인 수준에 이르렀고, 현대자동차도 국제경쟁력을 높이고 있다. 글로벌 마케팅은 국내 마케팅에 비하여 복잡성과 위험성이 크다는 특징이 있다. 따라서 글로벌 마케팅은 해당 지역의 특유한 정치적 · 경제적 · 문화적 · 법률적 환경을 정확히 이해 · 평가하여, 그 환경에 적절한 마케팅전략을 수립해야 한다.

2. 시장과 소비자

20세기 들어와 사회가 급격히 발달함에 따라 소비자들의 욕구는 증가하게 되었다. 따라서 소비자들은 그들의 호기심, 흥미 그리고 욕망을 자극하는 많은 대상에 노출된다. 기업은 자기 제품과 소비자의 욕구를 연결시키려고 노력하며 소비자들로 하여금 자기 제품에 대한 욕망을 불러일으키기 위하여 구체적인 행동을 취하게 된다.

(1) 마케팅에서 시장의 의미

시장은 크게 두 가지의 뜻으로 구분할 수 있다. 전통적인 의미의 시장이란 공급자와 수요자가 한곳에 모여 재화나 서비스의 상품가치를 평가하여 가격을 결정하고 화폐와 교환하는 행위, 즉 매매가 이루어지는 지리적 장소를 의미한다. 그러나 마케팅에서 말하는 시장의 뜻은 이보다 훨씬 추상적인 의미를 가진다. 마케팅에서 말하는 시장이란 기업과의 교환이 이루어지는 상대방, 즉 고객 · 소비자 · 사용자 등의 수요자를 일컫는 말이다. 기업의 입장에서는 수요자를 흔히 고객(customer)이라 부르므로, 마케팅에서는 시장이란 고객의 집합체라고 정의할 수 있다.

현대의 생활 방식은 옛날에 비해 놀라운 정도로 발전하였으며, 문화생활에 대한 욕구도 급속도로 증대되고 있다. 그리고 현대 시장은 전반적인 공급과잉 현상으로 소비자들의 영향력이 훨씬 커졌기 때문에 소비자의 기호와 욕구에 걸맞는 제품이 요구되고 있다. 그러므로 소비자의 욕구와 기호를 충족시킬 수 있는 기업만이 존속 · 발전할 수 있게 된다. 따라서 기업은 항상 시장의 특성과 변화를 잘 파악하여 이를 시장기회로 적절히 활용할 수 있어야 한다. 그리고 새로운 연구를 거듭하고 창의적 노력으로 신제품을 개발하여야 하며, 다른 경쟁제품이 가지고 있지 않은 독창적이고 뛰어난 품질을 가진 제품을 공급하는 노력을 계속하여야 한다.

(2) 소비자행동

소비자행동이란 소비자들이 필요한 제품과 서비스를 선택 · 구매할 때의 행동 양식을 말한다. 마케팅 담당자들은 소비자행동을 분석할 때 구매행동 그 자체뿐만 아니라, 그 구매 이전에 소비자가 욕구를 느낀 때부터 구매 이후의 행동까지 일련의 과정을 분석해야 한다. 구매 전 행동은 목마름과 같은 내적 자극이나 광고와 같은 외적 자극에 의해 일어나는 욕구를 느끼는 문제인식 과정, 다양한 원천으로부터 정보를 획득하는 정보탐색 과정, 모아진 정보를 이용해 최종 선택 대안을 형성 · 평가하는 대안평가 과정 등이 있다.

대안평가 과정에서 정해진 대안의 순위를 근거하여 소비자는 구매결정을 한다. 그 이후 단계가 제품이나 서비스를 구매한 소비자가 만족이나 불만족을 경험하고 행동하는 구매 후 행동 과정이다. 만족한 소비자는 재구매하고, 다른 사람들에게 호의적 정보를 전하며, 경쟁회사의 제품이나 서비스에 관심을 덜 보인다. 불만족한 소비자는 재구매하지 않을 뿐만 아니라, 다른 사람들에게 그 불만을 토로한다. 보통 불만은 만족보다 더 빠르게, 더 멀리, 더 많은 사람들에게 전해진다.

(3) 소비자행동에 영향을 미치는 요인

오늘날 기업은 시장의 모든 소비자를 대상으로 마케팅활동을 하지 않는다. 마케팅담당자는 이러한 소비자행동을 분석하여 얻어진 정보를 바탕으로 소비자를 몇 개의 시장으로 세분한다. 그 중에서 가장 적합한 시장을 선정하여 효율적이고 집중적인 마케팅전략을 수립한다. 소비자의 구매 과정에 많은 내적 요인이나 외적 요인이 영향을 주는데, 소비자행동에 영향을 주는 요인들에 대하여 간략하게 살펴보자.

문화적 요인

문화(culture)는 가장 광범위하게 소비자행동에 영향을 주는 요인으로, 소비자들의 기본적인 가치관과 행동 유형을 말한다. 문화는 사회적으로 학습되고, 사회구성원들에 의해 공유되기 때문에 소비자들의 욕구나 구매행동을 결정짓는 가장 기본적인 요인이다. 각 문화는 구체적인 사회화를 제공하는 몇 개의 하위문화(subculture)가 존재할 수 있다. 한 문화의 하위문화는 나름대로의 고유한 특성을 가진 문화를 말한다. 우리나라에서도 각 지방마다 아직도 독특한 지방색을 지닌 지방문화가 있고, 세대 간에도 특유의 문화가 있다. 사회계층(social class)이란 비슷한 수준의 소득, 직업, 교육, 부 등을 가진 사람의 집합이다. 같은 계층의 사람들은 신념, 태도, 가치관이 유사할 뿐만 아니라 사고 방식과 행동에 있어서도 많은 공통점을 갖는다. 이러한 사회계층들은 각기 특징적인 소비행동이 나타낸다.

Sub-culture와 한국계 미국인 소비자

하위문화(sub-culture)는 원래 주류문화와 가치관으로부터 소외된 그룹, 즉 거리의 아이들, 동성애자 등에 적용된 사회학적 개념이다. 마케팅에서는 그 의미를 확장해서, 주류문화의 영향을 받는 사람들과 다른 경험이나 역사적 배경을 지닌 사람들의 문화를 일컫는다. 미국의 경우 히스패닉계 소비자, 아프리카계 소비자, 아시아계 소비자 등으로 구분한다. 한국계 미국인 소비자도 미국 전통적 문화와 구별되는 문화에 영향을 받는다. 미국에는 H마트, 아씨, 하남체인 등 한국 식품을 판매하는 대형 마트들이 많다. CJ제일제당, 풀무원, 농심, 샘표와 같은 식품회사의 미국 진출도 활발하다. 특히 풀무원은 한국에서의 두부시장점유율 확대가 어려워지자, 미국에서 돌파구를 찾았다. 풀무원의 미국 두부시장점유율은 1위이다.

자료 : Houston H마트 풀무원두부

사회적 요인

사회적 요인에는 준거집단과 가족 등이 있는데 준거집단(reference)이란 개인의 태도나 행동에 영향을 끼치는 모든 집단을 말한다. 친구나 이웃, 직장동료, 팬클럽 등의 준거집단은 소비자가 정보를 수집할 때나 제품을 선택할 때 영향을 끼치고 있으므로, 마케팅관리자는 이를 이용하여 마케팅활동을 전개할 수 있다. 가족은 준거집단 중에서 개인의 구매행위에 가장 큰 영향을 끼친다. 대부분의 소비자들은 어려서 부모와 같이 사는 동안에 부모에게서 인생관, 가치관, 종교관 등을 배운다. 이렇게 부모와 살면서 그들에게 배운 것들은 구매행동에도 영향을 미친다.

개인적 요인

소비자들은 연령과 직업에 따라 구매행동을 달리하는 경우가 많다. 마케팅담당자는 직업이나 연령층에 따라 선호하는 상품과 상표가 어떻게 달라지는지를 알아야 할 필요가 있다. 또 연령과 직업에 따라 소비자들이 좋아하는 매체가 다르므로, 소비자 계층의 직업과 연령층에 따라 광고매체와 메시지를 달리해야 한다. 생활양식(life style)이란 자신의 활동, 관심 및 의견 등으로 표현되는데, 한 개인이 세상을 살아가는 방식을 말한다. 한 사람의 생활양식을 파악하면 마케팅담당자는 각 유형별 소비행동의 차이와 함께 각 유형에 속하는 소비자의 특성을 알 수 있다. 퍼스낼리티(personality)란 자신의 환경에 대하여 상대적으로 일관성 있고 지속적인 반응을 보이도록 이끌어 주는 독특한 심리적 특성을 말한다. 이것은 '사교적이다, 겸손하다, 자신감이 넘친다' 등의 말로 나타내는데, 마케팅담당자가 그 유형과 상품 선택과의 상관관계를 알 수만 있다면 소비자행동을 분석하는데 유용한 요소가 될 수 있다.

Ⅱ. 마케팅전략모델

마케팅전략이란 기업의 외부환경과 기업의 역량을 연결시키기 위한 장기적 경영방침이다. 마케팅전략은 기업 內外의 여러 가지 분석으로부터 시작된다. 마케팅담당자는 기업의 역량, 소비자의 욕구, 시장동향 등을 상세히 분석한 다음(마케팅조사), 그것을 바탕으로 어떠한 고객에게 접근해야 할 것인지(시장세분화), 특정 고객에 접근하려면 어떤 제품을 어떤 가격으로 어떤 경로를 통하여 어떻게 커뮤니케이션할 것인가(마케팅믹스)를 결정한다.

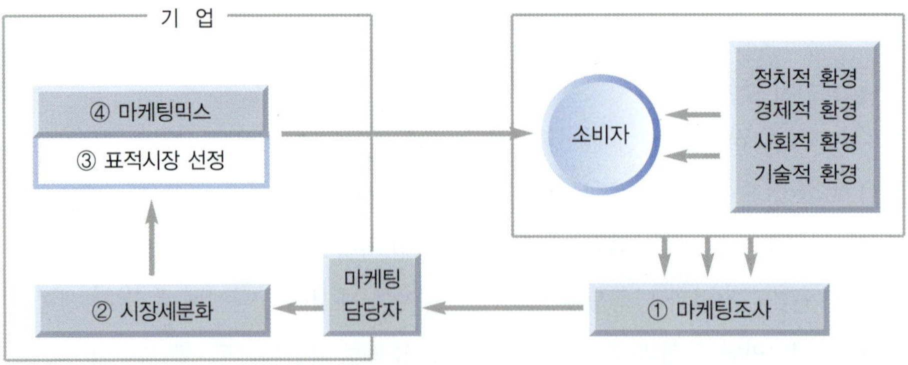

1. 마케팅조사

마케팅조사(marketing research)는 회사가 직면하고 있는 마케팅문제와 관련된 시장환경이나 마케팅활동의 성과 등에 대한 정보를 체계적이고 객관적으로 수집·분석·보고하는 일련의 활동을 말한다. 마케팅담당자들은 마케팅조사를 통하여 경제적·정치적·사회적·기술적 환경변화가 소비자에게 어떠한 영향을 미치는지를 알 수 있다. 이러한 조사활동을 통하여 마케팅담당자는 마케팅활동을 둘러싸고 있는 불확실성을 줄일 수 있다.

마케팅조사를 통하여 자료를 수집하는 방법에는 관찰, 설문조사, 실험 등을 통하여 수집할 수 있다. 관찰이란 마케팅활동에 영향을 끼치는 여러 요소나 소비자들의 행동을 직접 관찰하여 자료를 수집하는 방법이고, 설문조사는 알고 싶은 것을 직접 응답자에게 물어 자료를 얻는 방법이며, 실험은 마케팅활동과 소비자행동 간의 상관관계를 알아내는 데 적합한 방법이다.

특정 조사목적을 달성하기 위하여 관찰·질문·실험 등을 통해 얻는 자료를 1차자료라 한다. 2차자료는 다른 목적으로 수집되어 이미 존재하는 각종 기록과 통계치를 말하며, 최근 인터넷 등을 통하여 쉽게 얻을 수 있다. 2차자료는 회사가 자체적으로 가지고 있는 매출액, 원가, 고객, 상품 등에 대한 내부자료(internal data), 정부 또는 민간조직 등이 공표한 외부자료(external data)로 구분할 수 있다.

2. 시장의 선택

어느 기업이든지 자원은 매우 한정되어 있으므로 기업은 어느 특정한 소비자집단의 한정된 욕구만을 충족시킬 수밖에 없다. 따라서 다양한 소비자들의 욕구로 구성되는 전체 시장에 대처하기보다 구체적으로 세분화된 시장과 소비자의 구매행동 특성에 맞추어 마케팅노력을 집중하는 것이 고객을 만족시키고, 경쟁자에 비해 우월한 지위를 누릴 수 있다.

나이, 소득, 성별, 취향 등을 기준으로 전체 시장을 뚜렷한 욕구를 가진 몇 개의 고객시장으로 구분하고, 세분화된 시장의 요구에 적합한 전문화된 마케팅전략을 개발하려는 노력이 시장세분화(market segment)전략이다. 시장세분화에 의하여 시장을 파악하면, 기업은 자신의 내부적 환경을 고려하며 시장을 선택하게 된다. 이처럼 기업에 의하여 선택된 시장부문을 표적시장(target market)이라 한다. 마케팅담당자들의 사고 방식은 다음과 같은 단계를 거쳐 발전해 갔다.

(1) 대량마케팅

대량마케팅(mass marketing)이란 전체 시장을 구성하고 있는 소비자를 대상으로 행하는 마케팅노력을 말한다. 대량마케팅은 소비자욕구의 다양성보다는 공통적인 특성을 중점적으로 관리하려는 전략이다. 이러한 접근 방법은 대량생산, 대량판촉활동, 대량유통경로를 통하여 전체 시장 내의 모든 소비자에게 어필할 수 있는 마케팅노력으로, 산탄식 접근 방법(shotgun approach)이라고도 한다.

(2) 차별화마케팅

차별화마케팅, 즉 제품차별화마케팅(product-differentiated marketing)이란 서로 다른 제품특성, 스타일, 품질크기 등을 가진 2개 이상의 제품에 의한 마케팅활동을 말한다. 차별화마케팅전략은 세분화된 시장에 어필하기보다는 다양한 소비자들이 선택할 수 있는 다양한 제품을 제공하는 데 그친다. 차별화마케팅은 고객들의

마케팅전략의 실행 과정

시장세분화 → 표적시장선택 → 시장포지셔닝 → 마케팅믹스선택

욕구에는 차이가 있다는 것을 인식하지 않는다는 점에서 대량마케팅의 일종이라 할 수 있다.

(3) 표적마케팅

표적마케팅(target marketing)이란 전체 시장을 세분화하여 각 시장을 구성하는 고객들의 욕구차이를 고려하여 각 세분시장별로 최적의 마케팅활동을 별도로 제공하는 것을 말한다. 표적마케팅은 표적시장에 효율적으로 도달하기 위하여 가격, 유통경로, 광고정책을 집중화한다는 점에서 소총식 접근 방법(rifle approach)이라고도 한다. 표적마케팅의 경우 표적으로 선정한 시장의 수가 여러 개일 수도 있고 한 시장일 수도 있다.

마케팅담당자의 철학 변화

대량마케팅	→	차별화마케팅	→	표적마케팅
· 전체 시장 · 단일 제품		· 전체 시장 · 차별화된 제품		· 세분화된 시장 · 차별화된 제품

3. 시장포지셔닝

기업이 표적시장을 결정하면 그 시장에서 해당기업의 제품이 어떤 위치(position)를 차지할 것인가를 결정해야 한다. 여기서 제품의 위치란 해당제품이 경쟁제품에 비하여 소비자들에 의해 지각되고 있는 모습을 말한다. 이런 의미에서 포지셔닝(positioning)이란 기업이 소비자들의 마음 속에 자기제품의 바람직한 위치(모습)를 형성하기 위하여 행하는 마케팅활동을 말한다.

마케팅담당자들은 경쟁자의 위치를 조사하여 어떤 경쟁자와 비슷한 위치를 취할 것인가, 아니면 시장의 빈 곳, 즉 틈새시장(niche market)에 위치할 것인지를 결정하여야 한다. 1980년대 초반 우리나라의 캐쥬얼 의류시장에는 아식스, 퓨마, 나이키 등과 유명 브랜드의 고가시장과 재래시장에 유통되는 저가시장이 있었다. 1983년 정부가 중고생들의 교복자율화 조치를 발표하였고, 중저가 제품에 대한 수요가 증가하였다. 이런 시장의 요구에 부응하여 이랜드는 중간 정도의 가격으로 제품을 포지셔닝하였고, 크게 성공을 거두었다. 포지셔닝의 성공은 제품의 이미지를 어느 정도 강렬하게 고객에게 심어주느냐에 달려있다.

Ⅲ. 마케팅관리 요소

마케팅관리란 기업의 목표달성을 위하여 고객을 만족시킬 수 있는 마케팅전략을 수립하고 그것을 실행 · 통제하는 일련의 활동을 말한다. 그런 마케팅전략을 위한 통제 가능한 전술(tactics)적 도구를 마케팅믹스(marketing mix)라고 한다. 마케팅

마케팅믹스와 4Ps

McCarthy, E.J. 교수는 1960년 그의 저서 Basic Marketing에서 4Ps의 개념을 정립하였다. 제품(product), 가격(price), 유통(place), 촉진(promotion) 등이 그것이다. 4Ps가 너무 강조되면 다른 중요한 요소들이 빠지기 쉽다. 그래서 포장(package), 인적관리(personnel)를 포함하기도 한다. 모두 P자가 들어가는 것을 보면 4Ps 영향력이 대단한 것을 반증한다. 세스 고든도 혁신을 강조한 그의 책 Purple Cow(한국 번역서, 보랏빛 소가 온다) 제목을 P자로 시작한다. 한편 4P가 기업의 입장이기 때문에 Robert Lauterborn은 1990년에 고객의 입장에서 4C를 제시했다. 고객의 가치(customer value ← products), 고객의 원가(customer costs ← price), 고객 편의(customer convenience ← place), 의사소통(communication ← promotion)이 그것이다.

믹스는 여러 가지로 분류할 수 있으나, 가장 흔히 알려진 것이 4Ps이다.

1. 제품관리

제품이란 소비자의 욕구를 충족시킬 수 있는 것으로, 시장에서 소비자가 구매하여 사용하는 대상이 되는 유형의 재화, 서비스, 장소, 아이디어, 조직 등을 말한다.

(1) 제품의 의미와 분류

마케팅관리의 입장에서 제품은 제품을 구성하고 있는 물리적 · 화학적 속성 이상의 것을 의미한다. 카메라와 식빵과 같은 유형의 재화뿐만 아니라 서비스, 장소, 아이디어, 조직체 등도 모두 제품이 될 수 있다. 예를 들면, 휴양지에서의 패키지휴가 프로그램, 유명가수의 콘서트, PC통신서비스 등도 제품이다. 소비자들은 그들의 욕구를 충족시키는 해결 방법으로 제품을 구매한다. 따라서 마케팅담당자가 제품을 개발하려고 할 때에는 소비자가 그 제품을 통하여 어떤 욕구를 충족할 것인지를 확실히 해야 한다.

제품의 분류기준은 여러 가지가 있는데, 이렇게 분류하는 근본적인 이유는 유형

제품의 분류

분류기준	제품종류	특기사항
제품용도	소비재 · 산업재	같은 설탕이라도 가정용이면 소비재, 제과점용이면 산업재이다.
쇼핑습관	편의품 · 선매품 · 전문품	소비재 구입 시 정보수집에 얼마나 많은 시간과 노력을 투입하는가에 따라 결정된다.
내구성	내구재 · 비내구재	사용 가능한 빈도에 따른 분류이다. (예) 냉장고는 내구재, 건전지 비내구재

별로 마케팅믹스전략의 내용이 달라지기 때문이다. 제품을 내구성과 유형성에 따라 분류하면 내구재, 비내구재, 서비스로 나누어진다. 내구재는 여러 번 사용하여도 소모되지 않는 제품으로 텔레비전 · 기계류 등이 이에 속하고, 비내구재는 한 두 번 사용되어 소모되는 제품으로 비누 · 치약 · 청량음료 등이 이에 속한다. 서비스는 판매의 대상이 되는 각종 활동과 무형의 가치를 말한다. 제품을 용도에 따라 분류하면 소비재는 최종 소비자가 스스로 쓰기 위해서 구입하는 제품이고, 생산재는 개인이나 조직이 다른 재화를 생산하거나 사업활동에 이용하기 위해서 구매하는 제품이다. 소비재는 다시 소비자의 쇼핑습관에 따라 다음과 같이 구분할 수도 있다.

편의품

편의품(convenience goods)이란 생활필수품이라고도 하며, 식료품 · 일용잡화 · 기호품 등과 같이 구입할 때에 쉽게 구매결정을 내리는 상품을 말한다. 편의품의 판매에는 소비자수요를 자극하는 텔레비전, 잡지광고와 구매시점에 自社의 상표를 생각나게 하는 점포 내의 게시물 등이 중요한 역할을 한다. 마케팅담당자들은 소비자가 원할 때 쉽게 구입할 수 있도록 가능하면 많은 점포에 물건을 납품하도록 해야 한다.

선매품

선매품(shopping goods)이란 소비자가 물건을 살 때에 가격, 품질, 스타일 등을 비교한 다음에 구매결정을 내리는 상품이다. 의류품, 가구, 가전제품 등이 이에 속하는 상품이다. 선매품의 판매에는 자사의 제품이 다른 회사의 제품보다 낫다고 이야기를 해 주는 인적판매가 중시된다.

전문품

전문품(specialty goods)은 특정한 제품의 특성이나 매력으로 인해 소비자들이 제품을 구매할 때 상당기간의 노력이나 시간을 투자하는 제품이다. 피아노, 자동차, 카메라, 의료기구 등이 이에 속하는 상품이다. 전문품을 판매하는 회사는 보통 자사 제품을 취급하는 점포의 수를 제한한다. 이것은 자사 제품의 독특한 이미지를 높이는 효과가 있고, 제품특성상 취급점포의 수가 적다고 해서 판매가 줄지 않기 때문이다.

(2) 제품수명주기와 마케팅전략

오늘날처럼 소비자의 생활양식은 급변하고, 경쟁이 치열한 상황에서는 이에 적합한 제품을 계속 연구개발하여야 한다. 그러나 신제품의 개발에는 큰 위험이 따른다. 그래서 기업은 신제품개발 과정을 철저히 관리하여 꼭 성공할 제품만을 시장에 내놓아야 한다.

신제품개발에는 많은 비용과 시간이 투자되므로, 경영자는 신제품이 시장에서 오랫동안 잘 팔리기를 기대한다. 하지만 아무리 잘 만든 제품이라도 소비자들의 취향의 변화, 경쟁사의 공격, 기술진보 등으로 언젠가는 시장에서 주도적 위치를 잃게 된다. 한 제품이 시장에 처음 나와서 사라질 때까지의 과정을 제품수명주기(product life cycle)라 한다. 전형적인 제품수명주기 곡선은 아래 그림과 같이 S자 모양을 하고 있으며, 일반적으로 네 단계로 구분할 수 있다.

제품수명주기

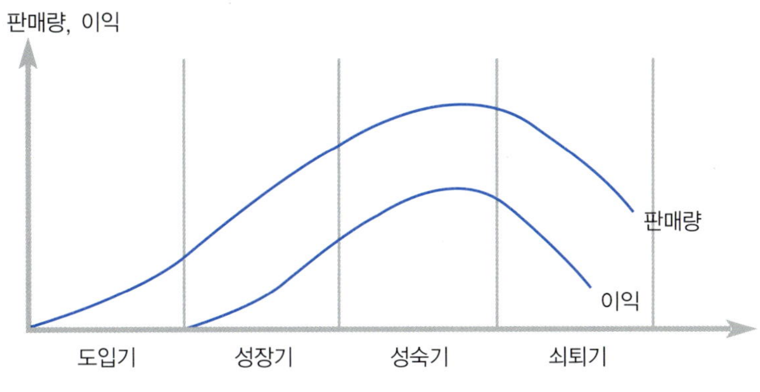

도입기

신제품이 처음 시장에 나타나기 시작하는 시기로, 판매량이 매우 적고 이익도 거의 발생하지 않는다. 따라서 이 시기의 마케팅활동의 중심은 광고나 판촉활동을 통하여 제품의 존재나 장점을 알리는 데 중점을 두게 된다.

성장기

소비자들의 제품에 대한 인지도가 높아져서 판매량이 늘어나고, 이익도 급상승한다. 이때 경쟁사들이 시장에 참여하기 시작한다. 지속적인 광고와 판촉활동, 제품기능의 개선, 새로운 유통경로의 개척 등으로 인해 많은 비용이 지출되지만, 대량생산으로 단위당 원가는 감소한다.

신제품의 수용 시기

스마트폰이나 관련된 전자제품이 처음 시장에 나타났을 때는 제일 먼저 구매에 나서는 사람이 혁신수용자(innovator)다. 그 수는 전체 소비자에 2~3%로 위험을 감수하는 성향의 사람이다. 다음이 조기수용자(early adapter)로, 소비자의 10% 가량을 차지하는데, 마케팅담당자 입장에서는 매우 중요한 집단이다. 이들은 제품 혁신을 매출증가로 이어주는 의견선도자(opinion leader)의 역할을 한다. 그들은 자신이 구매한 스마폰의 장점을 주변 사람들에게 이야기하고 싶어 하고, 설득하고 그 제품을 사게 만든다. 대다수의 사람들은 다른 사람들이 사용하는 것을 보고 신중하게 결정하는 다수수용자(majority)에 속한다. 끝으로 지각수용자(laggards)는 새로운 제품이 나올 무렵에야 해당 제품을 구입하는 변화에 회의적인 사람들이다.

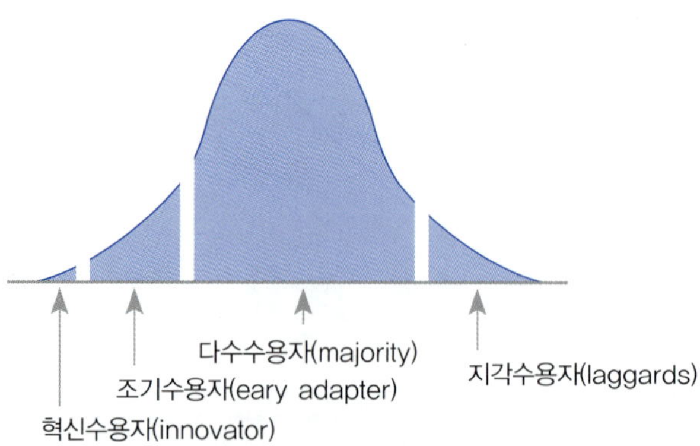

성숙기

대부분 소비자는 해당 제품을 사용하므로 판매의 증가율이 현저히 둔화되기 시작하고, 회사들 사이에 경쟁이 아주 치열해진다. 따라서 성숙기에는 경쟁에서 오는 압력으로 인하여 전반적으로 가격이 떨어지며, 판매촉진을 위한 여러 가지 조치가 더 많이 그리고 더 자주 취해진다. 이 시기의 광고는 자사제품의 독특한 점을 부각시켜 자사제품이 경쟁제품과 구별되도록 하는 데 주안점을 둔다.

쇠퇴기

제품에 대한 욕구가 사라지거나 변하여 매출이 급격히 감소하는 시기이다. 이 시기에는 판매부진과 이익감소로 인하여 몇몇 회사는 시장을 떠나고, 남은 회사들은 광고와 판매촉진비를 줄이고, 가격을 더 낮추며 원가관리를 강화하는 등의 자구책을 강구하게 된다. 쇠퇴기에 있는 제품은 적절한 시기에 폐기시키는 것이 바람직한데, 폐기하기 전에 ① 폐기되는 제품을 타 기업에 넘길 것인가, ② 폐기기간을 짧게 할 것인가 길게 할 것인가, ③ 이미 판매된 제품의 애프터서비스를 위한 부품을 어느 정도 준비할 것인가 등의 결정을 해야 한다.

모든 제품이 도입, 성장, 성숙, 쇠퇴기를 거치는 것은 아니다. 도입 후 즉시 쇠퇴하는 제품도 허다하다. 반대로 도입 후 몇 십년이 지나도 쇠퇴되지 않는 장수제품도 많다. 특히, 1971년 이후 1999년까지 총 45억 봉지를 판매한 농심 새우깡과 1974년 이래 판매량이 48억 개로 지구 9바퀴 이상을 돌 수 있다는 오리온 초코파이가 대표적인 장수상품이다.

2. 가격관리

상품의 판매가격은 매입원가, 영업비, 이익 등으로 구성되어 있다. 판매가격은 매입원가에 마진(margin; 이폭)을 더하는 방법으로 결정된다.

(1) 가격의 결정 방법

과거에는 가격에 의한 출혈경쟁(cut-throat competition)이 빈번히 발생하였으나, 최근에는 상품의 질이나 서비스에 의한 非가격경쟁이 중심을 이룬다. 그러나 가격은 기업의 수익을 결정짓는 중요한 요인이므로 그 결정에 신중을 기해야 한다. 기업이 설정하는 가격은 이익이 보장되지 않을 정도로 낮아서도 안 되고, 수요가 없을 정도로 높아서도 안 된다. 제품원가는 가격의 하한선이 되고, 소비자의 제품에 대한 가치 인식의 정도가 상한선이 된다. 일반적으로 가격을 결정하는 방법은 다음과 같은 것들이 있다.

원가중심가격결정

원가중심가격결정법은 제품의 단위당 원가에 표준이익이나 목표이익을 가산하여 가격을 산정하는 것이다. 예를 들면, 제과점에서 식빵 1개를 1,500원에 구입하여 그 구입가격에 20%의 이폭을 붙여 1,800원에 판매한 경우, 이 대리점은 원가가산가격결정법을 사용하여 가격을 결정한 것이다.

수요중심가격결정

수요자중심으로 가격을 결정하는 방법에는 소비자가 제품에 대하여 지각한 가치

소매가격의 구성

구성	내용
매입가격	제조기업의 경우 제조원가(재료원가, 노무원가, 경비)
부대비용	판매상태가 될 때까지 지급된 원가(예 : 운반비, 보험료, 관세)
판매관리비	판매원보수, 감가상각비, 임차료 등
영업이익	다양한 요인으로 결정
판매가격	

에 입각하여 가격을 정하는 지각가치결정법과 수요탄력성에 따라 가격을 결정하는 수요차가격결정법이 있다. 특히 후자는 수요탄력성의 차이에 따른 가격차별화전략인데, 하나의 제품이 2개 또는 그 이상의 다른 가격으로 판매되는 것을 말한다. 예를 들면, 소프트웨어의 판매 시 생산비용이 같다 할지라도 일반용과 학생용은 각기 다른 가격으로 판매하는 방법이다.

경쟁중심가격결정

기업의 제품가격을 결정할 때 경쟁사의 제품가격을 중심으로 결정할 때가 있다. 이에는 제품가격을 업계의 평균수준에서 결정하는 모방가격결정법과 경쟁입찰을 통해 제품가격을 결정하는 입찰가격결정법이 있다. 모방가격결정법에 따라 가격을 결정하는 경우 경쟁사의 가격과 동일하게 하거나 경우에 따라서는 그보다 조금 높게 또는 낮게 가격을 결정하는데, 철강 · 제지 · 비료 등과 같이 제품의 동질성이 높은 시장에서 많이 채택된다. 입찰가격결정법은 기계설비나 방위산업 등의 경쟁입찰에 주로 이용되는데, 경쟁사의 가격을 예측하여 적정한 가격을 제시하게 된다.

미원과 제일제당의 가격전쟁

대상그룹의 모체는 1956년 출발한 미원이고, 임대홍 회장은 판매의 귀재로 통한다. 1969년 제일제당의 미풍, 닭표 맛나니 등 4개 조미료 업체들이 공동전선을 구축, 외상 · 덤핑판매로 미원에 집중포화를 퍼부었고, 미원도 비슷한 전술로 맞섰다. 그러나 라이벌 업체에 비해 규모가 작은 미원은 이들의 물량공세를 당해낼 재간이 없어 도산 직전에 이르렀다. 파산의 고비에서 허덕이던 어느 날 임회장은 긴급간부회의를 소집하고, 제품을 현금받고 팔 것과 지금보다 비싼 값에 팔 것 등을 지시하였다. 중역들은 일제히 회장 의견에 반대하였으나, 임회장은 소비자는 결코 외상거래를 하지 않고, 외상은 중간도매상들의 횡포일 뿐이라고, 또 값이 터무니없이 비싸면 안 팔리겠지만, 가격을 약간 높게 잡으면 물건이 고급이라는 인식을 소비자에게 준다고 중역들을 설득해 갔다. 이러한 전략은 적중했고 시간이 흐르면서 덤핑을 계속하던 라이벌 업체들이 제값을 받는 미원에게 뒤지게 되었다. 임회장의 이 같은 가격전략은 회사의 운명을 가름하는 결단이었다.

출처 : 재벌 25시(1983).

(2) 가격정책

가격정책은 여러 가지가 있을 수 있다. 운송비 비중으로 본 지역별 판매가격차를 고려한 지역가격정책이 있고, 판매가격에서 차감해 주는 할인가격정책이 있다. 또 일단 결정된 판매가격을 유지시키려는 특정정가유지정책이 있다. 이 밖에 특수한 경우의 가격정책으로 다음과 같은 것들이 있다.

신제품 가격정책

신제품을 개발하여 시장에 진입할 때는 높은 가격으로 진입하는 방법과 낮은 가격으로 진입하는 방법이 있다. 초기 높은 가격을 설정하면 그 시장의 고소득층으로부터 많은 이익을 얻게 되고 제품개발에 투자한 자금을 조기에 회수하게 되는데, 이를 초기高가격정책이라 한다. 또 처음에 신제품 가격을 낮게 설정하여 많은 수의 고객을 빨리 확보하고 시장점유율을 확대하려는 가격정책을 채택할 수 있는데, 이를 시장침투가격정책이라 한다.

심리적 가격정책

제품가격을 결정할 때에 구매자의 심리를 이용하는 가격결정 방법으로, 흔히 소매점에서 많이 이용된다. 몇 가지 예를 들어보자. 권위가격(prestige pricing)은 가

불확실성 속에서 이뤄지는 가격결정

Arizona주 인디안 보석가게에서 터키옥을 판매하는데, 사장은 그 제품가격이 적정하다고 생각하는데 전혀 팔리지 않았다. 사장은 출장을 가면서 직원에게 손해를 보더라도 해당 제품을 모두 반값에 처분하라는 메모를 남겼다. 출장에서 돌아와 보니 터키옥이 모두 팔려 나갔는데, 자세한 이야기를 듣고 사장은 어안이 벙벙했다. 반값에 팔라는 사장의 지시를 직원이 잘못 읽고, 2배의 가격으로 판 것이었다. 전보다 높은 가격에도 터키옥은 3일 만에 모두 팔렸다. 사실 많은 소비자들은 제품가격의 적정성을 판단할만한 능력이 없다. 특히 과거의 구매경험이 없는 터키옥과 같은 제품을 구입할 때, 그것을 평가할 충분한 정보나 전문지식이 없는 소비자들은 가격을 제품 품질의 지표로 보는 경향이 있다. 즉, '비싼 것이 좋은 것'이라는 일반적인 기준을 적용한 것이다.

출처 : 설득의 심리학.

격이 높을수록 품질의 우수성이나 높은 지위를 상징하는 경우 사용되는 가격전략이다. 예를 들면, 고급모피코트, 보석, 여성용 화장품 등이 여기에 속하는데, 이때 가격은 품질의 지표로 사용된다. 선도가격(leader pricing)은 권위가격과는 반대로 몇 개의 상품을 대폭 할인함으로써 고객을 소매점으로 유인하려는 정책이다. 널리 알려져 있고 구매빈도가 높은 우유, 달걀, 과일 등의 판매에 주로 적용된다. 이들 제품을 대량으로 판매하려는 데에도 목적이 있지만, 고객을 소매점으로 유인한 다음에 다른 제품의 구매를 자극하려는 의도도 포함되는 것이 보통이다. 단수가격(odd pricing)은 가격을 500,000원으로 하는 것보다 499,000원으로 할 때와 같이 판매가격의 끝 자릿수를 단수로 하는 것이 그렇지 않을 때보다 수요가 증대한다는 데 근거를 두는 가격 결정 방법이다.

3. 유통경로관리

유통은 생산과 소비를 연결시켜 주는 중요한 경제적 기능을 수행한다. 이런 유통을 담당하는 부문은 생산된 재화나 용역이 생산자로부터 중간상을 거쳐 소비자에 이르는 모든 과정에 포함되는 유통기관에 의하여 구성된다. 상품이나 서비스가 생산자로부터 소비자에게로 옮겨가는 경로를 유통경로라 한다. 회사가 어떤 유통경로를 택하느냐에 따라 다른 모든 마케팅 결정에도 큰 영향을 끼치므로 신중히 결정해야 한다.

(1) 유통경로의 유형

유통경로는 상품마다 다르며 생산이나 소비의 특성에 의하여 달라진다. 일반적으로 유통경로의 구성은 다음과 같다. 기업이 어떤 유통경로를 선택하느냐에 따라 다른 모든 마케팅 결정에 영향을 미친다.

생산자→소비자(사용자)

생산자가 소비자(사용자)에게 직접 상품이나 서비스를 판매하는 경우로 직접마케팅경로(direct marketing channel)라고도 한다. 판매원들이 상품을 방문 판매하거나 생산자가 소유하고 있는 판매점을 이용하거나, 인터넷 · 모바일 · 우편을 통하여 판매하는 경우가 여기에 속한다. 서비스의 생산자는 주로 이러한 경로를 이용하지만 항공사나 보험회사는 대리점과 같은 중간기관을 이용하기도 한다. 또 주로 협상을 통해 거래가 이루어지는 산업재의 판매에 가장 흔한 유통경로로, 생산자와 사용자가 다같이 대규모인 경우 이같은 형태의 유통경로를 자주 이용한다.

생산자→도매상→사용자

산업재라 할지라도 판매단위가 작거나 수송비의 비중이 큰 경우 주로 채택되는 유통경로이다. 이때 2~3개의 도매상을 거치는 경우도 있다.

생산자→소매상→소비자

백화점이나 슈퍼마켓과 같은 대규모 소매상이 상품을 생산자로부터 직접 매입해 판매하는 경우나 생산자가 자사제품을 유리하게 판매하기 위하여 도매상에 의뢰하

매체변화에 따른 무점포판매영역의 확대

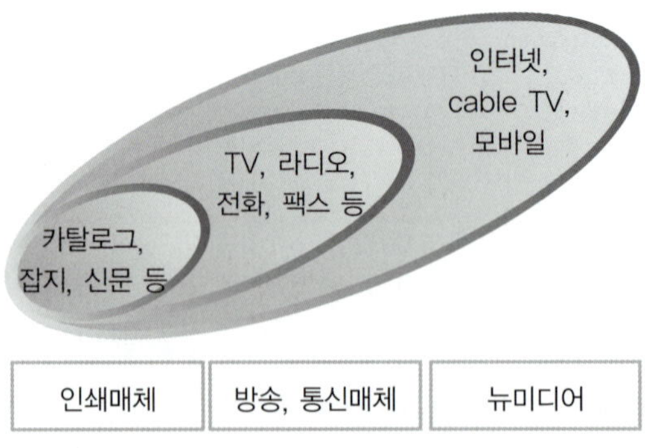

출처 : 하나경제연구소

지 않고 직접 소매상에 판매하는 경우이다.

생산자→도매상→소매상→소비자

공업제품이나 농산물 등 생활용품의 유통에서 자주 볼 수 있는 형태로 도매상이 2~3단계로 나누어지는 경우도 있다. 백화점이나 슈퍼마켓과 같은 대형 소매상이 일반화하기 전에는 가장 흔한 유통경로였다.

(2) 전자상거래에 의한 새로운 경로

21세기의 새로운 비단길이라 불리는 전자상거래가 떠오르고 있다. 비단길을 개척한 중국이나 해양항로를 장악한 스페인이나 영국은 교역로를 확보했다는 이유로 막대한 부를 얻을 수 있었다. 이런 급격한 유통경로의 변화에 기업이 얼마나 잘 적응하느냐 하는 것이 마케팅 성공의 결정적 요인이 되고 있다.

전통적 상거래는 상점에 물건을 진열해놓고 손님을 맞는 것이라면, 전자상거래(electronic commerce)는 네트워크를 통하여 상거래를 한다는 개념으로 구매, 판매, 광고, 데이터교환 등을 전자적인 방법으로 처리하는 것을 말한다. 전자상거래는 이전에도 팩시밀리 · PC통신을 이용한 홈쇼핑 · 홈뱅킹 등 다양한 형태로 존재해 왔으나, 인터넷의 이용이 보편화되면서 인터넷을 통한 전자상거래가 마케팅활동의 새로운 분야를 형성하게 되었다.

전통적 상거래는 소비자들에게 많은 시간과 노력을 요구하고, 판매자 입장에서도 많은 자본을 필요로 한다. 전통적 상거래는 교통이 편리하고 인구가 밀집한 곳의 판매점, 상품진열대와 같은 전시공간, 창고, 판매원 등이 필수적이었다. 그러나 전자상거래에서는 전통적 상거래에서 지출되는 임차료, 인건비, 재고관리비용, 기타 마케팅비용 등을 대폭 줄일 수 있다. 이러한 비용절감은 판매가격 인하로 이어져 고객은 저렴한 가격으로 상품을 구입할 수 있고, 상품구매에 따르는 시간과 노력이 크게 절약된다.

전자상거래의 대표적인 성공사례로 꼽히는 것은 아마존이다. 아마존은 단 1평의 서점매장도 없이 인터넷으로 책을 주문받아 배달하는 방식으로 불과 3년만에 기존 대형 서점들을 누르고 판매고 1위를 기록했다. 우리나라의 전자상거래는 1996년 2개 업체로 시작되었으며, 계속 증가하는 추세에 있다. 전자상거래는 백화점이나 기간 통신사업자에 의해 운영되는 종합쇼핑몰과 단일상품을 취급하는 전문쇼핑몰 등이 있다.

(3) 유통경로의 기능

유통경로를 형성하고 있는 유통기관들은 상품의 유통을 통해 매매를 가능하게 한다. 유통경로의 기능을 살펴보면 다음과 같다.

물적 흐름

상품이 생산자로부터 운송기관이나 도매상, 소매상 등을 통하여 최종소비자에게 이르는 물리적 이동을 의미한다. 운송, 보관, 통신활동 외에도 하역이나 포장, 재고관리활동 등이 이에 속한다.

전자상거래와 전통적 상거래

구 분	전자상거래	전통적 상거래
유통경로	비교적 짧은 경로	비교적 긴 경로
거래대상	전세계를 대상	일부 지역에 국한됨
마케팅비용	상대적으로 적음	임차료, 인건비 등 과다함
판매장소	사이버공간	판매 · 전시공간이 필요함
고객응대	요구신속포착, 해결	요구포착 어려움, 대응지연
거래시간	24시간 가능	시간이 제한됨

소유권 흐름

매매를 통하여 어떤 유통기관의 소유권을 다른 유통기관으로 이전시키는 것을 의미한다. 상품의 소유권은 생산자에게서 도 · 소매상으로 다시 최종소비자에게 이전되어 해당 상품에 대한 소유권과 사용권을 확실히 보증하여 준다.

지급흐름

물적 흐름이나 소유권흐름과는 반대방향으로 소비자로부터 도 · 소매상을 거쳐 생산자에게 대금이 지급되는 것을 의미한다. 소비자들은 은행을 통하거나 직접 도 · 소매상에게 청구된 금액을 지급하고, 도 · 소매상은 생산자에게 대금을 지급한다. 이러한 지급은 수송업자나 창고업자에게도 이루어진다.

유통경로의 기능

1. 물적 흐름

2. 소유권흐름

3. 촉진흐름

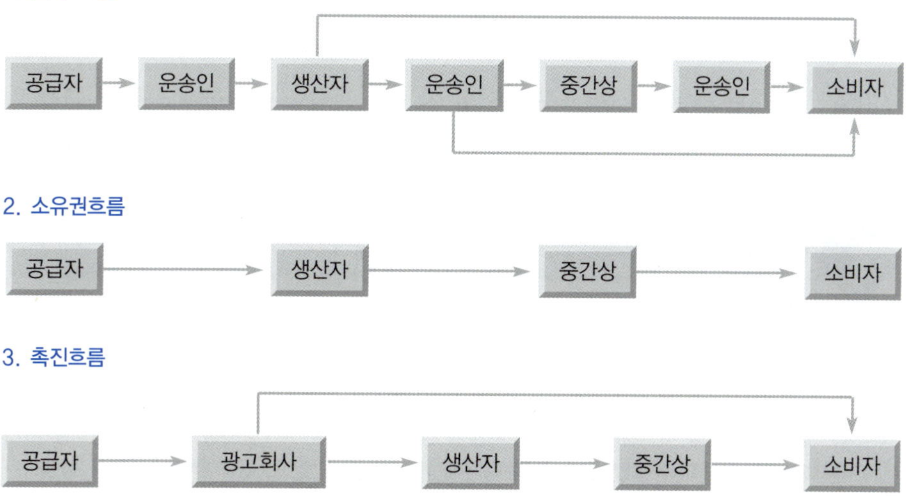

출처 : P. Kotler(1987), p. 448.

정보의 흐름

유통경로의 구성원이 상호간에 정보를 교환하는 것을 의미한다. 생산자나 판매업자는 시장조사 등을 통하여 소비자가 어떠한 상품을 원하는가에 대하여 정보를 수집하기도 하고 광고를 통해 상품의 정보를 소비자에게 제공하기도 한다.

촉진의 흐름

유통경로의 한쪽 구성원이 다른 구성원에게 행사하는 영향력의 흐름을 의미한다. 생산자나 판매업자는 자신의 회사명이나 상품을 광고 · 홍보하기도 하고, 자신의 제품을 구입하도록 설득하기도 한다.

(4) 유통경로정책

기업이 유통경로를 결정했다면, 그 다음은 얼마나 많은 중간상을 이용할 것인지를 결정해야 한다. 이는 유통경로정책의 중요한 부분으로, 다음의 세 가지 유형을 생각해 볼 수 있다.

적극적 유통경로정책

기업이 최대한 많은 중간상으로 하여금 자사의 제품을 취급하게 하는 정책을 말한다. 주로 편의품을 만드는 회사들이 자사의 상품을 가능하면 많은 사람들에게 노

동서식품의 유통정책

국내 커피시장의 절반 이상을 차지하고 있는 동서식품은 지난 한해 동안 할인점시장을 놓고 악전고투를 했다. 동서식품은 당초 할인점에 제품을 공급하지 않았다. 가격조건이 맞지 않아서였다. 프라이스클럽, 이마트 등은 동서식품에 대리점 공급가격보다 낮게 제품을 공급해 달라고 요구했다. 하지만 동서식품은 대리점들의 반발을 감안하여 할인점의 제안을 받아들이지 않았고, 할인점들은 낮은 가격을 제시한 네슬레의 커피를 들여다 팔았다. 그 결과 동서식품은 타격을 받았고, 결국 할인점 판매를 병행하는 쪽으로 선회하고 말았다.

출처 : 한국경제신문, 1997년 1월 8일 기사 중에서.

출시키고, 소비자들의 편의를 도모하기 위하여 이 정책을 쓴다. 이 경우 경로기관을 통제하기가 어렵다.

배타적 유통경로정책

일정 지역마다 자사의 제품을 독점적으로 팔 수 있는 권리를 특정 중간상에만 주는 정책이다. 자동차회사나 고급가구를 만들어 파는 회사들이 이 정책을 많이 쓴다. 이런 회사들은 이 정책을 씀으로써 자사의 상품을 파는 점포들이 좀더 적극적이고 성의 있게 물건을 팔아 줄 것을 기대하며, 또 그 점포들을 통제하기가 쉬워질 것이라고 생각한다.

선택적 유통경로정책

적극적 유통과 배타적 유통의 중간형태를 취하는 경로정책이다. 이것은 입지나 경영능력 등이 일정 수준을 넘는 중간상들에게 자사제품의 취급을 허락하는 정책으로, 가전제품 · 내의류 등의 판매에 이용되는 것이다. 생산자 입장에서 보면 적은 비용으로도 중간상들에게 많은 통제력을 확보할 수 있다는 장점이 있다.

4. 촉진관리

좋은 제품, 적절한 가격, 효율적 유통경로정책이 있어도 소비자에게 제품의 존재를 알리고 설득하는 촉진(promotion)활동이 없다면 최종적인 판매는 어렵다. 촉진활동을 수행하기 위해서 기업이 활용할 수 있는 수단에는 광고, 공중관계, 인적판매, 판매촉진 등이 있다.

(1) 광고

광고(advertising)란 특정 광고주에 의하여 유료형태로 아이디어, 제품, 서비스 등을 제시하거나 촉진하는 활동을 말한다. 광고는 매체의 사용 대가를 지급하고, 광고료를 지급하는 광고주를 명시하는데, 유료인지 무료인지가 광고와 홍보를 구분하는 기준이 된다. 광고는 얼굴을 맞대고 제품을 제시하는 인적판매와는 달리 매체를 통하여 정보를 전달하게 된다. 오늘날 광고는 제품이나 서비스 외에 정당의 이념이나 정책, 기업제도 등 아이디어도 제시하고 촉진한다.

광고는 그 대상과 목적에 따라 적절한 매체를 선택해야 한다. 전통적으로 광고는 인쇄물(신문, 잡지), 방송(텔레비전, 라디오), 옥외광고 등을 중심으로 이루어졌다. 하지만 인터넷과 스마트폰의 등장은 광고매체의 축을 결정적으로 변화시키고 있다. 그 한 예가 influencer marketing이다. 여기서 influencer란 유튜브나 페이스북과 같은 소셜 미디어에서 중요한 영향력을 가진 사람들을 말한다. 그들은 많은 구독자와 팬을 확보해 기업활동에 중요한 영향력을 미치고 있다. 최근 포털 블로그를 통한 파워블로거의 영향력은 줄어들고, 유튜브와 같은 동영상 중심의 콘텐츠를 올리는 인플루언서의 영향력이 커지는 추세다.

광고매체의 변화 과정

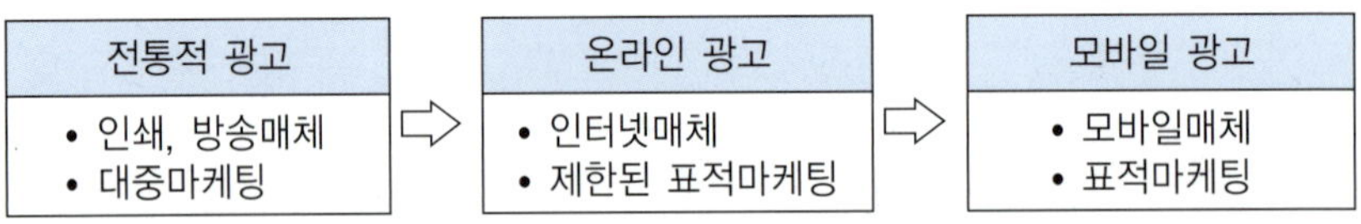

(2) 공중관계

공중관계(public relations)란 소비자, 정부, 지역단체 등과 같은 다양한 이해관계자들이 기업에 대하여 우호적인 태도나 의견을 갖도록 하는 다양한 활동을 말한다. 지역단체나 이벤트에 대한 후원, 대중매체에 정보를 개발 · 제공하는 홍보, 정부나 공공기관과의 우호적인 관계 구축, 매력적인 웹페이지 구축 등이 포함된다. 이 중에서 홍보(publicity)는 간접적으로 판매를 촉진하고, 비용을 명시적으로 부담하지 않는다는 점에서 광고와 구별된다. 일반적으로 소비자들은 홍보를 광고보다 훨씬 더 신뢰하는 경향이 있다.

(3) 인적판매

인적판매(personal selling)란 판매를 목적으로 예상 구매자와 대화를 통해 자사의 제품이나 서비스를 제시하는 활동을 말한다. 광고가 매개 수단을 통하여 정보를 제공하고 설득하는 비인적 커뮤니케이션 방법임에 비하여, 인적판매는 구매를 유도하기 위해 고객과 직접 접촉하게 되는 인적 커뮤니케이션이라는 특징이 있다. 인적판매는 직접적인 대면을 하기 때문에 설득력이 크고, 판매 저항을 줄일 수 있으며, 최종적인 구매 체결을 유도할 수 있다. 더욱이 판매원은 특정의 판매 제시에 대한 고객의 반응을 직접 관찰할 수 있기 때문에 그 반응에 따라 즉각적인 대응을 할 수가 있다.

판매원은 순수한 판매 업무 외에도 시장조사의 역할을 수행하기도 한다. 고객의 태도나 회사에 대한 고객의 불만 등에 관한 정보를 제공해 줌으로써 후속 제품의 개발과 판매를 위한 중요한 자료를 제공한다. 또 인적판매 담당자들에 의하여 경쟁사의 정보나 타사 제품의 평가나 동향 등을 파악할 수도 있다. 그런데 인적판매는 촉진활동 범위가 한정되어 있고, 많은 비용이 발생한다는 문제점이 있다.

공중관계 - 삼성 사례

삼성이 러시아에서 지난 2011년 이후 8년 연속으로 '가장 사랑받는 글로벌 브랜드'에 선정됐다. 삼성은 선호도 조사에서 18.3%의 득표율을 기록하면서 2위인 아디다스(11.1%)를 비교적 큰 차이로 제쳤다. 나이키, 애플, 소니, 코카 콜라, 보쉬, LG 등이 뒤를 이었다. 업종별 브랜드 선호도에서는 가전 부문에서 2009년 이후 10년 연속 1위에 올랐다. 업계 관계자는 삼성 브랜드의 제품 인기가 높은 데다 다양한 사회공헌활동을 펼치고 있는 것도 브랜드 이미지가 좋은 이유로 보인다고 말했다. 삼성전자는 러시아 최고 문학상인 톨스토이문학상을 16년째 후원하고 있으며, 문화재 복원 프로젝트와 유소년 체육대회, IT 기술을 활용한 스마트 스쿨 등을 지원하고 있다. 출처 : 연합뉴스 2018년 12월 14일

(4) 판매촉진

판매촉진(sales promotion)이란 단기간의 구매를 자극하는 활동으로 견품증정, 경품판매, 할인판매, 경연대회나 전시회의 개최 등이 포함된다. 이 활동은 소비자로부터 보다 강하고 신속한 반응을 얻으려 하거나, 부진한 제품의 판매증대를 위한 수단으로 사용된다. 판매촉진활동의 효과는 단기적인 것이어서 장기적인 상표선호도를 형성하는 데에는 적합하지 못하다.

판매촉진을 하려고 하면 회사는 먼저 판촉목표를 확실히 세우고, 그 목표를 가장 잘 달성할 수 있는 판촉수단을 고른다. 그리고 구체적인 판매촉진 시행계획을 세운 다음, 이 계획을 사전에 테스트하고 실행에 옮긴 다음에 그 결과를 평가해야 한다.

연습문제

01. 마케팅과 판매에 대한 설명으로 적당하지 못한 것은?

① 판매는 마케팅활동의 한 부분이다.

② 판매의 초점은 만들어진 제품을 판매하는 데 있다.

③ 마케팅은 회사 전체의 활동을 요구한다.

④ 마케팅의 기본적 사고도 만들어진 제품을 판다는 데 있다.

02. 마케팅관리과정(marketing management process)의 순서로 맞는 것은?(비서검정)

① 시장기회의 분석→목표시장의 선정→마케팅믹스의 개발→마케팅활동의 관리

② 목표시장의 선정→시장기회의 분석→마케팅믹스의 개발→마케팅활동의 관리

③ 마케팅믹스의 개발→마케팅활동의 관리→시장기회의 분석→목표시장의 선정

④ 마케팅활동의 관리→시장기회의 분석→목표시장의 선정→마케팅믹스의 개발

03. 다음 중 시장세분화의 목적이라고 할 수 없는 것은?(비서검정)

① 목표시장의 명확화　　② 세분시장별 차별화전략

③ 소비자의 보호　　④ 특정 세분시장에의 집중화

04. 이랜드는 1980년대 다양한 환경을 고려한 후 중간 정도 가격의 의류를 출시하였다. 이 같은 기업의 마케팅활동을 무엇이라 하는가?

① 시장세분화　　② 마케팅믹스

③ 포지셔닝　　④ 표적시장

05. 마케팅믹스란 무엇인가?(판매사)

① 마케팅환경을 하나로 결합하는 것

② 시장조사, 시장관리, 광고활동 등을 결합하는 것

③ 마케팅 제요소를 적절하게 결합하는 것

④ 소비자욕구뿐 아니라 기업의 이익, 사회전체의 이익을 결합하는 것

06. 다음 중 마케팅관리의 의사결정문제가 아닌 것은?(비서검정)

① 대리점 선정 등 유통경로의 관리

② 매출을 극대화할 수 있는 가격의 결정

③ 광고 방법 및 매체의 결정

④ 생산비용을 최소화할 수 있는 공업입지의 선정

07. 소비자행동에 영향을 주는 요인 중 문화적 요인에 해당되는 것은?

① 직업이나 소득에 따른 사회계층

② 비슷한 생각이나 태도를 가진 또래집단

③ 구매자의 나이나 생활양식

④ 동기, 학습, 지각 등의 요인

08. 다음 설명 중 바르게 된 것은?

① 라면이나 쌀 같은 식품은 주로 전문품에 속한다.

② 광고는 산업재 판매에 가장 중요도가 큰 촉진기법이다.

③ 편의품은 소비재의 구매의사결정 시 가장 노력이 적게 든다.

④ 편의품의 판매에는 세일즈맨의 활용이 가장 중요하다.

09. 제품수명주기에서 대부분의 소비자가 해당 제품을 사용하므로 판매증가율이 둔화되고, 경쟁이 치열해지기 시작하는 시기에 해당하는 것은?

① 도입기　　② 성장기

③ 성숙기　　④ 쇠퇴기

10. 판매가격에 대한 설명 중 옳지 않은 것은?

① 가격탄력성이 작은 신제품은 고가격전략이 효과적이다.

② 가격결정에는 소비자의 심리적 상태도 고려하여야 한다.

③ 50만 원 대신 49만 9천으로 가격을 정하는 것을 권위가격이라 한다.

④ 처음 시장에 침투할 때는 낮은 가격전략이 일반적이다.

11. 구체적인 후원자가 그 대가를 지급하며, 대개 불특정다수를 대상으로 비인적 매체에 의해서 이루어지는 촉진 방법은 다음 중 어느 것인가?(판매사)

① 광고　　② 홍보

③ 판매촉진　　④ 인적판매

마무리이야기

역전의 드라마

실용적인 텔레비전을 처음 만든 사람은 영국의 존 베어드(John L. Baird)이다. 그는 1926년 1월 영국 과학협회의 과학자들 앞에서 텔레비전 공개 시험에 성공했다. 1936년 영국의 BBC는 세계 최초로 정규 방송을 시작하였고, 본격적인 방송은 미국에서 제2차세계대전 이후에 시작되었다. 영국과 미국을 제외한 다른 나라에서는 1950년대 이후 본격적 텔레비전 방송이 시작되었다.

일본에서 최초로 텔레비전 방송이 시작된 것은 1953년이고, 컬러 텔레비전 방송이 시작된 것은 1968년이다. 국내에서 KBS TV가 개국한 것은 1961년 말이고, 컬러 텔레비전 방송은 일본보다 12년이 늦은 1980년부터였다. 우리나라 최초로 생산된 텔레비전은 금성사가 1966년에 만든 VD-191 모델이었다. 최초의 흑백 텔레비전은 대당 6만 원으로 쌀 27가마에 해당하는 고가의 제품이었다. 당시 우리나라 기술력으로는 텔레비전을 생산할 수 없어 일본 히다치와 합작으로 제품을 생산하였다.

세계 평판TV 업체별 판매대수

(단위 : 원)

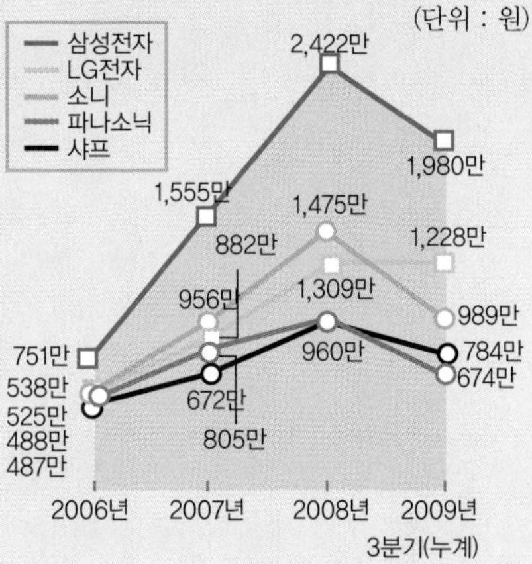

자료 : 디스플레이서치

이후에도 우리나라는 많은 로열티를 지불하면서 추격했지만, 세계의 벽은 높기만 했다. 특히, 일본의 벽을 깨는 것은 불가능해 보였다. 2005년만 하더라도 PDP TV 세계 매출액 상위 10위에 한국 기업은 한 곳도 끼지 못하였다. LCD TV의 경우 상위 20위에는 일본 업체가 13개 한국 업체가 3개였다. 하지만 놀랄만한 일이 벌어졌다. 2008년도 세계 텔레비전 판매 대수에서 한국 기업이 일본 기업을 앞질렀다. 대한민국 기업이 전 세계 TV 매출량 중 31%인 6,490만 대를 판매하였고, 일본 기업은 29%인 5,970만 대를 판매하였다.

삼성전자는 평판TV(LED TV+LCD TV+PDP TV) 부문에서 4년 연속 세계 1위를 지키고 있고, LG전자는 2009년 소니를 앞지르고 2위를 차지하였다. 텔레비전 부문의 대세인 평판 TV 부문의 1, 2위를 한국 기업들이 차지한 셈이다. 압도적 품질과 디자인으로 세계 시장에서 수년째 일본의 소니, 파나소닉, 샤프, 도시바 등과 새롭게 떠오르는 중국의 하이얼을 압도하고 있다. 이것은 천문학적인 개발비를 투자하고 끊임없이 고객의 욕구와 경쟁자의 행동을 분석 · 대응한 한국 기업 경영의 승리이다.

자료 : SERI 영상 보고서(2009), 세계일보 2010년 2월 2일 기사

11

C H A P T E R

재무관리

기업활동은 자금의 조달로 시작된다. 소유주가 자금을 출자하거나 자금을 빌려 그 자금이 제조 과정에 투입되면서 원자재 구입, 노무비 지급, 제조경비 등에 활용된다. 만들어진 제품이 판매 과정을 거치면 현금이 회수된다. 이처럼 기업활동의 거의 모든 영역은 자금과 관련이 있다. 이처럼 특정 사업과 자산에 얼마만큼 투자하고, 그 투자에 대한 소요자금을 어떻게 조달하는가 하는 점은 기업의 성패를 결정하는 중요한 문제이다.

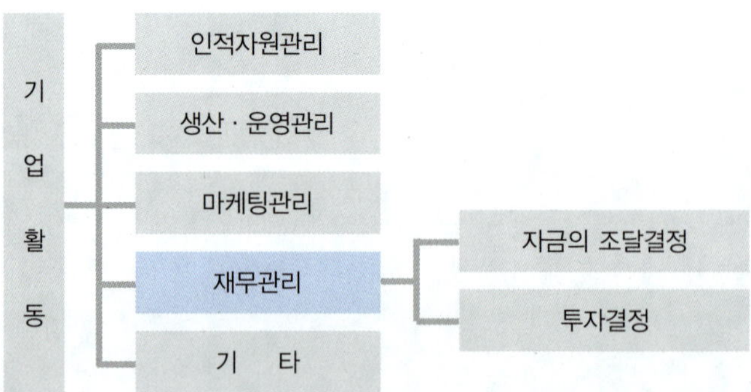
기업활동
인적자원관리
생산 · 운영관리
마케팅관리
재무관리
기 타
자금의 조달결정
투자결정

제11장 재무관리

Ⅰ. 재무관리의 기초개념

1. 재무관리의 의의와 기능

기업경영의 여러 관리분야 중 하나인 재무관리(financial management)는 기업이 필요로 하는 자금을 조달하고, 조달된 자금을 운용하는 재무활동을 효과적으로 수행하기 위하여 계획 · 집행 · 통제하는 일련의 과정을 말한다. 기업의 설립 · 운

재무관리와 관련된 의사결정

① 투자결정 : 기업은 어떤 자산에 투자할 것인가?
→ 자본예산(capital budgeting)과 관련
투자로 인한 수익이 장기간(보통 1년 이상) 실현될 투자에 관련된 계획수립
② 자본조달결정 : 투자를 위해 자금을 어떻게 조달할 것인가?
→ 자본구조(capital structure)와 관련
넓은 의미로는 재무상태표 오른쪽, 즉 부채(타인자본)와 자본(자기자본)의 구성상태를 말하나, 좁은 의미로는 자기자본과 장기타인자본의 구성상태
③ 현금흐름관리 : 단기적 현금흐름을 어떻게 관리해야 하는가?
→ 순운전자본(net working capital)
유동자산에서 유동부채를 차감한 잔액으로, 기업의 영업활동을 표시하는 자금개념

영·성장 등도 자금과 관계가 있고, 기업목표의 달성도 기업의 자금창출능력에 따라 판가름된다. 이처럼 재무관리는 기업의 모든 활동분야를 분석하고 통합하는 기능을 수행하면서, 자금의 투자·조달·계획 등을 통하여 기업의 목적달성에 기여하는 관리활동까지도 수행하는 중요한 분야이다.

특히 부채의 비중이 크고, 이자율이 상대적으로 높은 한국에서는 기업들은 자금을 어느 정도 합리적으로 조달하고 투자하느냐에 따라 기업의 경쟁력과 성공 여부가 판가름된다. 재무관리담당자들이 수행해야 할 기능과 책임은 다음과 같다.

(1) 자본조달기능

자본조달기능이란 투자에 소요되는 자본을 어떻게 효율적으로 조달할 것인가를 결정하는 기능을 말한다. 투자에 소요되는 자본제공자가 누구인가에 따라 타인자본과 자기자본으로 나눈다.

타인자본

부채라고도 하며 1년 내에 갚아야 하는 유동부채와 1년 후에 갚아도 되는 고정부채가 있다. 타인자본은 자기자본과 달리 이익이 생기지 않아도 이자를 지급하고 원금을 상환해야 하는 의무가 있다. 따라서 타인자본에 의한 자금조달 비중이 커지면 부채를 갚지 못할 가능성이 높아진다. 특히 타인자본 중 유동부채의 비중이 높은 것은 기업의 안정성을 크게 저하시킨다.

자금의 조달과 투자

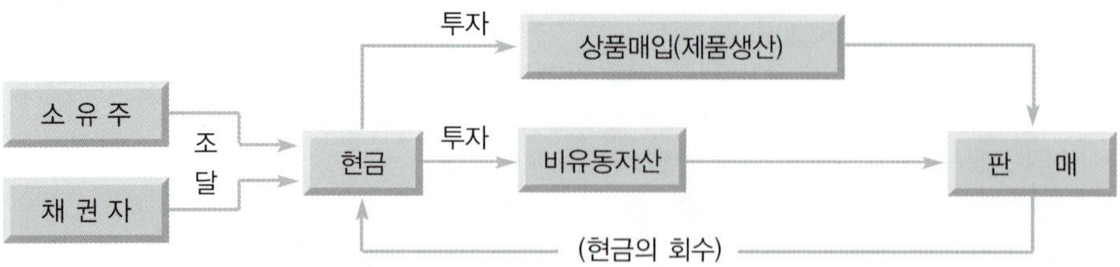

자기자본

단순히 자본이라고도 하고, 주주들이 자금제공에 의하여 조달되는 출자자금과 경영활동으로 생긴 순이익 중 배당을 하지 않고 기업에 남겨둔 자금(회계에서는 잉여금, 사내유보라고 함)이 있다. 이와 같은 자기자본은 상환의무가 없고, 기업이 존속하는 한 계속 운영되는 자본이다.

재무관리담당자들은 자본조달결정에 의해 어느 자본원천(자본구조)에 얼마만큼(자본의 규모) 의존할 것인가를 결정하여야 한다. 따라서 자본조달결정의 목표는 자기자본과 타인자본의 최적배합을 실현하는 데 두어야 한다.

(2) 자금운영기능

자금운영(투자결정)기능은 기업이 필요로 하는 자산을 어떤 규모로 어떻게 구성할 것인가를 결정하는 기능을 말한다. 투자결정에 의해 자산의 규모와 구성상태가 결정되기 때문에 투자결정의 목표는 기업자산의 최적배합을 실현하는 데 두어야 한다. 그를 위하여 조달된 자본을 효율적으로 배분하고서 합리적으로 운용해야 한다. 투자의사결정이 갖는 중요한 의미는 다음과 같다.

재무상태표와 재무관리

재무상태표

자금의 운영상태			자산			부채/자본	자금조달 원천
←자산	상 품	3,500,000	차입금	2,000,000	부채		→자금조달 원천
	건 물	5,000,000	사 채	3,000,000			
	기 계	3,000,000	자본금	6,000,000	자본		
	자동차	1,500,000	잉여금	2,000,000			

자금의 조달과 운영을 한눈에 볼 수 있는 표가 재무상태표이다. 재무상태표 왼쪽에 적히는 것을 자산이라고 하고, 오른쪽에 적히는 것을 부채와 자본이라 하는데, 언제나 '자산 = 부채 + 자본'의 등식이 성립한다.

미래수익의 결정

재고자산(상품, 재료)을 사야(투자해야) 그것을 팔아서 수익을 얻게 되고, 건물이나 기계에 대한 투자가 있어야 생산과 판매가 가능하게 되며, 그것은 미래의 수익을 증가시킨다. 자동차를 구입(투자)하여 상품을 판매하면, 손에 들고 다니면서 판매하는 것보다 많이 팔아 수익을 많이 올릴 수 있다.

미래위험에 영향을 미침

경기변동에 취약하거나 경쟁이 치열한 산업으로 진출하려는 기업의 투자결정은 경영성과에 큰 영향을 미친다. 1997년 말 경기침체와 기업의 연쇄도산의 원인 중 하나는 자동차, 철강 등의 과다한 설비투자가 그 원인이기도 하다.

유동성에 영향을 줌

고정자산에 과다하게 투자하면 유동성에 문제가 생긴다. 여기서 유동성이란 현금화할 수 있는 능력을 말하는데, 유동성이 크면 새로운 기회에 신속하게 대처할 수 있고 부채를 제때에 상환할 수 있다. 하지만 유동자산에 지나치게 투자하면 보다 많은 수익을 얻을 기회를 놓칠 수도 있다

2. 재무계획

자금을 조달하고 투자하는 재무활동이 적절히 이루어지려면 기업의 수익성과 자금 사정을 예측할 필요가 있다. 그것을 기초로 자금의 조달과 운영에 관한 계획을 수립한다. 또한 기업이 설정한 재무목표와 차이나는 경우 적절한 통제를 해야 한다.

(1) 재무계획의 의미

재무계획(financial planning)은 경영계획의 하나로 기업이 행한 재무의사결정이 미래의 이익이나 자금사정에 끼치는 영향을 예측하고, 기업의 목표를 달성할 수 있는 구체적인 자금의 조달과 운영에 대한 일련의 계획을 수립하는 것이다. 예산은 한 기업에 있어 장 · 단기 재무계획의 구체적인 표현이다.

예산편성의 전제가 되는 기준설정을 위해서는 기업의 모든 활동에 대한 실질적 이해가 필요하다. 기업활동에 대한 구체적인 이해없이 만들어진 비현실적인 예산은 영업소장이나 지점장과 같은 부문관리자나 구성원들에게 좌절과 사기저하를 가져온다. 따라서 잘 짜여진 예산은 종업원들로 하여금 최고경영층이 기업에 대한 현실적인 이해를 하고 있다는 신뢰감을 주며, 이로 인해 예산이 부문관리자와 최고경영층 간에 중요한 의사소통이 될 수도 있다.

예산편성의 과정에서 경영자로 하여금 경영층은 기업의 영업활동과 일반적인 기업환경과의 관계를 이해하게 되고, 이를 통하여 미래의 환경변화에 효과적으로 대처하는 데 도움을 준다. 또, 예산은 구성원들의 동기부여를 위한 목표가 될 수 있고, 실적 평가를 위한 통제수단으로 이용될 수 있다.

이익계획의 사례

경기도 화성군 金씨는 새벽이면 어김없이 해온 닭장문 열어보기를 며칠째 중단했다. 닭에게 줄 사료가 없기 때문이다. 닭들은 인기척만 느껴도 떠나갈듯 울어대며 날개를 퍼득인다. 그 소리가 왜 그렇게 듣기 싫은지. 속만 탄다. 김씨는 지난주에 닭 2만 마리 가운데 채 크지 않은 중닭 절반을 헐값에 내다 팔았다. 고기용으로 쓰는 닭이라 40일은 키워야 하지만 이미 제값 받기는 틀렸기 때문이다. 사료값이 이번달 들어서만 40%나 올랐다. 키우면 키울수록 오히려 손해만 커진다.

이 사례와 같이 농업 경영자가 닭을 중간에 처분하는 이유는 매출액(닭의 가격)의 증가가 변동비(사료값)의 증가분을 커버하지 못하기 때문이다. 단기적으로는 가격이 총생산원가(변동비 + 고정비)보다 작아도 변동비를 커버하기만 하면 생산자는 생산을 계속한다. 그 이유는 생산을 중단하고 있어도 단기적으로 고정비는 계속 발생하므로, 생산을 계속하면 가능한 손실은 줄일 수 있기 때문이다.

출처 : 한겨레신문, 1997년 12월 기사 중에서.

(2) 이익계획

오리온제과의 경영자는 초코파이라는 품목에서, 현대자동차의 경영자는 액센트에서 얼마나 이익을 남길 것인가 하는 목표를 세운다. 이익계획(profit planning)이란 기업의 구체적 계획으로 목표이익을 정하고, 그것을 달성할 수 있는 구체적 방안을 마련하는 것을 말한다. 이익계획을 세울 때 다양한 조건(예를 들면, 매출수량이나 조업도) 하에서 다양하게 나타나는 결과(이익)를 파악하여 어떤 조건일 때 이익이 최대가 되는가를 검토할 필요가 있다.

이러한 이익계획은 예산편성뿐만 아니라 기업 전반에 걸쳐 모든 경우의 계획을 세울 때도 필요한 일이다. 이처럼 여러 가지 조건이 바뀔 때 결과가 어떻게 되는가를 파악하기 위한 틀을 우리는 모델이라고 한다. 이 모델이 없으면 계획을 세울 수 없기 때문에 계획을 세우는 사람은 반드시 어떤 형태이든 모델을 가지고 있게 마련이다. 이런 모델로 자주 이용되는 것이 손익분기점분석(cost-volume-profit analysis)이다.

(3) 손익분기점분석

손익분기점(Break-Even Point : BEP)이란 수익이 비용과 일치하는 점, 즉 순이익도 순손실도 없는 매출액의 수준을 말한다. 손익분기점보다 적은 매출수준에서는 손실이 발생하고, 손익분기점보다 많은 매출수준에서는 이익이 발생한다. 새로운 시장을 개척하거나 새로운 제품을 개발했을 때, 기존의 제품에 대한 수요가 하락하고 있을 때에는 손익분기점분석이 중요한 의미를 갖는다. 하지만 일반적 상황에서는 경영자들은 손익분기점 자체에 관심을 갖는 것이 아니라, 일정한 이익을 달성하는데 필요한 매출수준에 초점을 맞추게 된다.

손익분기점에서 매출액이나 매출수량을 계산하기 위해서는 제품의 단위당 판매가격, 제품의 판매수량, 제품단위당 변동비(재료비, 노무비 등), 고정비(사무직 급여, 감가상각비, 보험료 등)를 알 수 있어야 한다. 매출액은 각 제품의 판매수량과 판매가격을 곱하여 계산한다. 비용은 변동비와 고정비로 구분하는데, 변동비는 판매수량과 단위당 변동비를 곱하여 계산된다. 판매수량(Q), 판매단가(p), 단위당 변동비(v), 고정비(F)를 가지고 수식으로 표시하면 다음과 같다.

$$pQ(\text{매출액}) - vQ(\text{변동비}) - F(\text{고정비}) = \text{이익}(\pi)$$

그런데 손익분기점에서 이익이 ₩0이므로 다음과 같은 등식이 성립한다.

$$pQ - vQ = F, \qquad (p - v)Q = F$$

$$\text{손익분기점에서 매출수량} = \frac{\text{고정비}}{(\text{판매단가} - \text{단위당 변동비})}$$

甲社는 PC용 디스켓을 판매하는 기업이다. 2003년 甲社의 매출액(매출수량 500단위, @₩1,000)은 ₩500,000이다. 매출과 관련된 비용은 매출된 제품의 원가 500단위(@₩600) ₩300,000(변동비)과 관리비 ₩150,000(고정비)이다.

甲社의 경우 손익분기점의 매출수량을 Q라 하면, 다음과 같은 등식이 성립한다.

매출액 — 변동비 — 고정비 = 1,000Q − 600Q − 150,000 = 0

CVP분석의 도표

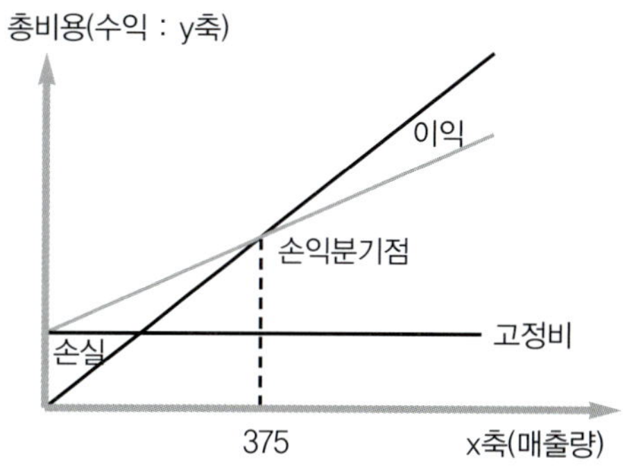

일차함수식으로 나타내면
비용선 y = 600x + 150,000
수익선 y = 1,000x
손익분기점에서의 매출량 x는 다음 식을 풀면 375가 된다.
600x + 150,000 = 1,000x

甲社의 경우 매출수량 375단위(₩150,000/₩400)를 판매했을 때 매출액 ₩375,000(= ₩1,000 × 375)은 변동비 ₩225,000(= ₩600 × 375)과 고정비 ₩150,000의 合과 일치하게 된다.

매출액 ₩375,000 − 변동비 ₩225,000 − 고정비 ₩150,000 = 0(이익)

목표이익(target income)은 그것을 달성하기 위해서 일정액 이상의 매출을 실현해야 하므로, 경영자에게는 매우 유용한 도구가 된다. 목표이익을 달성하기에 필요한 매출액을 계산하는 방법은 위의 손익분기점분석을 이용하면 편리하다.

乙社의 제품단위당 판매가격은 ₩1,000, 단위당 변동원가는 ₩600, 고정비는 ₩150,000인 경우 목표이익 ₩100,000을 달성하려면 매출액은 얼마나 실현해야 하는가? 손익분기점은 매출액에서 총비용을 차감한 잔액이 0인 점인 반면, 목표이익은 목표매출액에서 총비용을 차감하여 계산된다.

매출액 — 변동비 — 고정비 = 목표이익

甲社가 목표이익 ₩100,000을 실현하기 위한 목표매출수량을 X라 하면 다음 식에 따라 목표매출수량은 625단위가 된다.

$$1{,}000X - 600X - 150{,}000 = 100{,}000$$

Ⅱ. 자본조달결정

기업이 그 목표를 달성하려면 원활한 자금조달이 필요하다. 기업이 외부로부터 자금을 조달할 때 그것과 밀접한 관계가 있는 금융시장에 대한 이해가 필요하다.

여기서는 금융시장에 대한 기초적인 개념, 자본조달 시 고려해야 할 점, 그리고 자본조달 방법에 대하여 살펴보고자 한다.

1. 금융시장

기업의 규모가 작을 때에는 자기자금만으로 운영하나, 그 규모가 커져서 자기자금만으로 부족할 때에는 외부의 자금을 공급받게 된다. 이때 기업은 주식이나 채권을 발행하기도 하고, 개인이나 은행 등으로부터 돈을 빌려오기도 한다. 금융이란 여유있는 사람(기관)이 자금을 빌려주고 부족을 느끼는 사람(기관)이 자금을 빌리는 기능을 포괄하는 개념이다.

(1) 금융시장의 기능

자금의 수요자와 자금의 공급자가 어울려 이루는 시장을 금융시장(money market)이라 한다. 여기서 시장이라고 하면 특정한 장소나 건물 등의 시설로 구성되는 것이 아니고 여러 금융기관, 가계, 기업, 정부 사이의 자금거래 전체를 말하는 것이므로 추상적인 일정영역을 의미한다.

상품시장에서 가격이 수요와 공급을 조절하듯이, 금융시장에서는 이자율이 수요와 공급을 조절한다. 금리가 오르면 자금의 공급이 늘고 자금의 수요가 준다. 반대로 금리가 내리면 자금의 공급이 줄고 자금의 수요가 늘어난다. 그런데, 금융시장

자본시장의 구조

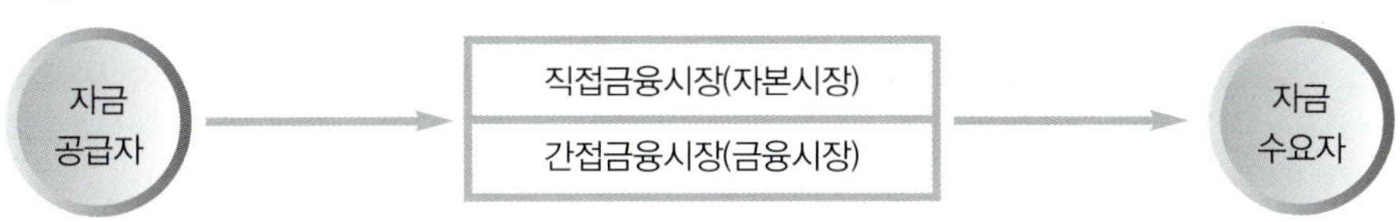

에서 자금의 수요자가 공급자와 직접 만나 거래를 한다는 것은 매우 곤란한 일이며 많은 불편이 따르게 된다. 이러한 문제점을 해결하고 그 자금흐름이 원활하게 이루어질 수 있도록 하기 위해 은행이나 증권회사와 같은 여러 가지 금융기관을 설립하게 된다.

(2) 금융의 종류

금융은 자금의 융통경로나 기간, 자금의 용도, 유통지역의 범위 등에 따라 다음과 같이 분류하게 된다.

직접금융 · 간접금융

자금이 융통되는 경로에 따른 분류이다. 직접금융이란 자금의 공급자가 대출, 주식, 채권 등을 직접 인수하여 기업이나 정부에 자금을 융통하는 것을 말한다. 간접금융이란 금융기관이 공급자로부터 자금을 예금의 형태로 흡수하여 금융기관의 독자적인 판단으로 대출, 주식, 채권 등을 인수하여 자금의 수요자에게 융통하는 것을 말한다. 자금공급에 따른 위험(risk)부담의 관점에서 보면 직접금융은 자금의 공급자가 위험을 부담하고, 간접금융은 금융기관에서 위험을 부담한다.

단기금융 · 장기금융

자금이 융통되는 기간의 장 · 단에 의한 분류이고, 보통 1년을 기준으로 단기금융과 장기금융으로 나눈다. 일반적으로 단기금융은 운전자금으로, 장기금융은 기

국가별 자금조달 방법

자금을 조달하는 방법은 국가별로 상이하다. 독일이나 프랑스와 같은 대륙계 국가들은 은행을 매개로 하는 간접금융으로 자금을 조달하였다. 반면에 영국이나 미국과 같은 나라에서는 주식이나 사채발행 등을 통한 직접금융에 의하여 자금을 조달하였다. 우리나라는 대륙계 국가와 같이 은행을 중심으로 하는 간접금융에 주로 의존하였는데, 최근 직접금융의 비중이 점차 커지고 있다.

업의 설비자금이나 소비자의 주택자금 등으로 이용된다.

산업금융 · 소비금융

자금의 용도에 따라 분류한 것이다. 산업금융에는 농업, 수산업, 공업 등에 필요한 자금을 융통하는 생산금융과 단기의 운영자금을 융통해 주는 상업금융이 있다. 소비금융에는 주택이나 전자제품 등 내구성 소비재의 구입자금이나 생활자금을 일반소비자에게 융통하는 개인소비금융과 정부, 지방자치단체의 일시적 재정자금 부족을 보충하기 위해 자금을 융통하는 공공소비금융이 있다.

국내금융 · 국제금융

자금이 융통되는 범위에 따른 분류이다. 국내금융은 자금의 거래가 한 나라 안에서만 이루어지는 것이고, 국제금융은 자금의 거래가 외국에까지 미치는 것이다. 국제금융은 국내금융과 달리 금리 외에 환율변동이나 정치정세 등이 자금거래에 영향을 준다.

(3) 우리나라 금융시장의 변화

외환위기를 겪으면서 우리나라 금융시장은 금융기관이 퇴출되거나 합병 과정에

금융시장의 환경변화

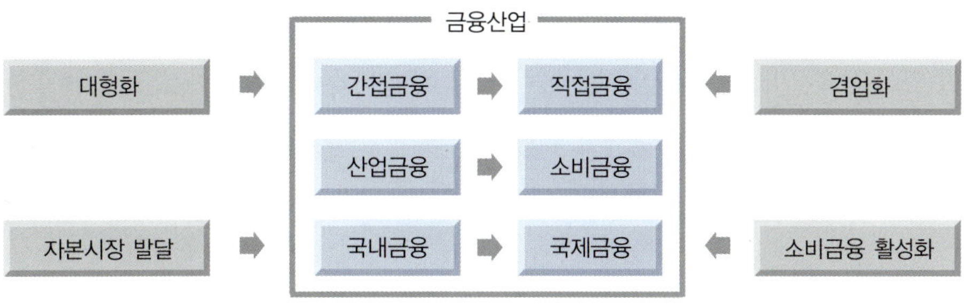

서 새로운 은행으로 통합되는 급격한 환경변화를 경험하고 있다. 이러한 환경변화는 금융산업의 구조변화를 촉진시키고, 각 금융권의 재편 압력을 가중시키고 있다.

금융의 자유화

1990년대 이후 금융자유화가 진행됨에 따라 금리자유화와 더불어 금융기관 경영에 대한 정부의 규제가 완화되었다. 또한 정부는 금융산업의 경쟁력 강화를 위하여 금융기관의 대형화 및 전문화를 적극 유도하고, 금융기관의 업무영역 확대와 부수업무에 대한 상호진출을 허용하였다. 특히 은행권을 중심으로 이루어지는 대형화와 겸업화 추진은 과거 은행 · 증권 · 보험을 중심축으로 하여 형성되었던 단순한 금융산업구조가 점차 복잡화하는 계기가 되고 있다.

자본시장의 발달

과거 우리나라 기업들은 국내은행에서 자금을 빌리는 간접금융에 의한 자금조달이 일반적이었다. 최근에는 직접금융이 활발해지고 이것을 주로 담당하는 자본시장 역시 급격히 확대되고 있다. 자본시장의 발달은 증권업의 발달과 구조재편을 촉진하고 있는데, 그 결과 증권회사들은 기존의 위탁매매업무에서 벗어나 기업의 구조조정업무, 자산관리업무 등으로 그 영역을 확대하고 있다. 또한 자본조달영역이 국제적으로 확대됨에 따라 마무리 이야기에서처럼 국제회계기준이 도입되었다.

소비금융시장의 확대

경제성장과 국민소득의 증가에 따라 소비금융(소매금융)분야의 중요성이 점차 커지고 있다. 특히 최근 고령화사회와 여가활동 증대로 개인의 금융욕구가 증대하고 있어 금융수익 부문에서 소비금융이 차지하는 비중이 더욱 높아질 전망이다. 이렇게 확대되는 소비금융시장에서 유리한 위치를 점하기 위한 금융기관들 간의 경쟁이 점차 치열하게 전개되고 있다.

2. 자본조달 시 고려사항

이상에서 살펴본 바와 같이 기업의 자본조달원천은 금융시장과 자본시장을 통하여 여러 가지 수단에 의하여 이루어진다. 구체적인 자본조달원천을 설명하기에 앞서, 기업이 구체적으로 자금조달을 결정할 때 고려할 사항을 살펴보자.

(1) 자본비용

기업이 자본을 조달할 때에는 자본사용에 대한 대가를 지급해야 하는데, 그 지급대가를 자본비용(cost of capital)이라고 한다. 장 · 단기부채에 대해서는 일정한 이자를 지급해야 하고, 주식발행에 의한 자본조달에는 주주에게 배당을 해야 한다. 자본비용은 자본조달의 원천별로 다르다. 따라서 원천별로 개별 자본비용을 계산하여 이를 비교함으로써, 기업은 자본비용을 최소화하는 자본조달의 원천을 선택해야 한다.

중소기업의 자본조달

금리인하와 풍부한 자금 사정에도 불구하고 금융기관이 위험도가 높은 중소기업에 대출을 꺼리고 있어 중소기업들의 사채(私債) 이용이 늘고 있는 것으로 나타났다. 중소기업협동조합중앙회의 금융 이용 실태 조사결과에 따르면 올해 사채를 이용한 적이 있는 업체가 14.4%에 달했다. 2002년 같은 조사에서는 이 비율이 6.9%였으며, 지난해에는 12%였다. 올해 사채금리는 월평균 2%로 지난해 월평균 1.7%보다 높아졌다. 업체당 대출금액도 지난해 3,460만 원보다 두 배 이상 늘어난 8,190만 원으로 집계됐다. 사채 이용기간은 평균 6.6개월로 지난해 5.1개월에서 한 달 이상 늘었다. 중소기업들이 외부에서 조달한 돈의 규모를 보면 은행차입금(72.7%)이 가장 많고, 다음은 정책자금(19.8%), 비은행 금융기관(3.3%), 사채(私債, 3.1%), 주식(0.6%), 사채(社債, 0.3%), 해외자금(0.2%)의 순이었다.

출처 : 중앙일보, 2004년 12월 22일.

(2) 자본조달 시기와 기간

자본조달에서 자본비용이 1차적 고려사항이지만, 경우에 따라서는 시기(timing)의 문제 때문에 비싼 조달비용을 갖고 있는 자본조달원천을 택하지 않을 수밖에 없는 경우가 있다. 기업이 매우 급박하게 자금이 필요한 경우에는 이자율이 높더라도 은행의 당좌차월이나 어음할인의 방법을 이용할 수밖에 없다. 반면에, 자금을 조달하는 데 시간적 여유가 있는 경우에는 자본비용 등 여러 가지 요인들을 다각적으로 검토하여 자금을 조달해야 할 것이다.

자금이 어디에 사용될 것인가에 따라 조달원천을 결정해야 한다. 급여나 외상대금의 지급과 같은 운영자금의 경우 단기자금으로 조달해야 할 것이다. 반면 시설투자나 신규사업 진출 등 장기적 투자의 용도를 위해서는 장기자금을 조달해야 한다. 이처럼 자금의 용도와 자금의 원천을 일치시키는 것은 기업의 안정성을 높이는 데에도 도움이 된다.

(3) 소유권과 경영통제

자본조달의 원천을 결정할 때 대주주는 기업의 소유권(ownership)과 경영통제(management control)에 끼치는 영향을 민감하게 고려한다. 회사채나 차입금에 의한 자본조달은 소유권과 경영통제에 영향을 끼치지 않는다. 그러나 보통주를 새로 발행하여 조달할 경우에 대주주가 기업지배권을 유지하기 위해서는 추가적 출자가 필요할 수도 있으므로 자금부담을 가져다준다.

과거 우리나라는 소유권과 경영통제에 관한 한 대주주에게 유리한 법률체계를 가지고 있었다. 그러나 1997년 말 IMF사태 이후 경영자가 경영을 제대로 못할 경우에는 주가가 하락하고, 적대적인 합병을 노리는 집단이 낮은 주가로 인하여 적은 합병비용을 가지고 기업을 인수할 수 있도록 법이 많이 개정되었다.

(4) 재무위험

자본조달의 원천을 결정할 때에 신중하게 고려해야 할 요인은 재무위험(financial risk)이다. 과도한 부채차입은 재무위험을 크게 증가시켜 결과적으로 이자비용 증가에 따른 자금의 압박으로 인하여 차입이자율을 상승시키기도 하고, 궁극적으로는 파산가능성을 높이게 된다. 1997년과 1998년 대기업이 도산한 주된 이유 중 하나는 재무위험을 고려하지 않은 자금조달이다.

(5) 금융시장 상황

금융시장의 금리변동의 추세나 이용가능성 등 금융시장의 여건 변화를 고려할 필요가 있다. 금리가 변동되면 각 자본조달의 수단별로 상대적 매력도가 변화하게 된다. 각 금융시장에서의 자금사정도 수시로 달라지므로, 이와 같은 여건변화도 충분히 고려해야 한다.

3. 장기자본의 조달 방법

자금의 조달은 부채(타인자본)와 자본(자기자본)의 증가로 나타난다. 자본의 조달기간에 따라 장기자본과 단기자본으로 구분한다. 기업은 설비의 구입, 사업확장, 신규사업 등을 위하여 장기간(보통 1년 이상) 사용할 수 있는 장기자본이 필요하다. 일반적으로 장기금융을 조달하는 데는 많은 시간과 비용이 소용된다. 기업에서 장기자본 조달원천으로는 장기차입금, 사채, 보통주, 우선주, 리스, 사내유보금 등이 있다.

(1) 장기차입금

장기차입이란 금융기관 등으로부터 1년 이상의 기간에 걸쳐서 정해진 이자를 지급하고, 만기에 원금을 상환하겠다는 약속으로 차입하는 것을 말한다. 이러한 장기차입금은 다른 자본조달 수단보다 금리가 저렴하고, 장기적으로 안정성 있게 이용될 수 있다는 점에서 기업이 크게 선호하게 된다.

(2) 사채(社債)

사채(bond)는 주식회사가 사채권을 발행하여 일반대중으로부터 장기 거액의 자금을 차입하는 장기부채이다. 일반적으로 사채는 이사회의 결의에 따라 모집할 수 있으며, 사채의 발행한도액은 법으로 정한다. 사채는 많은 사람들로부터 많은 자금을 조달하기 위하여 발행하는 증권제도로서 이것은 마치 주식의 경우와 유사하다. 한편, 이자가 확정되고 상환기간이 정해져 있으며, 의결권이 없어 기업주나 주주의 소유권과 경영권에 영향을 주지 않는다는 이점이 있다. 또 사채이자는 세금계산에서 비용으로 차감되는 감세효과가 있어서 저렴하게 자본을 조달하는 이점이 있다.

대표적인 자금조달 방법

분류	조달 방법	특 징	기간
부채	매입채무	· 외상으로 물건을 매입하는 경우 발생 · 거래처와의 교섭에 의하여 조달되고, 외견상 자본비용이 없음	단기 자본
	차입금	· 간접금융으로 조달절차가 간편함 · 경영활동을 간섭받을 가능성이 있음	장기 자본
	社 債	· 직접금융으로 주식회사만 발행이 가능함 · 신용등급에 따라 발행조건이 달라지며, 경영악화시 조달이 곤란함	
자본	주식발행	· 직접금융으로 변제의무가 없음 · 경영상태에 따라 자금조달금액이 달라짐	
	社內 유보	· 이익이 발생하지 않는 경우 유보되지 않음 · 경영활동에서 가장 안전한 자금원천	

사채의 발행 방법은 액면가액과 같은 금액으로 발행하는 액면발행, 액면가액 이상으로 발행하는 할증발행, 액면가액 이하로 발행하는 할인발행 등 세 가지가 있다. 이것은 시장이자율과 사채권에 쓰여있는 액면이자율의 차이 때문에 발생한다.

(3) 보통주

회사에서 발행하는 주식에는 보통주와 우선주가 있는데, 주식을 발행하면 자본금이 증가한다. 보통주(common stock)는 주식회사가 출자에 대한 증거로 보통주 주주에게 발행하는 증권을 말한다. 주식을 소유한 주주는 배당청구권, 의결권, 회사가 해산될 때의 잔여재산분배청구권 등을 갖게 된다. 주식은 증권의 전면에 특정한 금액이 인쇄되어 발행된다. 이 금액을 액면가라 한다. 우리나라의 경우 액면가는 ₩5,000인 경우가 많다.

보통주는 회사가 창설될 때 발행되고, 설립된 후에도 필요에 따라 추가발행(유상증자)할 수 있다. 보통주는 만기일이 없으므로 영구적으로 쓸 수 있는 안전한 자본이다.

(4) 우선주

우선주(preferred stock)는 배당이나 잔여재산분배에서 보통주에 비하여 그 청구권리가 우선하는 주식으로, 법률적으로는 보통주와 함께 자기자본을 구성한다.

사채이자의 감세효과

세금은 순이익에 일정 세율을 곱하여 계산한다. 사채이자는 비용이므로 순이익(= 수익—비용)을 감소시켜 세금을 적게 낸다. 예를 들어, 사채이자가 ₩500,000인 경우 그것은 이익을 같은 금액만큼 줄이게 된다. 세율이 40%라면 사채이자가 없을 때에 비하여 ₩200,000 (= 500,000×0.4)의 세금을 적게 내고, 그만큼 감세효과가 있다. 반면, 보통주에 대한 배당은 이익처분이다. 따라서 이익이 없으면 일반적으로 배당금은 지급하지 않는다.

우선주는 그 부여된 권리에 따라 그 종류가 다양한데, 대표적인 것이 누적적 우선주이다. 이것은 전기에 순이익이 생기지 않아 배당금을 지급받지 못하였거나 약정한 배당금을 지급받지 못한 경우, 그 부족분을 소급하여 당해 연도 배당 시에 우선 지급받을 수 있는 권리가 부여된 우선주이다. 그런 권리를 인정하지 않는 우선주를 비누적적 우선주라 한다. 우선주는 일반적으로 일정률의 배당금을 지급받을 권리가 주어지는 대신 의결권이 제한되는 경우가 많다. 이러한 특성 때문에 우선주는 보통주와 사채의 성격이 복합된 증권이라고 할 수 있다.

4. 단기자본의 조달 방법

기업은 원자재 구입, 인건비 지급, 기타 여러 가지 자금지출이 요구된다. 이들 자금소요액의 상당부분은 기업의 영업활동으로부터 지속적으로 유입되는 자금으로 충당하게 되지만, 부족부분은 외부로부터 단기로 조달하게 된다. 단기자금의 조달원천으로는 신용거래, 은행차입, 기업어음, 팩터링, 재고금융 등이 있다.

(1) 신용거래

신용거래(trade credit)란 정상적 영업활동 중에서 기업이 타기업으로부터 원자재, 상품, 기계설비 등을 외상으로 구입하게 되는 경우를 말한다. 이런 신용거래는 기업이 구입대금을 즉시 지급하지 않고 일정 기간 후에 지급함으로써 자금을 융통

리스(lease) - 기자본조달

리스(lease)란 리스회사가 기업(리스이용자)이 원하는 기계, 설비를 구입하여 장기간 빌려주고 리스료를 받는 금융제도이다. 리스에는 단순한 임대차 형식의 운용리스(operating lease)와 형식은 설비의 임대차이나 실직적으로는 기계나 설비를 조달하는 데 필요한 장기금융을 제공하는 것을 주목적으로 하는 금융리스(financial lease)가 있다. 우리나라에서는 거의 금융리스의 형태로 운영되고 있다.

하는 방법으로, 금융기관으로부터 자금을 차입하는 것보다도 자유스럽고 저렴하다.

신용거래는 기업이 일상적인 상거래(원재료나 상품을 구입)에서 대금지급을 연기하여 발생하는 매입채무와 일상적인 상거래 이외(예 : 운반용 자동차 구입)에서 발생하는 미지급금 등으로 구분할 수 있다.

(2) 단기차입금

기업은 은행 등의 금융기관으로부터 어음할인, 차입금, 당좌차월의 형식으로 단기 자금을 조달한다.

어음할인

금융기관이 실제 상거래에 수반하여 이미 작성된 어음을 매입하는 형식으로 자금을 빌려주는 것이다. 이때 은행은 어음금액에서 어음을 매입한 날로부터 만기일까지의 이자(할인료)를 차감한 잔액을 할인의뢰인에게 지급한다.

차입금

금융기관이 차용금증서나 어음을 받고 자금을 융통하는 방법이다. 이때 금융기관은 담보를 요구하기도 하고 신용으로 빌려주기도 한다.

당좌차월

은행이 계약에 의하여 당좌거래자가 일정 한도까지 예금잔액을 초과하여 수표를 발행할 수 있도록 인정해 주는 것이다. 이때 초과액을 당좌차월이라 하고, 은행 입장에서는 당좌대월이 된다. 당좌차월은 수시로 차입하고 변제할 수 있기 때문에 매우 편리하게 이용된다.

(3) 기업어음

기업어음(commercial paper : CP)은 기업이 금융기관에 어음을 발행하여 주고, 필요한 자금을 조달하는 단기자금 조달수단이다. 기업어음 발행회사는 금융기관으로부터 어음을 할인받아 현금화하고, 금융기관은 이를 다시 일반투자자에게 매출할 수 있는 양도 가능한 유가증권으로 단기금융시장에서 거래가 된다. 기업어음은 일반적으로 담보가 없이 발행되므로, 어느 정도 신용상태가 양호한 중견기업이나 대기업들이 주로 이용한다.

(4) 사채(私債)

한국기업들은 단기자금을 私債시장을 통하여 조달하기도 한다. 사채란 금융기관 등과 같은 제도금융이 아닌, 개인이나 개인조직이 다른 개인이나 기업에게 자금을 제공해 주는 것을 말한다. 사채는 그 이자가 제도금융권의 이자보다 높은 편이지만, 규모의 크기에 상관없이 많은 기업들이 활용하고 있다.

이 밖에 팩터링이나 재고금융 등도 있는데, 그것 또한 단기금융수단이 된다. 팩터링(factoring)은 기업의 매출채권을 금융기관에 담보로 제공하고 필요한 자금을 차입하거나 이를 할인매각하여 소요자금을 조달하는 방법이다. 재고금융은 상품의 보관증서나 창고증권을 담보로 자금을 조달하는 방법이다.

팩터링거래의 흐름

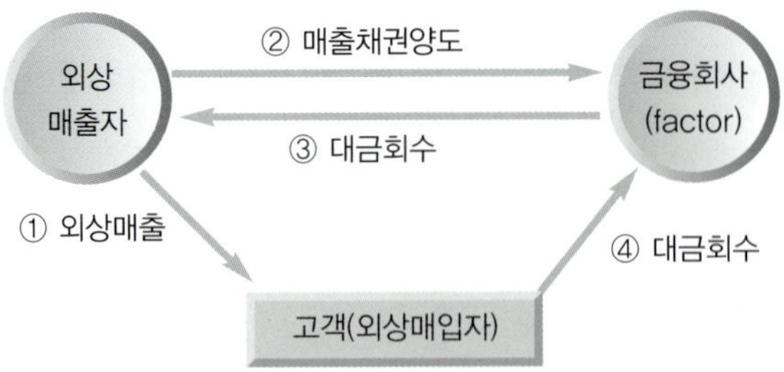

Ⅲ. 투자결정

조달된 자금은 기업의 미래수익을 얻기 위해서 여러 자산에 투자된다. 설비를 구입하는 데 투자될 수도 있고, 원자재를 구입하거나 인건비를 지출하는 데에 쓰이게 된다. 조달된 자본은 기업의 목표달성을 위하여 여러 자산에 효율적으로 운용되어야 한다.

1. 자본예산

(1) 자본예산의 의미

기업은 영업활동을 위하여 재고자산과 설비자산을 취득한다. 제조업에 있어 재고자산은 원재료, 재공품, 제품이고, 도 · 소매업인 경우는 상품이다. 이들 재고자산은 경상적인 영업활동 과정에서 생산하거나 매입하고 판매를 통하여 수익을 창출한다. 그러나 설비자산은 판매를 목적으로 구입하거나 제작하는 것이 아니라 영

경기전망과 설비투자

주요 대기업이 올해 설비투자를 평균 31%나 줄일 것으로 나타났다. 특히 자동차, 조선, 석유화학 등은 40% 이상 설비투자를 축소, 1999년 이후 수출경쟁력이 크게 악화될 것으로 전망되었다. 통상산업부는 17일 “자동차, 조선, 기계, 방적, 유통 등 20개 업종 200개 업체를 대상으로 설비투자 계획을 조사한 결과, 기업들이 지난해보다 투자규모를 평균 31.0% 축소했다.”고 밝혔다.

해마다 증가세를 보여온 설비투자는 지난해 9.7% 감소에 이어 연속 감소세를 기록하고 있다. 이러한 설비투자 감소의 이유는 어디에 있을까? 1997년 11월 23일 한국경제는 IMF에 구제금융을 요청하면서 경제전망이 매우 불투명해지기 시작하였다. 시장금리는 종전 12%에서 22%로 뛰어 오르고, 기업은 금융기관으로부터 자금조달이 어려워졌다. 그리고 원화가 절하되고 환율이 급격히 상승하면서 수입원자재의 가격이 올라 경기가 위축되었다.

출처 : 조선일보, 1998년 2월 18일.

업활동에 이용되는 자산이다. 설비자산의 구입과 관련된 예산을 자본예산(capital budgeting)이라 한다.

설비자산에 대한 투자는 성격상 투자금액이 크고, 투자로 인하여 얻을 수 있는 효익이 장기간에 걸쳐서 이루어지므로, 그 결정은 기업의 성패와 밀접한 관련성이 있다. 설비자산 투자에 따른 의사결정을 위해서는 소비자의 욕구변화, 생산기술의 진보, 경쟁상황이나 정부규제의 변화 등 다양한 불확실한 요인들을 염두에 두어야 한다. 의사결정의 대상이 되는 기간이 길면 길어질수록 불확실성이 커져 예상치와 실제 수치가 달라질 가능성이 더욱 높아진다. 따라서 장기적인 자본예산분석은 큰 위험성을 내포하고 있다.

(2) 투자안의 선택

자본예산의 목적은 가장 좋은(이익이 큰) 투자대안을 선택하는 데 있다. 투자대안을 평가하기 위하여 관련된 현금흐름을 평가하게 된다. 투자를 하면 관련된 현금유입과 현금유출이 있게 된다. 좋은 투자안은 현금유출(투자액)보다도 현금유입(투자수입)이 많은 것을 말한다. 최적 투자결정을 하려면 먼저 그 투자로 인하여 투자사업 기간에 증가되는 순현금흐름 증가액을 추정한다. 투자안을 선택하는 방법은 여러 가지가 있는데, 그 중 간단한 모델인 회수기간법의 사례를 통하여 설명해 보자.

甲社는 A기계에 대한 투자안과 B기계에 대한 투자안 등 2개의 투자대안을 가지고 있다. 회수기간법에 의하여 투자를 결정하라.

대안 1 : A기계에 대한 최초 현금투자액은 ₩150,000이고, 매년 현금유입액 ₩30,000이 예상된다.

대안 2 : B기계에 대한 최초 현금투자액은 ₩300,000이고, 매년 현금유입액 ₩50,000이 예상된다.

회수기간(payback)이란 투자자금을 회수하는 데 걸리는 시간을 의미한다. 일반적으로 기업은 투자액의 회수기간이 긴 투자안보다 회수기간이 짧은 투자안을 선택한다. 이런 개념에 착안하여 회수기간법이란 투자자금을 회수하는 데 소요되는 시간을 계산하는 분석기법을 말한다.

A기계에 대한 회수기간은 다음과 같이 계산된다.

$$\text{회수기간} = \frac{₩150,000}{₩30,000} = 5\text{년}$$

같은 방법으로 B투자안에 대한 회수기간은 6년으로 계산된다. 따라서 甲社는 A기계에 투자하게 된다.

2. 운전자본관리

운전자본은 유동자산에서 유동부채를 차감한 개념이다. 유동자산은 1년 이내에 현금화하는 자산이다. 구체적으로는 현금, 유가증권, 매출채권, 재고자산 등을 들 수 있다. 유동자산은 한 번에 일정액을 투자하는 설비자산과는 달리, 적은 화폐단위까지 그 규모를 용이하게 변경할 수 있다.

(1) 현금관리

케인즈(J. Keynes)는 현금의 보유동기를 거래적 동기, 예비적 동기, 투기적 동기로 구분하였다. 거래적 동기란 기업의 정상적인 활동(원재료 구입, 노무비 지급 등)을 위하여 기업은 현금을 가지고 있어야 한다는 것을 의미한다. 예비적 동기는 화재나 도난 등 우발적인 사태에 대비하기 위하여 현금을 보유하는 것인데, 오늘날 보험제도의 발달로 이러한 의미에서의 현금보유는 큰 의미를 갖지 못하게 되었다. 투기적 동기란 미래의 자산투자를 하여 큰 이익을 얻기 위하여 현금을 보유한다는 것이다.

기업이 현금을 필요한 것보다 적게 보유하면 부채를 상환하지 못하거나 새로운 기회에 탄력적으로 대처하지 못하는 어려움을 겪게 된다. 반면에 현금을 필요 이상으로 보유하는 경우 수익성을 악화시킬 우려가 있다. 따라서 기업은 예상되는 현금의 수입과 지출, 기업의 전망, 정부의 재정금융정책, 은행관계 등을 고려하여 적절한 유동성을 유지할 수 있는 수준의 현금을 보유해야 한다.

(2) 유가증권관리

유가증권에는 국 · 공채, 사채, 기업어음, 주식 그 밖에 수익증권 등이 있는데, 그 보유목적은 일시적인 여유자금을 운영하기 위한 것과 다른 회사를 지배 · 통제하기 위한 것 등이 있다. 유가증권을 선정할 때에는 현금으로 전환이 얼마나 쉽게 이루어지는가의 시장성, 만기까지의 원금과 이자의 지급이 얼마나 확실하게 이루어질 것인가의 지급불능위험, 위험이 노출되는 만기까지의 잔여기간 등을 고려해야 한다

유가증권은 다른 자산과는 달리 위험이 큰 것이 특징이다. 따라서 유가증권에 투자할 때는 포트폴리오 구성의 관점에서 고려해야 한다. 포트폴리오(portfolio)란 원래 서류가방이란 뜻이지만, 유가증권 투자에서는 다수 투자자산의 집합이란 의미를 갖는다. 이처럼 여러 종목에 분산투자하게 되면, 한 종목의 손실은 여러 종목의 일부로서 그 영향이 작아지거나 다른 종목의 이익과 상쇄되어, 전체적인 위험을 줄이는 동시에 기업의 유동성관리에 탄력성을 부여하게 된다.

(3) 매출채권관리

매출채권(account receivable)은 다른 기업에 외상으로 상품이나 서비스를 판매함으로써 발생하는 기업자금의 투자이다. 오늘날 기업 간의 경쟁이 치열해짐에 따라 외상판매는 중요한 판촉수단의 하나가 되었다.

매출채권에 관한 의사결정에는 매출이익의 증가라는 요인과 그 매출채권의 유지비용과 대손이라는 두 가지 대립되는 측면을 가지고 있다. '외상이면 소도 잡아먹는다' 는 속담처럼 기업이 매출채권을 늘리면 판매가 촉진되고 매출이익이 증가될 수 있는 반면에, 외상대금이 회수되지 못할 가능성(대손이라 함)도 높아진다. 또 매출채권이 많은 것은 신용판매로 인하여 자금의 상당부분이 묶이게 됨을 의미한다.

연습문제

01. 재무관리의 일반적인 기능에 해당되지 않는 것은 무엇인가?(비서검정)

① 자금조달결정 ② 투자결정
③ 배당결정 ④ 기업공개결정

02. 일반적으로 자본구조라 함은 다음 중 어느 것을 의미하는가?

① 장기자본과 단기자본의 구성형태
② 자기자본과 타인자본의 구성형태
③ 총자본 중 자기자본의 구성형태
④ 총자본 중 타인자본의 구성형태

03. 통제기법으로서의 손익분기 분석의 특징에 해당되지 않는 것은?(비서검정)

① 기업의 최저 및 적정조업도의 결정에 활용되므로 원가-조업도-이익분석이라고도 한다.
② 손익분기점이란 총수익과 총비용이 일치하는 조업도상의 점을 의미한다.
③ 투자대안의 이익을 예측하고 통제하는 데 사용된다.
④ 다품종제품을 생산하는 기업에게 적절한 기법이다.

04. 부천(주)는 하나의 제품을 생산 · 판매하고 있다. 목표순익이 ₩26,000, 월 고정비 ₩39,000, 단위당 가격 ₩40, 단위당 변동비 ₩27일 경우 목표이익을 실현하기 위한 판매수량은?

① 2,000개 ② 3,000개
③ 4,000개 ④ 5,000개

05. 자본조달에 대한 다음 설명 중 적합하지 않은 것은?

① 최근 우리 기업의 자본조달은 직접금융에서 간접금융 방식으로 전환되고 있다.
② 사채(社債)는 주식회사만 발행할 수 있다.

③ 주식에 의한 자본조달 시 이익이 없으면 배당을 하지 않아도 된다.
④ 우선주의 경우 의결권이 제한되는 경우가 많다.

06. 기업이 매출채권을 금융기관에 매각하여 자금을 조달하는 것을 무엇이라 하는가?
① 어음할인 ② 팩터링
③ 어음대출 ④ 담보대출

07. 자금조달 방법 중 장기자본조달의 원천에 해당되지 않는 것은?
① 주식의 발행 ② 매입채무
③ 리스금융 ④ 사채의 발행

08. 다음 중 자기자본에 의한 자본조달에 해당되는 것은?
① 매출채권을 할인받는다.
② 당기에 발생한 이익 중 일부를 기업에 남겨 놓는다.
③ 기업어음을 발행하여 자금을 조달한다.
④ 은행에서 대출을 받는다.

09. 기업의 단기자금조달 시 사용 가능한 수단은?(CPA)
① 신주인수권부사채발행 ② 사채발행
③ 전환사채발행 ④ 우선주발행
⑤ 기업어음(CP)

10. 요즘 저금리, 부동산시장 침체 등으로 인하여 사람들이 미래의 투자를 위하여 현금을 보유하고 있다. 그것은 케인즈의 현금보유동기 중 어디에 속하는가?
① 예비적 동기 ② 투기적 동기
③ 거래적 동기 ④ 과시적 동기

11. 다음 중 우리나라 금융시장을 둘러싼 환경변화라 할 수 없는 것은?
① 금융기관 간의 경쟁이 심해짐에 따라 대형화 · 겸업화가 이루어지고 있다.
② 기업의 자금조달 방법이 직접금융중심에서 간접금융중심으로 바뀌어가고 있다.
③ 소비금융의 규모가 산업금융에 비하여 점차 증가하고 있다.
④ 국제화가 진행됨에 따라 외국계 금융기관의 국내진출이 증가하고 있다.

마무리 이야기

자금조달의 국제화와 국제회계기준

기업에서 자금을 조달하는 방법이 나라마다 다르다. 전통적으로 프랑스나 독일과 같은 유럽 국가들은 은행으로부터 자금을 조달하는 간접금융에 의존하였다. 반면 영국과 미국은 자본시장을 통하여 일반 대중으로부터 자금을 조달하는 직접금융에 의존하였다. 우리나라는 일본과 마찬가지로 과거 간접금융에 주로 의존하였으나 1990년 말 외환위기를 거치면서 점차 직접금융으로 전환하고 있다.

간접금융에 의하는 경우 은행은 회계정보뿐만 아니라 다양한 기업에 대한 정보를 기업으로부터 직접적으로 얻을 수 있다. 반면 직접금융에 의하는 경우 많은 투자자들에게 기업의 정보를 개별적으로 제공할 수 없으므로 재무상태표나 손익계산서와 같은 재무제표를 만들어 제공하게 된다. 이런 재무제표를 작성하는 회계의 영역을 재무회계라 하는데, 직접금융에 의존하는 영국과 미국은 상대적으로 재무회계가 발달하게 된다. 이때 재무회계를 담당하는 회계담당자들은 기업회계기준에 따라 재무제표를 작성하게 된다.

한편 기업활동이 글로벌화 함에 따라 우리나라 기업에 투자하는 외국인의 수가 늘어나고, 외국으로부터 자금을 조달하는 경우도 많아졌다. 예를 들어, 미국으로부터 자금을 조달하려는 경우 미국의 기업회계기준에 맞는 재무제표를 작성하여 투자자에게 제출하여야 한다. 하지만 국가별로 서로 다른 재무제표를 작성 · 이용하려는 노력은 많은 시간과 자금이 필요하다. 이러한 문제점을 해결하려는 시도로 탄생한 것이 전 세계적인 단일기준, 즉 국제회계기준(International Financial Reporting Standards : IFRS)이다.

원래 국제회계기준을 제정하는 기관은 1973년 설립된 국제회계기준위원회(International Accounting Standards Committee)에서 비롯된다. 이것은 미국, 영국, 호주, 캐나다, 프랑스, 독일, 일본, 멕시코, 네덜란드, 아일랜드 등 10개국의 회계관련 기관이 설립한 것이었다. 그 후 국제회계기준 제정 기구의 명칭이 IASC에서 IASB(International Accounting Stadards Board)로 변경되었다. 우리나라도 이런 추세에 따라 한국회계기준원은 2007년 말 한국 채택 국제회계기준(K-IFRS)을 제정하였다. 우리나라 모든 상장 기업은 2011년부터 '한국 채택 국제회계기준'에 따라서 회계처리를 하게 되었다.

연습문제해답

제1장

1 ③ 2 ② 3 ① 4 ③ 5 ② 6 ③ 7 ① 8 ③ 9 ③

제2장

1 ④, 2 ①, 3 ②, 4 ③, 5 ③, 6 ①, 7 ②, 8 ③, 9 ②, 10 ④

제3장

1 ② 2 (1) ④ (2) ① (3) ② 3 ① 4 ③ 5 ④ 6 ④ 7 ③ 8 ③ 9 ④

제4장

1 ②, 2 ③, 3 ③, 4 ④, 5 ②, 6 ④, 7 ②, 8 ①, 9 ④, 10 ④

제5장

1 ③, 2 ②, 3 ①, 4 ①, 5 ①, 6 ①, 7 ③, 8 ③, 9 ③, 10 ④

제6장

1 ④, 2 ④, 3 ①, 4 ③, 5 ③, 6 ④, 7 ④, 8 ②, 9 ④, 10 ③

제7장

1 ①, 2 ②, 3 ③, 4 ①, 5 ③, 6 ④, 7 ④, 8 ②, 9 ④, 10 ①

제8장

1 ③, 2 ④, 3 ③, 4 ②, 5 ③, 6 ②, 7 ④, 8 ②, 9 ①, 10 ①, 11 ③

제9장

1 ①, 2 ④, 3 ④, 4 ③, 5 ①, 6 ③, 7 ②, 8 ③, 9 ①, 10 ③

제10장

1 ④, 2 ①, 3 ③, 4 ③, 5 ③, 6 ④, 7 ①, 8 ③, 9 ③, 10 ③, 11 ①

제11장

1 ④, 2 ②, 3 ④, 4 ④, 5 ①, 6 ②, 7 ②, 8 ②, 9 ⑤, 10 ②, 11 ②

참고문헌

곽수일 · 김능진, 생산관리, 한국방송통신대학, 1990.

김남현, 신경영학원론, 경문사, 1993.

김대근 · 이기호, 원가관리회계, 무역경영사, 1998.

김식현, 경영학사, 한국방송통신대학, 1987.

김원수, 경영학원론, 경문사, 1995.

김원수, 기업환경론, 다산출판사, 1992.

김원수, 마아케팅관리, 한국방송통신대, 1986.

김윤환 외, 한국경제의 전개과정, 돌베개, 1981.

김인수, 거시조직이론, 무역경영사, 1991, 1999

김철교, 금융증권론, 형설출판사, 1993.

김한수 · 박세운, 국제금융, 국제금융연구원, 1997.

마빈 조니스 外, 빅맥이냐 김치냐, 지식의 날개, 2004.

박병윤, "한국의 재벌-그 생태 · 금맥 · 인맥," 신동아, 1975.

박세운, 금융의 모든 것, 청림출판, 1998.

반병길, 경영학원론, 박영사, 1999.

변형윤 외, 경제학개론, 방통대, 1990.

사이또 다께노리 편저, 즐겁게 배우는 경영학, 한국산업훈련연구소, 1994.

서성무 외, 경영학의 이해, 형성출판사, 2006.

손영규, 역설경영학, 문이당, 1995.

신유근, 조직론, 다산출판사, 1984.

신유근, 조직행위론, 다산출판사, 1988.

안태호 · 이희준, 경영학연습, 법문사, 1982.

안태호, 경영학입문, 인하대, 1985.

유병태, 생산관리 입문, EM문고, 1994.

육윤복, 경영학원론, 세학사, 1998.

이경환, 생산전략 입문, EM문고, 1994.

이범일 외, SERI 경영노트, 삼성경제연구소, 2009.

이필상, 재무관리, 박영사, 1994.

정몽준, 기업경영이념, 울산대, 1982.

정재탁 · 박종진 · 이기호, 회계원리, 무역경영사, 1999.

조선일보경제부, 재벌 25시, 동광문화사, 1983.

지청, 재무관리, 무역경영사, 1978.

한희영 외, 경영학원론, 한국방송통신대, 1993.

한희영, 마아케팅관리론, 다산출판사, 1980.

홍기현 외, 경제학 산책, 김영사, 1993.

황명수 · 서문석 역, MBA경영전략 125가지, 시사영어사, 1999.

황병준 외, 한국경영론, 한울, 1985.

Certo, Samuel C., *Modern Management*, Prentice-Hall, 1997.

Cialdini, Robert B., *Influence*(설득의 심리학), 21세기북스, 2002.

Dumler & Skinner, *Management*, Thomson, 2008.

Duncan, R.B., "Characteristics of Organizational Environments and Perceived Environmental Uncertainty," *Administrative Science Quarterly*, 1972, pp. 313~327.

Godin, S.(남수영 외 역), 보랏빛 소가 온다, 재인, 2004.

Hellriegel & Slocum, *Management*, Addison-Wesley, 1992.

Hongren, C.T., Cost Accounting, Prentice-Hall, 1983.

Kotler, P.(유동근 역), 최신 마아케팅논, 석정.

Kotler, P.(홍수원 역), 마케팅 A to Z, 세종연구원, 2003.

Massie, Joseph L., *Essentials of Management*, Prentice-Hall, 1987.

McShane & Von Glinow, *Organizational Behavior*, McGraw-Hill, 2007.

Porter, Michael E., *Competitive Advantage: Creating and Sustaining Superior Performance*, The Free Press, 1985. Robbins, S. P.(김남현 역), 조직행동론, 경문사, 1987.

Robbins, S. P., *Management*, Prentice-Hall, 1991.

Robbins, S. P., *Managing Today*, Prentice-Hall, 2000.

Toffler, A.(이규행 감역), 권력이동, 한국경제신문사, 1998.

Wren, D.A.(양창삼 역), 현대경영학사, 민영사, 1990.

사항색인

국문

ㄱ

영문

G

H

I

J

L

M

N

O

P

Q

R

S

T

U

V

이기호

고려대학교 경영학과 졸업(경영학사)
한국외국어대학교 교육대학원 졸업(교육학석사)
고려대학교 대학원 경영학과 졸업(경영학석사)
숭실대학교 대학원 회계학과 졸업(경영학박사)
Virginia Commonwealth University Visiting Scholar
(전) 신구대학교 세무회계학과 교수

박호인

고려대학교 경영학과 졸업(경영학사)
New York State University 졸업(MBA)
고려대학교 대학원 경영학과 졸업(경영학석사)
California State University Visiting Scholar
(전) 부천대학교 IT융합비즈니스과 교수

경영학원론 제5판

초판발행 2019년 3월 5일
3쇄발행 2025년 7월 20일

지은이 이기호 · 박호인 / **펴낸이** 전태호
펴낸곳 한빛아카데미(주) / **주소** 서울시 서대문구 연희로2길 62 한빛아카데미(주) 2층
전화 02-336-7112 / **팩스** 02-336-7199
등록 2013년 1월 14일 제2017-000063호 / **ISBN** 978-89-468-0689-4 93320

총괄 김은정 / **진행** 김정희 / **제작** 박성우, 김정우
영업 김호철, 김태진, 김성삼, 이정훈, 임현기, 이성훈, 김주성, 심지연

이 책에 대한 의견이나 오탈자 및 잘못된 내용은 출판사 홈페이지나 아래 이메일로 알려주십시오.
파본은 구매처에서 교환하실 수 있습니다. 책값은 뒤표지에 표시되어 있습니다.
홈페이지 www.hanbit.co.kr / 이메일 question@hanbit.co.kr